Diogenes Taschenbuch 21952

Mehr Weihnachtsgeschichten

von Hans Christian Andersen bis Patricia Highsmith

Herausgegeben von Christian Strich

Diogenes

Die Erstausgabe erschien 1986 im Diogenes Verlag
Nachweis der einzelnen Erzählungen
am Schluß des Bandes
Umschlagillustration: Farblithographie
von Josef Divéky, ›Christmas Tree‹,
Wiener Werkstätte, ca. 1910

Veröffentlicht als Diogenes Taschenbuch, 1990

50/91/29/2
ISBN 3 257 21952 0

Meine Jugendzeit war nur ein langer Winter, ich wusste von Freude nichts, aber von Sorge und Kummer viel; nur die schöne Weihnachtszeit machte eine Ausnahme, dann ging's auch bei uns hoch her, es gab etwas Besseres zu essen, Hader und Zank der Eltern ruhte und mein kindliches Herz thaute auf. An den Weihnachten machte daher auch ich Ansprüche und es schmerzt mich, wenn sie unerfüllt bleiben; wie köstlich war derjenige, den ich mit Dir verlebte! Nun, es kann diesmal noch nicht seyn, und wir wollen uns aufs nächste Mal vertrösten. Vertrösten! welch ein todtgebornes, banquerottes Wort. Nein, wir wollen uns diesen Weihnachten dadurch versüssen, dass wir mit aller Innigkeit und Glut des Herzens an den künftigen denken, uns ihn ausmalen, uns in den Glanz versenken, mit dem er es uns (Du weisst, es braucht dazu nur einer Kleinigkeit) übergiessen wird. Stelle Dir, wenn Du magst, mein Gesicht so hell und freudig vor, wie Du willst; ich verspreche Dir, Deine kühnste Phantasie noch zu übertreffen. Die Fähigkeit zur Freude habe ich noch nicht verloren, dies werde ich dann zeigen …

Friedrich Hebbel an Elise Lensing
München, den 12ten Decbr. 1838

Hans Christian Andersen

Das kleine Mädchen mit den Schwefelhölzchen

Es war so schrecklich kalt; es schneite und der Abend dunkelte bereits; es war der letzte Abend im Jahre, Silvesterabend. In dieser Kälte und in dieser Finsternis ging auf der Straße ein kleines armes Mädchen mit bloßem Kopf und nackten Füßen. Es hatte freilich Pantoffel angehabt, als es vom Hause fortging, aber was konnte das helfen! Es waren sehr große Pantoffel, sie waren früher von ihrer Mutter gebraucht worden, so groß waren sie, und diese hatte die Kleine verloren, als sie über die Straße eilte, während zwei Wagen in rasender Eile vorüberjagten; der eine Pantoffel war nicht wieder aufzufinden und mit dem anderen machte sich ein Knabe aus dem Staube, welcher versprach, ihn als Wiege zu benützen, wenn er einmal Kinder bekäme. Da ging das kleine Mädchen auf den nackten zierlichen Füßchen, die vor Kälte ganz rot und blau waren. In ihrer alten Schürze trug sie eine Menge Schwefelhölzchen, und ein Schächtelchen hielt sie in der Hand. Während des ganzen Tages hatte ihr niemand etwas abgekauft, niemand ein Almosen gegeben. Hungrig und verfroren schleppte sich die arme Kleine weiter und sah schon ganz verzagt und eingeschüchtert aus. Die Schneeflokken fielen auf ihr langes blondes Haar, das schön gelockt über ihren Nacken hinabfloß, aber bei dieser Pracht weilten ihre Gedanken wahrlich nicht. Aus allen Fenstern strahlte heller Lichterglanz, und über alle Straßen verbreitete sich der Geruch von köstlichem Gänsebraten. Es war ja Silvesterabend und daran dachte das kleine Mädchen. In einem

Winkel zwischen zwei Häusern, von denen das eine etwas weiter in die Straße vorsprang als das andere, kauerte es sich nieder. Seine kleinen Beinchen hatte es unter sich gezogen, aber es fror nur noch mehr, und es wagte nicht, nach Hause zu gehen, da es noch kein einziges Schächtelchen mit Streichhölzern verkauft, noch keinen Pfennig erhalten hatte. Es hätte gewiß vom Vater Schläge bekommen, und kalt war es zu Hause ja auch; sie hatten gerade das bloße Dach über dem Kopf und der Wind pfiff schneidend hinein, obgleich Stroh und Lumpen in die größten Ritzen gestopft waren. Ach, wie gut mußte ein Schwefelhölzchen tun! Wenn es nur wagen dürfte, eines aus dem Schächtelchen herauszunehmen, es an der Wand anzustreichen und die Finger daran zu wärmen! Es zog eines heraus. »Ritsch!« wie es sprühte, wie es brannte! Es war eine warme, helle Flamme, wie ein kleines Licht, als es das Händchen darüber hielt. Es war ein merkwürdiges Licht; es kam dem kleinen Mädchen vor, als säße es vor einem großen eisernen Ofen mit Messingbeschlägen und Messingverzierungen; das Feuer brannte so schön und wärmte so wohltuend! Nein, was war das? Die Kleine streckte schon die Füße aus, um auch diese zu wärmen – da erlosch die Flamme. Der Ofen verschwand – sie saß mit einem abgebrannten Schwefelholz in der Hand da. Ein zweites wurde angestrichen, es brannte, es leuchtete und wo der Schein auf die Mauer fiel, wurde diese durchsichtig wie ein Schleier. Die Kleine sah gerade in die Stube hinein, wo der Tisch mit einem blendend weißen Tischtuch und feinem Porzellan gedeckt stand, und köstlich dampfte die mit Pflaumen und Äpfeln gefüllte gebratene Gans darauf. Und was noch herrlicher war, die Gans sprang aus der Schüssel und watschelte mit Gabel und Messer im Rücken über den Fußboden; gerade die Richtung auf das arme Mädchen schlug sie ein. Da erlosch das Schwefelholz und nur die dicke, kalte Mauer war zu sehen.

Inhalt

Sie zündete ein neues an. Da saß die Kleine unter dem schönsten Weihnachtsbaum; er war noch größer und reicher geschmückt als der, den sie am heiligen Abend bei dem reichen Kaufmann durch die Glastür gesehen hatte. Tausend Kerzen brannten auf den grünen Zweigen, und bunte Bilder, wie die, welche in den Schaufenstern ausgestellt werden, schauten auf sie herab, die Kleine streckte beide Hände nach ihnen – da erlosch das Schwefelholz. Die vielen Weihnachtslichter stiegen höher und höher und sie sah jetzt erst, daß es die hellen Sterne waren. Einer von ihnen fiel herab und zog einen langen Feuerstreifen über den Himmel. »Jetzt stirbt jemand!« sagte die Kleine, denn die alte Großmutter, die einzige, die sie freundlich behandelt hatte, jetzt aber längst tot war, hatte gesagt: »Wenn ein Stern vom Himmel fällt, fliegt eine Seele zu Gott empor!« Sie strich wieder ein Hölzchen an der Mauer an; es warf einen weiten Lichtschein rings umher und im Glanze desselben stand die alte Großmutter hell beleuchtet mild und freundlich da. »Großmutter!« rief die Kleine. »O nimm mich mit! Ich weiß, daß du verschwindest, sobald das Schwefelholz ausgeht, verschwindest wie der warme Ofen, der köstliche Gänsebraten und der große flimmernde Weihnachtsbaum!« Und schnell strich sie den ganzen Rest der Schwefelhölzer an, welche noch im Schächtelchen waren, sie wollte die Großmutter festhalten; und die Schwefelhölzer verbreiteten einen solchen Glanz, daß es heller war als am hellen Tag. So schön, so groß war die Großmutter nie gewesen; sie nahm das kleine Mädchen auf ihren Arm und hoch schwebten sie empor in Glanz und Freude; Kälte, Hunger und Angst wichen von ihm – sie waren bei Gott. Aber im Winkel am Hause saß in der kalten Morgenstunde das kleine Mädchen mit roten Wangen und mit einem Lächeln um den Mund – tot, erfroren am letzten Abend des alten Jahres. Der Morgen des neuen Jahres ging über der kleinen Leiche auf; sie saß da mit den Schwefelhölzern, wovon fast ein Schächtelchen verbrannt war. »Sie hat sich wärmen wollen!« sagte man. Niemand wußte, was sie Schönes gesehen hatte, in welchem Glanze sie mit der alten Großmutter zur Neujahrsfreude eingegangen war.

Theodor Fontane
Weihnachten in Hohen-Vietz

Es war Weihnachten 1812, Heiliger Abend. Einzelne Schneeflocken fielen und legten sich auf die weiße Decke, die schon seit Tagen in den Straßen der Hauptstadt lag. Die Laternen, die an langausgespannten Ketten hingen, gaben nur spärliches Licht; in den Häusern aber wurde es von Minute zu Minute heller, und der »Heilige Christ«, der hier und dort schon einzuziehen begann, warf seinen Glanz auch in das draußen liegende Dunkel.

So war es auch in der Klosterstraße. Die »Singuhr« der Parochialkirche setzte eben ein, um die ersten Takte ihres Liedes zu spielen, als ein Schlitten aus dem Gasthof »Zum grünen Baum« herausfuhr und gleich darauf schräg gegenüber vor einem zweistöckigen Hause hielt, dessen hohes Dach noch eine Mansardenwohnung trug. Der Kutscher des Schlittens, in einem abgetragenen, aber mit drei Kragen ausstaffierten Mantel, beugte sich vor und sah nach den obersten Fenstern hinauf; als er jedoch wahrnahm, daß alles ruhig blieb, stieg er von seinem Sitz, strängte die Pferde ab und schritt auf das Haus zu, um durch die halb offenstehende Tür in dem dunklen Flur desselben zu verschwinden. Wer ihm dahin gefolgt wäre, hätte notwendig das stufenweise Stapfen und Stoßen hören müssen, mit dem er sich, vorsichtig und ungeschickt, die drei Treppen hinauffühlte.

Der Schlitten, eine einfache Schleife, auf der ein mit einem sogenannten »Plan« überspannter Korbwagen befestigt war, stand all die Zeit über ruhig auf dem Fahrdamm, hart an der

Öffnung einer hier aufgeschütteten Schneemauer. Der Korbwagen selbst, mutmaßlich um mehr Wärme und Bequemlichkeit zu geben, war nach hinten zu, bis an die Plandecke hinauf, mit Stroh gefüllt; vorn lag ein Häckselsack, gerade breit genug, um zwei Personen Platz zu gönnen. Alles so primitiv wie möglich. Auch die Pferde waren unscheinbar genug, kleine Ponys, die gerade jetzt in ihrem winterlich rauhen Haar ungeputzt und dadurch ziemlich vernachlässigt aussahen. Aber wie immer auch, die russischen Sielen, dazu das Schellengeläut, das auf roteingefaßten, breiten Ledergurten über den Rücken der Pferde hing, ließen keinen Zweifel darüber, daß das Fuhrwerk aus einem guten Hause sei.

So waren fünf Minuten vergangen oder mehr, als es auf dem Flur hell wurde. Eine Alte in einer weißen Nachthaube, das Licht mit der Hand schützend, streckte den Kopf neugierig in die Straße hinaus; dann kam der Kutscher mit Mantelsack und Pappkarton; hinter diesem, den Schluß bildend, ein hochaufgeschossener, junger Mann von leichter, vornehmer Haltung. Er trug eine Jagdmütze, kurzen Rock und war in seiner ganzen Oberhälfte unwinterlich gekleidet. Nur seine Füße steckten in hohen Filzstiefeln. »Frohe Feiertage, Frau Hulen«, damit reichte er der Alten die Hand, stieg auf die Deichsel und nahm Platz neben dem Kutscher. »Nun vorwärts, Krist; Mitternacht sind wir in *Hohen-Vietz.* Das ist recht, daß Papa die Ponys geschickt hat.«

Die Pferde zogen an und versuchten es, ihrer Natur nach, in einen leichten Trab zu fallen; aber erst als sie die Königsstraße mit ihrem Weihnachtsgedränge und Waldteufelgebrumm im Rücken hatten, ging es in immer rascherem Tempo die Landsberger Straße entlang und endlich unter immer munterer werdendem Schellengeläut zum Frankfurter Tore hinaus.

Draußen umfing sie Nacht und Stille; der Himmel klärte

sich, und die ersten Sterne traten hervor. Ein leiser, aber scharfer Ostwind fuhr über das Schneefeld, und der Held unserer Geschichte, *Lewin von Vitzewitz,* der seinem väterlichen Gute *Hohen-Vietz* zufuhr, um die Weihnachtsfeiertage daselbst zu verbringen, wandte sich jetzt, mit einem Anflug von märkischem Dialekt, an den neben ihm sitzenden Gefährten. »Nun, Krist, wie wär' es? Wir müssen wohl einheizen.« Dabei legte er Daumen und Zeigefinger ans Kinn und paffte mit den Lippen. Dies »wir« war nur eine Vertraulichkeitswendung; Lewin selbst rauchte nicht. Krist aber, der von dem Augenblick an, wo sie die Stadt im Rücken hatten, diese Aufforderung erwartet haben mochte, legte ohne weiteres die Leinen in die Hand seines jungen Herrn und fuhr in die Manteltasche, erst um eine kurze Pfeife mit bleiernem Abguß, dann um ein neues Paket Tabak daraus hervorzuholen. Er nahm beides zwischen die Knie, öffnete das mit braunem Lack gesiegelte Paket, stopfte und begann dann mit derselben langsamen Sorglichkeit nach Stahl und Schwamm zu suchen. Endlich brannte es; er tat, indem er wieder die Leine nahm, die ersten Züge, und während jetzt kleine Funken aus dem Drahtdeckel hervorsprühten, ging es auf Friedrichsfelde zu, dessen Lichter ihnen über das weiße Feld her entgegenschienen.

Das Dorf lag bald hinter ihnen. Lewin, der sich's inzwischen bequem gemacht und durch festeren Aufbau einiger Strohbündel eine Rückenlehne hergerichtet hatte, schien jetzt in der Stimmung, eine Unterhaltung aufzunehmen. Ehe des Kutschers Pfeife brannte, wär' es ohnehin nicht rätlich gewesen.

»Nichts Neues, Krist?« begann Lewin, indem er sich fester in die Strohpolster drückte. »Was macht Willem, mein Päth?«

»Dank schön, junger Herr, he ist ja nu wedder bi Weg.«

»Was war ihm denn?«

»He hett sich verfiert. Un noch dato an sinen Gebortsdag. Et is nu en Wochner drei; ja, up'n Dag hüt, drei Wochen. Oll Doktor Leist von Lebus hett' em aber wedder torecht bracht.«

»Er hat sich verfiert?«

»Ja, junger Herr, so glöwen wi all. Et wihr wol so um de fiefte Stunn, as mine Fru seggen däd: Willem geih un hol uns en paar Äppels, awers von de Renetten up'n Stroh, dicht bi de Bohnenstakens. Un uns' Lütt-Willem ging ooch, un ick hürt' em noch flüten un singen un dat Klapsen von sine Pantinen ümmer den Floor lang. Awer dunn hürt ick nix mihr, un as he nu an de olle wackel'sche Döör käm un in den groten Saal rinnwull, wo uns' Äppels liggen un wo de Lüt seggen, dat de oll' Matthias spöken deiht, da möt em wat passiert sinn. He käm nich un käm nich; un as ick nu nahjung un sehn wull, wo he bliwen däd, da läg he, glieks achter de Schwell, as dod up de Fliesen.«

»Das arme Kind! Und Eure Frau...«

»De käm ooch, un wi drögen em nu torügg in unse Stuv' un rewen em in. Mine Fru hätt ümmer en beten Miren-Spiritus to Huus. As he nu wedder to sich käm, biwwerte em de janze lütte Liew, un he seggte man ümmer: ›Ick hebb em sehn.‹«

Lewin hatte sich zurechtgerückt. »Es geht also wieder besser«, warf er hin, und wie um loszukommen von allerhand Bildern und Gedanken, die des Kutschers Erzählung in ihm angeregt hatte, fuhr er hin und her in Erkundigungen, worauf Krist mit so viel Ausführlichkeit antwortete, wie ihm die Raschheit der Fragen gestattete. Dem Schulzen Kniehase war einer von seinen Braunen gefallen; bei Hoppenmarieken hatte der Schornstein gebrannt; bei Witwe Gräbschen hatte Nachtwächter Pachaly einen mittelgroßen Sarg, mit einem Myrtenkranz darauf, vor der Haustür stehen sehn, »un wihl et man en *mittelscher* Sarg west wihr, so hedden se all an de Jüngscht, an Hanne Gräbschen' dacht. De is man kleen und piept all lang.«

Die Sterne traten immer zahlreicher hervor. Lewin lupfte die Kappe, um sich die Stirn von der frischen Winterluft anwehen zu lassen, und sah staunend und andächtig in den funkelnden Himmel hinauf. Es war ihm, als fielen alle dunklen Geschicke, das Erbteil seines Hauses, von ihm ab und als zöge es lichter und heller von oben her in seine Seele. Er atmete auf. Zwei, drei Schlitten flogen vorüber, grüßten und sangen, sichtlich Gäste, die im Nebendorf die Bescherung nicht versäumen wollten; dann, ehe fünf Minuten um waren, glitt das Gefährt unserer zwei Freunde unter den Giebelvorbau des Bohlsdorfer Kruges.

Bohlsdorf war drittel Weg. Niemand kam. An den Fenstern zeigte sich kein Licht; die Krügersleute mußten in den Hinterstuben sein und das Vorfahren des Schlittens, trotz seines Schellengeläuts, überhört haben. Krist nahm wenig Notiz davon. Er stieg ab, holte eine der Stehkrippen heran, die beschneit an dem Hofzaun entlang standen, und schüttete den Pferden ihren Hafer ein.

Auch Lewin war abgestiegen. Er stampfte ein paarmal in den Schnee, wie um das Blut wieder in Umlauf zu bringen, und trat dann in die Gaststube, um sich zu wärmen und einen Imbiß zu nehmen. Drinnen war alles leer und dunkel; hinter dem Schenktisch aber, wo drei Stufen zu einem höher gelegenen Alkoven führten, blitzte der Christbaum von Lichtern und goldenen Ketten. In diesem Weihnachtsbilde, das der enge Türrahmen einfaßte, stand die Krügersfrau in Mieder und rotem Friesrock und hatte einen Blondkopf auf dem Arm, der nach den Lichtern des Baumes langte. Der Krüger selbst stand neben ihr und sah auf das Glück, das ihm das Leben und dieser Tag beschert hatten.

Lewin war ergriffen von dem Bilde, das fast wie eine

Erscheinung auf ihn wirkte. Leiser als er eingetreten war, zog er sich wieder zurück und trat auf die Dorfstraße. Gegenüber dem Kruge, von einer Feldsteinmauer eingefaßt, lag die Bohlsdorfer Kirche, ein alter Zisterzienserbau aus den Tagen der ersten Kolonisten. Es klang deutlich von drüben her, als würde die Orgel gespielt, und Lewin, während er noch aufhorchte, bemerkte zugleich, daß eines der kleinen, in halber Wandhöhe hinlaufenden Rundbogenfenster matt erleuchtet war. Neugierig, ob er sich täuschte oder nicht, stieg er über die niedrige Steinmauer fort und schritt zwischen den Gräbern hin auf die Längswand der Kirche zu. Ziemlich inmitten dieser Wand bemerkte er eine Pforte, die nur eingeklinkt war, aber nicht geschlossen war. Er öffnete leise und trat ein. Es war, wie er vermutet hatte. Ein alter Mann, mit Samtkäpsel und spärlichem weißen Haar, saß vor der Orgel, während ein Lichtstümpfchen neben ihm eine kümmerliche Beleuchtung gab. In sein Orgelspiel vertieft, bemerkte er nicht, daß jemand eingetreten war, und feierlich, aber gedämpften Tones klangen die Weihnachtsmelodien nach wie vor durch die Kirche hin.

Übte sich der Alte für den kommenden Tag, oder feierte er hier sein Christfest allein für sich mit Psalmen und Choral? Lewin hatte sich die Frage kaum gestellt, als er, der Orgel gegenüber, einen zweiten Lichtschimmer wahrnahm; auf der untersten Stufe des Altars stand eine kleine Hauslaterne. Als er nähertrat, sah er, daß Frauenhände hier eben noch beschäftigt gewesen sein mußten. Ein Handfeger lag da, daneben eine kurze Stehleiter, die beiden Seitenhölzer oben mit Tüchern umwunden. Das Licht der Laterne fiel auf zwei Grabsteine, die vor dem Altar in die Fliesen eingelegt waren; der eine zur Linken enthielt nur Namen und Datum, der andere zur Rechten aber zeigte Bild und Spruch. Zwei Lindenbäume neigten ihre Wipfel einander zu, und darunter standen Verse, zehn oder zwölf Zeilen. Nur die Zeilen der zweiten Strophe waren noch deutlich erkennbar und lauteten:

Sie sieht nun tausend Lichter;
Der Engel Angesichter
Ihr treu zu Diensten stehn;
Sie schwingt die Siegesfahne
Auf güldnem Himmelsplane
Und kann auf Sternen gehn.

Lewin las zwei-, dreimal, bis er die Strophe auswendig wußte; die letzte Zeile namentlich hatte einen tiefen Eindruck auf ihn gemacht, von dem er sich keine Rechenschaft geben konnte. Dann sah er sich noch einmal in der seltsam erleuchteten Kirche um, deren Pfeiler und Chorstühle ihn schattenhaft umstanden, und kehrte, die Türe leise wieder anlehnend, erst auf den Kirchhof, dann, mit raschem Sprung über die Mauer, auf die Dorfstraße zurück.

Der Krug hatte indessen ein verändertes Ansehen gewonnen. In der Gaststube war Licht; Krist stand am Schenktisch im eifrigen Gespräch mit dem Krüger, während die Frau, aus der Küche kommend, ein Glas Kirschpunsch auf den Tisch stellte. Sie plauderten noch eine Weile auch über den alten Küster drüben, der, seitdem er Witmann geworden, seinen Heiligen Abend mit Orgelspiel zu feiern pflegte; dann, unter Händeschütteln und Wünschen für ein frohes Fest, wurde Abschied genommen, und an den stillen Dorfhütten vorbei ging es weiter in die Nacht hinein.

Lewin sprach von den Krügersleuten; Krist war ihres Lobes voll. Weniger wollt' er vom Bohlsdorfer Amtmann wissen, am wenigsten vom Petershagener Müller, an dessen abgebrannter Bockmühle sie eben vorüberfuhren. Aus allem ging hervor, daß Krist, der allwöchentlich dieses Weges kam, den Klatsch der Bierbänke zwischen Berlin und Hohen-Vietz in treuem Gedächtnis trug. Er wußte alles und schwieg erst, als Lewin immer stiller zu werden begann. Nur kurze Ansprachen an die Ponys belebten noch den Weg. Die regelmäßige Wiederkehr dieser Anrufe, das monotone Schellenläuten, das alsbald wie von weit her zu klingen schien, legte sich mehr und mehr mit einschläfernder Gewalt um die Sinne unseres Helden. Allerhand Gestalten zogen an seinem halbgeschlossenen Auge vorüber; aber eine dieser Gestalten, die glänzendste, nahm er mit in seinen Traum. Er saß vor ihr auf einem niedrigen Tabouret; sie lachte ihn an und schlug ihn leise mit dem Fächer, als er nach ihrer Hand haschte, um sie zu küssen. Hundert Lichter, die sich in schmalen Spiegeln spiegelten, brannten um sie her, und vor ihnen lag ein großer Teppich, auf dem Göttin Venus in ihrem Taubengespann durch die Lüfte zog. Dann war es plötzlich, als löschten alle diese Lichter aus; nur zwei Stümpfchen brannten noch; es war wie eine schattendurchhuschte Kirche, und an der Stelle, wo der Teppich gelegen hatte, lag ein Grabstein, auf dem die Worte standen:

Sie schwingt die Siegesfahne
Auf güldnem Himmelsplane
Und kann auf Sternen gehn.

Süß und schmerzlich, wie kurz vorher bei wachen Sinnen ihn diese Worte berührt hatten, berührten sie ihn jetzt im Traum. Er wachte auf.

»Noch eine halbe Meile, junger Herr«, sagte Krist.

»Dann sind wir in Dolgelin?«

»Nein, in Hohen-Vietz.«

»Da hab' ich fest geschlafen.«

»Dritthalb Stunn.«

Das erste, was Lewin wahrnahm, war die Sorglichkeit, mit der sich der alte Kutscher mittlerweile um ihn bemüht hatte. Der Futtersack war ihm unter die Füße geschoben, die beiden Pferdedecken lagen ausgebreitet über seinen Knien.

Nicht lange, und der Hohen-Vietzer Kirchturm wurde sichtbar. An oberster Stelle eines Höhenzuges, der nach Osten hin die Landschaft schloß, stand die graue Masse schattenhaft im funkelnden Nachthimmel.

Dem Sohne des Hauses schlug das Herz immer höher, so oft er dieses Wahrzeichen seiner Heimat ansichtig wurde. Aber er hatte heute nicht lange Zeit, sich der Eigentümlichkeit des Bildes zu freuen. Die beschneiten Parkbäume traten zwischen ihn und die Kirche, und einige Minuten später schlugen die Hunde an, und zwischen zwei Torpfeilern hindurch beschrieb der Schlitten eine Kurve und hielt vor der portalartigen Glastüre, zu der zwei breite Sandsteinstufen hinaufführten.

Lewin, der sich schon vorher erhoben hatte, sprang hinaus und schritt auf die Stufen zu. »Guten Abend, junger Herr«, empfing ihn ein alter Diener in Gamaschen und Frackrock, an dem nur die großen blanken Knöpfe verrieten, daß es eine Livree sein sollte.

»Guten Abend, Jeetze; wie geht es?«

Aber über diesen Gruß kam Lewin nicht hinaus, denn im selben Augenblick richtete sich ein prächtiger Neufundländer vor ihm auf und überfiel ihn, die Vorderpfoten auf seine Schultern legend, mit den allerstürmischsten Liebkosungen.

»Hektor, laß gut sein, du bringst mich um.« Damit trat unser Held in die Halle seines väterlichen Hauses. Ein paar Scheite, die im Kamin verglühten, warfen ihr Licht auf die alten Bilder an der Wand gegenüber. Lewin sah sich um, nicht ohne einen Anflug freudigen Stolzes, auf der Scholle seiner Väter zu stehen.

Dann leuchtete ihm der alte Diener die schwere doppelarmige Treppe hinauf, während Hektor folgte.

In der Halle schwelen noch einige Brände, schütten wir Tannäpfel auf und plaudern wir, ein paar Sessel an den Kamin rückend, von Hohen-Vietz.

An Lewins Seele waren inzwischen unruhige Träume vorübergegangen. Die Fahrt im Ostwind hatte ihn fiebrig gemacht, und erst gegen Morgen verfiel er in einen festen Schlaf. Eine Stunde später begann es bereits im Hause lebendig zu werden; auf dem langen Korridor, an dessen Nordostecke Lewins Zimmer gelegen war, hallten Schritte auf und ab, schwere Holzkörbe wurden vor die Feuerstellen gesetzt und große Scheite von außen her in den Ofen geschoben. Bald darauf öffnete sich die Tür und der alte Diener, der am Abend zuvor seinen jungen Herrn empfangen hatte, trat ein, einen Blaker in der Hand. Hektor blieb liegen, reckte sich auf dem Rehfell und wedelte nur, als ob er rapportieren wolle: Alles in Ordnung. Jeetze setzte das Licht, dessen Flamme er bis dahin mit seiner Rechten sorglich gehütet hatte, hinter einen Schirm und begann alles, was an Garderobestücken umherlag, über seinen linken Arm zu packen. Er selbst war noch im Morgenkostüm; zu den Samthosen und Gamaschen, ohne die er nicht wohl zu denken war, trug er einen Arbeitsrock von doppeltem Zwillich. Als er alles beisammen hatte, trat er, leise wie er gekommen war, seinen Rückzug an, dabei nach Art alter Leute unverständliche Worte vor sich hermurmelnd. An dem zustimmenden Nicken seines Kopfes aber ließ sich erkennen, daß er zufrieden und guter Laune war.

Die Türe blieb halb offen, und das erwachende Leben des Hauses drang in immer mahnenderen, aber auch in immer anheimelnderen Klängen in das wieder still gewordene Zimmer. Die großen Scheite Fichtenholz sprangen mit lautem Krach auseinander, von Zeit zu Zeit zischte das Wasser, das aus den naßgewordenen Stücken in kleinen Rinnen ins Feuer lief, und von der Korridornische her hörte man den sichern und regelrechten Strich, mit dem Jeetzes Bürste der Hacheln und Härchen, die nicht loslassen wollten, Herr zu werden suchte.

Alles das war hörbar genug, nur Lewin hörte es nicht. Endlich beschloß Hektor, der Ungeduld Jeetzes und seiner eigenen ein Ende zu machen, richtete sich auf, legte beide Vorderpfoten aufs Deckbett und fuhr mit seiner Zunge über die Stirn des Schlafenden hin, ohne weitere Sorge, ob seine Liebkosungen willkommen seien oder nicht. Lewin wachte auf; die erste Verwirrung wich einem heiteren Lachen. »Kusch dich, Hektor«, damit sprang er aus dem Bett. Der Morgenschlaf hatte ihn frisch gemacht; in wenig Minuten war er angekleidet, ein Vorteil halb soldatischer Erziehung. Er durchschritt ein paarmal das Zimmer, betrachtete lächelnd einen mit vier Nadeln an die Tischdecke festgesteckten Bogen Papier, auf dem in großen Buchstaben stand: »Willkommen in Hohen-Vietz«, ließ seine Augen über ein paar Silhouettenbilder gleiten, die er von Jugend auf kannte und doch immer wieder mit derselben Freudigkeit begrüßte, und trat dann an eines der zugefrorenen Eckfenster. Sein Hauch taute die Eisblumen fort, ein Fleckchen, nicht größer wie eine Glaslinse, wurde frei, und sein erster Blick fiel jetzt auf die eben aufgehende Weihnachtssonne, deren roter Ball hinter dem Turmknopf der Hohen-Vietzer Kirche stand. Zwischen ihm und dieser Kirche erhoben sich die Bäume des hügelansteigenden Parkes, phantastisch bereift, auf einzelnen ein paar Raben, die in die Sonne sahen und mit Gekreisch den Tag begrüßten.

Lewin freute sich noch des Bildes, als es an die Türe klopfte.

»Nur herein!«

Eine schlanke Mädchengestalt trat ein, und mit herzlichem

Kuß schlossen sich die Geschwister in die Arme. Daß es Geschwister waren, zeigte der erste Blick: gleiche Figur und Haltung, dieselben ovalen Köpfe, vor allem dieselben Augen, aus denen Phantasie, Klugheit und Treue sprachen.

»Wie freue ich mich, dich wieder hier zu haben. Du bleibst doch über das Fest? Und wie gut du aussiehst, Lewin! Sie sagen, wir ähnelten uns; es wird mich noch eitel machen.«

Die Schwester, die bis dahin wie musternd vor dem Bruder gestanden hatte, legte jetzt ihren Arm in den seinen und fuhr dann, während beide auf der breiten Strohmatte des Zimmers auf- und abpromenierten, in ihrem Geplauder fort.

»Du glaubst nicht, Lewin, wie öde Tage wir jetzt haben. Seit einer Woche flog uns nichts wie Schneeflocken ins Haus.«

»Aber du hast doch den Papa...«

»Ja und nein. Ich hab' ihn und hab' ihn nicht; jedenfalls ist er nicht mehr, wie er war. Seine kleinen Aufmerksamkeiten bleiben aus; er hat kein Ohr mehr für mich, und wenn er es hat, so zwingt er sich und lächelt. Und an dem allen sind die Zeitungen schuld, die ich freilich auch nicht missen möchte. Kaum daß Hoppenmarieken in den Flur tritt und das Postpaket aus ihrem Kattuntuch wickelt, so ist es mit seiner Ruhe hin. Er geht an mir vorbei, ohne mich zu sehen. Briefe werden geschrieben; die Pferde kommen kaum noch aus dem Geschirr; zu Wagen und zu Schlitten geht es hierhin und dorthin. Oft sind wir tagelang allein. Ein Glück, daß ich Tante Schorlemmer habe, ich ängstigte mich sonst zu Tode.«

»Tante Schorlemmer! So findet alles seine Zeit.«

»Oh, sie braucht nicht erst ihre Zeit zu finden, sie hat immer ihre Zeit, das weiß niemand besser als du und ich. Aber freilich, eines ist meiner guten Schorlemmer nicht gegeben, einen öden Tag minder öde zu machen. Möchtest du, eingeschneit, einen Winter lang mit ihr und ihren Sprüchen am Spinnrad sitzen?«

»Nicht um die Welt. Aber wo bleibt der Pastor? Und wo bleibt Marie? Ist denn alles zerstoben und verflogen?«

»Nein, nein, sie sind da, und sie kommen auch und sind die alten noch; lieb und gut wie immer. Aber unsere Hohen-Vietzer Tage sind so lang und am längsten, wenn im Kalender die kürzesten stehen. Marie kommt übrigens heute abend; sie hat eben anfragen lassen.«

»Und wie geht es unserem Liebling?«

»In den drei Monaten, daß du nicht hier warst, ist sie voll herangewachsen. Sie ist wie ein Märchen. Wenn morgen eine goldene Kutsche bei Kniehases vorgefahren käme, um sie aus dem Schulzenhause mit zwei schleppentragenden Pagen abzuholen, ich würde mich nicht wundern. Und doch ängstigt sie mich. Aber je mehr ich mich um sie sorge, desto mehr liebe ich sie.«

Soweit waren die Geschwister in ihren Plaudereien gekommen, als Jeetze – nunmehr in voller Livree – in der Türe erschien, um seinen jungen Herrschaften anzukündigen, daß es Zeit sei.

»Wo ist Papa?«

»Er baut auf. Krist und ich haben zutragen müssen.«

»Und Tante Schorlemmer?«

»Ist im Flur. Die Singekinder sind eben gekommen.«

Lewin und Renate nickten einander zu und traten dann heiteren Gesichts und leichten Ganges, ein jeder stolz auf den andern, in den Korridor hinaus. In demselben Augenblick, wo sie an dem Treppenkopf angelangt waren, klang es weihnachtlich von hellen Kinderstimmen zu ihnen herauf. Und doch war es kein eigentliches Weihnachtslied. Es war das alte »Nun danket alle Gott«, das den märkischen Kehlen am geläufigsten ist und am freiesten aus ihrer Seele kommt. »Wie schön«, sagte Lewin und horchte, bis die erste Strophe zu Ende war.

Als die Geschwister im Niedersteigen den untersten Treppenabsatz erreicht hatten, hielten sie abermals und überblickten nun das Bild zu ihren Füßen. Die gewölbte Flurhalle, groß und geräumig, trotz der Eichenschränke, die umherstanden, war mit Menschen, jungen und alten, gefüllt; einige Mütterchen hockten auf der Treppe, deren unterste Stufen bis weit in den Flur hinein vorsprangen. Links, nach der Park- und Gartentür zu, standen die Kinder, einige sonntäglich geputzt, die anderen notdürftig gekleidet, hinter ihnen die Armen des Dorfes, auch Sieche und Krüppel; nach rechts hin aber hatte alles, was zum Hause gehörte, seine Aufstellung genommen: der Jäger, der Inspektor, der Maier, Krist und Jeetze, dazu die Mägde, der Mehrzahl nach jung und hübsch und alle gekleidet in die malerische Tracht dieser Gegenden, den roten Friesrock, das schwarzseidene Kopftuch und den geblümten Manchester-Spenzer. In Front dieser bunten Mädchengruppe gewahrte man eine ältliche Dame über fünfzig, graugekleidet mit weißem Tuch und kleiner Tüllhaube, die Hände gefaltet, den Kopf vorgebeugt, wie um dem Gesange der Kinder mit mehr Andacht folgen zu können. Es war Tante Schorlemmer. Nur als die Geschwister auf dem Treppenabsatz erschienen, unterbrach sie ihre Haltung und erwiderte Lewins Gruß mit einem freundlichen Nicken.

Nun war auch der zweite Vers gesungen, und die Weihnachtsbescherung an die Armen und Kinder des Dorfes, wie sie in diesem Hause seit alten Zeiten Sitte war, nahm ihren Anfang. Niemand drängte vor; jeder wußte, daß ihm das Seine werden würde. Die Kranken erhielten eine Suppe, die Krüppel ein Almosen, alle einen Festkuchen, an die Kinder aber traten die Mägde heran und schütteten ihnen Äpfel und Nüsse in die mitgebrachten Säcke und Taschen.

Das Gabenspenden war kaum zu Ende, als die große, vom Flur aus in die Halle führende Flügeltüre von innen her sich öffnete und ein heller Lichtschein in den bis dahin nur halb erleuchteten Flur drang. Damit war das Zeichen gegeben, daß nun dem Hause selber beschert werden solle. Der alte Vitzewitz trat zwischen Türe und Weihnachtsbaum, und Lewins ansichtig werdend, der am Arm der Schwester dem Festzug voraufschritt, rief er ihm zu: »Willkommen, Lewin, in Hohen-Vietz.« Vater und Sohn begrüßten sich herzlich; dann setzten die Geschwister ihren Umgang um die Tafel fort, während draußen im Flur die Kinder wieder anstimmten:

Lob, Ehr' und Preis sei Gott
Dem Vater und dem Sohne,
Und auch dem Heil'gen Geist
Im hohen Himmelthrone.

Der Zug löste sich nun auf, und jeder trat an seinen Platz und seine Geschenke. Alles gefiel und erfreute, die Schals, die Westen, die seidenen Tücher. Da lagerte kein Unmut, keine Enttäuschung auf den Stirnen; jeder wußte, daß schwere Zeiten waren, und daß der viel heimgesuchte Herr von Hohen-Vietz sich mancher Entbehrung unterziehen mußte, um die gute Sitte des Hauses auch in bösen Tagen aufrechtzuerhalten.

Zu beiden Seiten des Kamins, über dessen breiter Marmorkonsole das überlebensgroße Bild des alten Matthias aufragte, waren auf kleinen Tischen die Gaben ausgebreitet, die der Vater für Lewin und Renaten gewählt hatte. Lieblingswünsche hatten ihre Erfüllung gefunden, sonst waren sie nicht reichlich. An Lewins Platz lag eine gezogene Doppelbüchse, Suhler Arbeit, sauber, leicht, fest, eine Freude für den Kenner.

»Das ist für dich, Lewin. Wir leben in wunderbaren Tagen. Und nun komm und laß uns plaudern.«

Beide traten in das nebenan gelegene Zimmer, während in der Halle die Weihnachtslichter niederbrannten.

Der Vater Lewins war Berndt von Vitzewitz, ein hoher Fünfziger. Mit dreizehn Jahren bei den zu Landsberg garnisonierenden Knobelsdorff-Dragonern eingetreten, hatte er, nach beinahe dreißigjährigem Dienst, das Kommando des berühmten Regiments eben übernommen, als ihn im Frühjahr 1795 der Abschluß des Basler Friedens veranlaßte, seinen Abschied zu fordern. Voller Abscheu gegen die Pariser Schreckensmänner sah er in dem »Paktieren mit den Regiciden« ebenso eine Gefahr wie eine Erniedrigung Preußens. Er zog sich verstimmt nach Hohen-Vietz zurück. Vielleicht war es ein Ausdruck seiner Verstimmung, daß er es, wenigstens im geselligen Verkehr, vorzog, seinen militärischen Rang ignoriert und sich lediglich als Herr von Vitzewitz angesprochen zu sehen. Das Gut selbst war ihm schon sieben Jahre früher zugefallen, unmittelbar nach seiner Vermählung mit Madeleine von Dumoulin, der ältesten Tochter des Generallieutenants von Dumoulin, der bei Zorndorf, als jüngster Offizier in der Schwadron des Rittmeisters von Wakenitz, Wunder der Tapferkeit verrichtet und nach zweimaligem Durchbrechen der russischen Karrees den *Pour le mérite* auf dem Schlachtfelde empfangen hatte.

Madeleine von Dumoulin, groß, schlank, blond, eine typische Schönheit, wie so oft die Töchter des altfranzösischen Adels, war der Abgott ihres Gemahls. Und doch sah sie zu ihm hinauf; ohne Prätensionen, fast ohne Laune beugte sie sich vor der Überlegenheit seines Charakters. Die Geburt eines Sohnes, noch in der Garnisonstadt des Regiments, schuf ein gesteigertes Glück, das aus beider Augen noch lebhafter sprach, als ihnen, bald nach ihrer Übernahme von Hohen-Vietz, auch eine Tochter geboren wurde. Es war im Mai 1795, ein Frühlingsregen sprühte, und das Zeichen des Bundes zwischen Gott und den Menschen, ein Regenbogen, stand verheißungsvoll über dem alten Hause. Aber die Verheißung, wenn sie dem Kinde gelten mochte, galt nicht dem Vater. Ein Allerschmerzlichstes blieb auch ihm, wie so vielen seiner Ahnen, unerspart. Es traf ihn anders, aber nicht minder schwer.

Der Tag von Jena hatte über das Schicksal Preußens entschieden; elf Tage später hielten bereits angemeldete französische Offiziere vor dem Herrenhause in Hohen-Vietz, zu deren Bewillkommnung, um nicht Anstoß zu geben, auch die kaum von einem hitzigen Fieber wiederhergestellte, noch die Blässe der Krankheit zeigende Dame vom Hause erschienen war. In der Halle war gedeckt. Frau von Vitzewitz blieb und schien ihren Zweck, ein leidliches Einvernehmen zwischen Wirt und Gästen herzustellen, erreichen zu sollen, als sich, während schon der Nachtisch aufgetragen wurde, ein ihr gegenübersitzender Kapitän von der spanischen Grenze, olivenfarbig, mit dünnem Spitzbart, erhob und in unziemlichster Huldigung Worte lallte, die der schönen Frau das Blut in die Wangen trieben. Berndt von Vitzewitz fuhr auf den Elenden ein, andere Offiziere, dazwischen springend, trennten die miteinander Ringenden, und Partei ergreifend für den beleidigten Gemahl, steckten sie draußen im Park den Platz ab, wo der Handel auf der Stelle ausgemacht werden sollte. Berndt, ein Meister auf den Degen, verwundete seinen Gegner schwer am Kopf, und die Franzosen, in der ihnen eigenen ritterlichen Gesinnung, beglückwünschten ihn, ohne die geringste Verstimmung zu zeigen, zu seinem Triumph. Aber es war ein kurzer Sieg, zum mindesten ein teuer erkaufter. Die heftigen, von solchen Vorgängen unzertrennlichen Erregungen warfen die schöne Frau aufs Krankenbett zurück, am dritten Tag war sie aufgegeben, am neunten trugen sie sie die alte Nußbaumallee hinauf, bis an die Hohen-Vietzer Kirche, und senkten sie unter Innehaltung aller von ihr gegebenen Bestimmungen ein. Nicht in die Gruft, sondern in »Gottes märkische Erde«, wie sie so oft gebeten hatte. Die Glocken klangen den ganzen Tag ins Land, und als der Frühling kam, lag ein Stein auf der Grabesstelle, ohne Namen, ohne Datum, nur tief eingegraben: »Hier ruht mein Glück.«

Berndts Charakter hatte sich unter diesen Schlägen aus dem Ernsten völlig ins Finstere gewandelt. Die Lage des zerbrökkelten, nahezu aus der Reihe der Staaten gestrichenen Vaterlandes war nicht dazu angetan, ihn aufzurichten. Sein eigner Besitz entwertet, die Ernten geraubt, das Gehöft von Räuberhänden halb niedergebrannt – so verfiel er auf Jahr und Tag in brütenden Trübsinn und lebte erst wieder auf, als Sorge und Mißgeschick, die beinahe unausgesetzt auf ihn eindrangen, einen großen Haß in ihm gezeitigt hatten. Er wurde rührig, regsam, er hatte Ziele, er lebte wieder.

Der Haß, dem er dieses dankte, richtete sich gegen alles, was von jenseits des Rheines kam, aber doch war ein Unterschied in dem, was er gegen den Machthaber und gegen die französische Nation empfand. Für diese letztere, deren Mut, Begeisterung und Opferfähigkeit er so oft gepriesen, so oft vorbildlich hingestellt hatte, hatte er, wie fast alle Märker, im tiefsten Herzen eine nicht zu ertötende Vorliebe, und aller Haß, den er dieser Liebe zum Trotz stark und ehrlich zur Schau trug, war viel mehr Absicht und Kalkül als unmittelbare Empfindung, emporgewachsen aus der unablässigen, mit Geflissentlichkeit gehegten Betrachtung, daß – um ihn selber sprechen zu lassen – »das undankbarste aller Völker einen guten König geschlachtet habe, um sich vor den Triumphwagen eines freiheitsmörderischen Tyrannen zu spannen«. Ganz anders sein Haß gegen den Bonaparte selbst. Ungemacht und ungekünstelt sprang er wie ein heißer Quell aus seinem Herzen. Schon der Name widerte ihn an. Er war kein Franzos', er war Italiener, Korse, aufgewachsen an jener einzigen Stelle in Europa, wo noch die Blutrache Sitte und Gesetz; und selbst die Größe, die er ihm zugestehen mußte, war ihm staunens-, aber nicht bewundernswert, weil sie alles himmlischen Lichtes entbehrte. Er sah in ihm einen Dämon, nichts weiter; eine Geißel, einen Würger, einen aus Westen kommenden Dschingiskhan. Als Mitte November bekannt wurde, daß der Kaiser Küstrin passieren werde, um bis an die Weichsel zu gehen, führte Berndt seine beiden halberwachsenen Kinder – Renate zählte elf, Lewin eben sechzehn Jahre – nach der alten Oderfestung und nahm Stand an dem Müncheberger Tore, um ihnen den zu zeigen, »den Gott gezeichnet habe«. Und als dieser nun unter dem gewölbten Portal hin in die stille Stadt einritt und das gelbe Wachsgesicht wie ein unheimlicher Lichtpunkt zwischen dem Bug des Pferdes und dem tief in die Stirn gerückten Hute sichtbar wurde, da schob er die Kinder in die vorderste Reihe und rief ihnen vernehmlich zu: »Seht scharf hin, das ist der *Böseste* auf Erden.«

Aber wer zu hassen versteht, so es nur der rechte Haß ist, der weiß auch zu lieben, und die leidenschaftliche Zuneigung, die Berndt so viele Jahre lang gegen die zu früh Heimgegangene als sein höchstes irdisches Glück im Herzen getragen hatte, er übertrug sie jetzt auf die Kinder, die als die Ebenbilder der Mutter heranwuchsen. Schlank aufgeschossen, blond und durchsichtig, wichen sie in jedem Zuge von der äußeren Erscheinung des Vaters ab, zu dessen gedrungener Gestalt sich dunkelster Teint und ein schwarzes, kurzgeschnittenes, mit nur wenig Grau erst untermischtes Haar gesellte. Und wie verschieden die Erscheinung, so verschieden auch waren die Charaktere. Leichtbeweglich und leichtgläubig, immer geneigt, zu bewundern und zu verzeihen, hatten die Kinder das heitere Licht der Seele, wo der Vater das düstere Feuer hatte. Demütig und trostreich, angelegt um zu beglücken und glücklich zu sein, leuchtete ihren Wegen die alles verklärende Phantasie. Der Vater freute sich dessen. Er träumte von einer Wandlung, die mit ihnen über das Haus kommen werde.

Berndt von Vitzewitz, wie alle, die ihr Herz an etwas setzen, machte wenig davon; er hatte das Schamgefühl der Liebe. Aber ebensowenig gefiel er sich darin, eine rauhe Außenseite herauszukehren. Weil er Autorität hatte, durfte er darauf verzichten, sie jeden Augenblick geltend zu machen. Er liebte es, im Gespräch den Unterschied der Jahre zu überspringen und bespöttelte jene Väter und Mütter, die, aus der Not eine Tugend machend, ihre Gefühls- und Gedankenwelt in zwei Rubriken, in eine für die »Intimen« und in eine andere für die Kinder bestimmte Hälfte, zu teilen pflegen. Er war offen, entgegenkommend gegen Lewin, reich an Aufmerksamkeiten gegen Renate. Nur in den letzten Wochen, wie die Schwester dem Bruder bereits geklagt hatte, war eine Änderung eingetreten; er mied jede Begegnung, sprach wenig und saß halbe Nächte lang, wenn ihn nicht Besuche in die Umgegend führten, an seinem Schreibtisch oder durchschritt im Selbstgespräch das einfensterige Kabinett, das sein Arbeitszimmer bildete.

Das Arbeitszimmer war ebenso tief wie schmal, so daß die gelben, von Tabak- und Lampenrauch längst grau gewordenen Wände, bei dem wenigen Licht, das einfiel, noch dunkler erschienen, als sie waren. Von Luxus keine Spur. Nur für

Bequemlichkeit war gesorgt, für jenes Alles-zur-Hand-Haben geistig beschäftigter Männer, denen nichts unerträglicher ist, als erst holen, suchen oder gar warten zu müssen. Die beiden Türen des Kabinetts, von denen die eine nach der Halle, die andere nach dem Damenzimmer führte, lagen dem Fenster zu, wodurch zwei breite Wandflächen zur Aufstellung eines Schreibtisches und eines Ledersofas, beide von beträchtlicher Länge, gewonnen waren. Ein dazwischenstehender gartenstuhlartiger Holzschemel würde die Kommunikation vollständig geschlossen haben, wenn nicht die Tischplatte eine entsprechende Einbuchtung gehabt hätte. Über dem Schreibtisch hing ein schönes Frauenporträt, Brustbild, nachgedunkelt, über dem Sofa ein schmaler, länglicher Spiegel, dessen völlig verblaktes Glas über seine Nutzlosigkeit an dieser Stelle keinen Zweifel ließ. Ein Schlüsselbrett, dazu zwei, drei Hirschgeweihe, mit allerhand Mützen und Hüten daran, vollendeten die Einrichtung. In den Ecken standen Stöcke umher, eine Entenflinte und ein Kavalleriedegen, während an den Paneelen der Fensternische mehrere Spezialkarten von Rußland, mit Oblaten und Nägelchen, je nachdem es sich am bequemsten gemacht hatte, befestigt waren. Zahllose rote Punkte und Linien zeigten deutlich, daß mit dem Zeitungsblatt in der Hand zwischen Smolensk und Moskau bereits viel hin- und hergereist worden war.

Dies war das Zimmer, in das, wie am Schlusse des vorigen Kapitels erzählt, Vater und Sohn eintraten. Beide nahmen auf dem Sofa Platz, gegenüber dem Frauenporträt, das jetzt auf sie niedersah. Berndt, der in seinem gewöhnlichen Hauskostüm war: weite Beinkleider von schottischem Stoff, dunkler Samtrock, dazu ein rotseidenes Tuch leicht um den Hals geschlungen, streckte den rechten Fuß auf ein hohes, tabouretartiges Doppelkissen. Lewin, aus Respekt und Gewöhnung, saß gerade aufrecht neben ihm.

»Nun, was gibt es, Lewin, was bringst du?«

»Vielleicht eine Neuigkeit. Morgen werden unsere Blätter das Bulletin bringen, das die Vernichtung des Heeres zugesteht. Ladalinskis hatten den französischen Text; Kathinka las uns die Hauptstellen vor. Es hat mich erschüttert.«

»Auch mich, aber noch mehr hat es mich erhoben.«

»So kennst du schon den Inhalt? Und ich komme wieder zu spät.«

»Tante Amelie empfing den Zeitungsausschnitt schon gestern; du kennst ihre alten Beziehungen. Graf Drosselstein, der gestern bei ihr war, erbot sich, mir persönlich die Nachricht zu bringen. Wir haben wohl eine Stunde geplaudert. Und glaube mir, das Bulletin sagt nicht die Hälfte. Wir haben Briefe aus Minsk und Bialystock; sie sind total vernichtet.«

»Welch ein Gericht!«

»Ja, Lewin, du sprichst das Wort. Die große Hand, die beim Gastmahl des Belsazar war, hat wieder ihre Zeichen geschrieben und diesmal keine Rätselzeichen. Jeder kann sie lesen: ›Gezählt, gewogen und hinweggetan.‹ Ein Gottesgericht hat ihn verworfen. Und doch fürchte ich, Lewin, wir haben Neunmalweise am Ruder, die dem zornigen Gott in den Arm fallen wollen. Sie dürfen es nicht. Wagen sie es, so sind sie verloren, sie und wir. – Wie ist die Stimmung?«

»Gut. Es ist mir, als wäre eine Wandlung über die Gemüter gekommen. Das ganze Fühlen ist ein höheres; wo noch Niedrigkeit der Gesinnung ist, da wagt sie sich nicht hervor. Was fehlt, ist eins: ein leitender Wille, ein entschlußkräftiges Wort.«

»Das Wort *muß* gesprochen werden, so oder so. Wenn die Menschen stumm sind, so schreien es die Steine. Gott will es, daß wir seine Zeichen verstehen. Lewin, wir alle sind hier entschlossen. Wir alle stehen hier des Wortes gegenwärtig;

wird es *nicht* gesprochen, so folgen wir dem lauten Wort, das in uns klingt. Es begräbt sich leicht im Schnee. Nur kein feiges Mitleid. Jetzt oder nie. Nicht viele werden den Njemen überschreiten, *über die Oder darf keiner.*«

Lewin schwieg eine Weile; er mied es, dem Blick des Vaters zu begegnen. Dann sprach er halb vor sich hin: »Wir sind die Verbündeten des Kaisers. Wir wollen das Bündnis lösen, Gott gebe es, aber –«

»So mißbilligst du, was wir vorhaben?«

»Ich kann nicht anders. Das, was du vorhast, und was Tausende der Besten wollen, es ist gegen meine Natur. Ich habe kein Herz für das, was sie jetzt mit Stolz und Bewunderung die spanische Kriegsführung nennen. Alles, was von hintenher sein Opfer faßt, ist mir verhaßt. Ich bin für offenen Kampf, bei hellem Sonnenschein und schmetternden Trompeten. Wie oft habe ich in Entzücken geweint, wenn ich auf der Fußbank neben Mama saß und sie von ihrem Vater erzählte, wie er, kaum achtzehnjährig, in die russischen Vierecke einbrach und wie dann Rittmeister von Wakenitz vor der Schwadron ihn küßte und ihm zurief: ›Junker von Dumoulin, lassen Sie uns die Degen tauschen.‹ Ja, ich will Krieg führen, aber deutsch, nicht spanisch, auch nicht slawisch. Du weißt, Papa, ich bin meiner Mutter Sohn.«

»Das bist du, und ein Glück, daß du es bist. Über deiner Mutter Kindheit haben helle Sterne gestanden, und ich bitte Gott, daß der Segen ihres Hauses über dir und über Renaten sei.«

Lewin sah wieder vor sich hin. Berndt von Vitzewitz aber fuhr fort: »Ich weiß, was eine Natur zu bedeuten hat; alles An- und Eingeborene, das nicht gegen die Gebote Gottes streitet, ist mir heilig; gehe deinen Weg, Lewin, ich zwinge dich in nichts. Aber ich, in stillen Nächten habe ich mir's geschworen, ich will den meinen gehen!«

Eine kurze Pause folgte, während welcher Berndt in dem schmalen Zimmer auf- und niederschritt. Dann, ohne des Schweigens zu achten, in dem Lewin verharrte, sprach er weiter: »Ihr in den Städten – und du bist ein Stadtkind geworden, Lewin –, ihr wißt es nicht, ihr habt es nicht recht erlebt. Unter den Augen der Machthaber nahm die Unterdrückung Maß und das Ungesetzliche gesetzliche Formen an. Sie rühmen sich dessen sogar und glauben es beinahe selbst, daß sie unsere Ketten gebrochen haben. Aber wir auf dem Lande, wir wissen es besser, und ich sage dir, Lewin, die rote Hand, die Feuer an die Scheunen legte, die die Goldringe von den Fingern unserer Toten zog, sie ist unvergessen hier herum, und eine rötere Hand wird ihr Antwort geben.«

Lewin wollte dem Vater antworten; aber dieser, die Heftigkeit seiner Rede plötzlich umstimmend, fuhr mit ersichtlicher Bewegung fort: »Du warst noch ein Knabe, als der böse Feind ins Land kam; der Glanz seiner Taten ging vor ihm her. Was er damals im Übermut seines Glückes unsere Königin zu fragen sich erdreistete: ›Wie mochten Sie's nur wagen, den Kampf gegen mich aufzunehmen?‹, diese Frage ist seitdem von tausend Schwachen und Elenden im Lande selber nachgesprochen worden, als ob sie das A und das O aller Weisheit wäre. Und in dieser Vorstellung unserer Ohnmacht bist du herangewachsen, du und Renate. Ihr habt nichts gesehen als unsere Kleinheit, und ihr habt nichts gehört als die Größe unseres Siegers. Aber, Lewin, es war einst anders, und wir Alten, die wir noch das Auge des Großen Königs gesehen haben, wir schmecken bitter den Kelch der Niedrigkeit, der jetzt täglich an unseren Lippen ist.«

»Und ich bin es sicher«, fiel jetzt Lewin ein, »er wird von uns genommen werden. Wir werden einen frohen, einen heiligen Krieg haben. Aber zunächst sind wir unseres Feindes Freund, wir haben mit und neben ihm in Waffen gestanden;

er rechnet auf uns, er schleppt sich unserer Türe zu, hoffnungsvoll wie der Schwelle seines eigenen Hauses; das Licht, das er schimmern sieht, bedeutet ihm Rettung, Leben, und an der Schwelle eben dieses Hauses faßt ihn unsere Hand und würgt den Wehrlosen.«

In diesem Augenblick begannen die Glocken zu klingen, die von dem alten Hohen-Vietzer Turm her zur Kirche riefen. Sie klangen laut und voll in dem klaren Wetter. Berndt horchte auf; dann mit der Hand nach Osten deutend, von wo die Klänge herüberhallten, fuhr er seinerseits fort: »Ich weiß, daß geschrieben steht: ›Die Rache ist mein‹, und in menschlicher Gebrechlichkeit, das weiß der, der in die Herzen sieht, bin ich allezeit seinem Wort gefolgt. Ich fürchte nicht, daß ich lästere, wenn ich ausspreche: Es gibt auch eine heilige Rache. So war es, als Simson die Tempelpfosten faßte und sich und seine Feinde unter Trümmern begrub. Vielleicht, daß auch unsere Rache nichts anderes wird als ein gemeinschaftliches Grab. Sei's drum; ich habe abgeschlossen; ich setze mein Leben daran, und, Gott sei Dank, ich *darf* es. Diese Hand, wenn ich sie aufhebe, so erhebe ich sie nicht, um persönliche Unbill zu rächen, nein, ich erhebe sie gegen den bösen Feind aller Menschheit, und weil ich ihn selber nicht treffen kann, so zerbreche ich seine Waffe, wo ich sie finde. Der große Schuldige reißt viel Unschuldige mit in sein Verhängnis; wir können nicht sichten und sondern. Das Netz ist ausgespannt, und je mehr sich darin verfangen, desto besser. Wir sprechen weiter davon, Lewin. Jetzt ist Kirchzeit. Laß uns Gottes Wort nicht versäumen. Wir bedürfen seiner.«

So trennten sie sich, als die Glocken zum zweitenmal ihr Geläut begannen.

Das Summen der Glocken war noch in der Luft, als Berndt von Vitzewitz, Renaten am Arm, aus einem in den Schnee gefegten Fußsteig in die große Nußbaumallee einbog, die, leise ansteigend, von der Einfahrt des Herrenhauses her in gerader Linie zur Hügelkirche hinaufführte. Dem voraufschreitenden Paare folgten Lewin und Tante Schorlemmer. Alle waren winterlich gekleidet; die Hände der Damen steckten in schneeweißen Grönlandsmuffen; nur Lewin, alles Pelzwerk verschmähend, trug einen hellgrauen Mantel mit weitem Überfallkragen.

Als die Bewohner des Herrenhauses die Kirche betraten, begann eben der Gesang der Gemeinde. Eine schmale Treppe, an einem der kleinen Seiteneingänge ausmündend, führte zu dem herrschaftlichen Stuhle hinauf. Dieser, ein auf Pfeilern ruhender, sehr einfacher Holzbau, war ursprünglich durch hohe Schiebefenster geschlossen gewesen, längst aber waren diese beseitigt, und nur noch zwei schmale Bretter, die von der Brüstung bis zur vollen Höhe der Decke aufstiegen, teilten den Raum in drei große Rahmen ab. Vorn an der Wandung war das Vitzewitzsche Wappen angebracht, ein Andreaskreuz, weiß auf rotem Grunde.

In Front dieses herrschaftlichen Stuhles, hart an der Brüstung hin, nahmen die Eintretenden geräuschlos Platz: erst Berndt von Vitzewitz, links neben ihm Renate, dann Tante Schorlemmer. Lewin stellte seinen Stuhl in die zweite Reihe. So vernachlässigt alles war, so war es doch nicht ohne einen gewissen Reiz. Gleich zur Rechten Altar und Kanzel; in Front des Altars das Taufbecken, eine silberne mit allegorischen Figuren und unentzifferbaren Inschriften reich ausgeschmückte Schüssel, die nur mit großer Mühe vor den Händen des Feindes gerettet worden war. An der Wand gegenüber das vorerwähnte Marmordenkmal des alten Matthias und seiner Gemahlin. Das beste aber, was dieser unscheinbaren Stelle eigen war, war doch das große, fast einen Halbkreis bildende Fenster, das einen Blick auf den

Kirchhof und weiter hügelabwärts auf einzelne zerstreute, wie Vorposten aufgestellte Hütten und Häuser des Dorfes gestattete. Neben diesem Fenster, hart an der Kirchwand, stand ein Eibenbaum, der von der Seite her die längsten seiner Zweige vorschob und regelmäßig an die Scheiben klopfte, wenn Pastor Seidentopf seine dreigeteilte Predigt den Hohen-Vietzern ans Herz legte. Lewin setzte sich immer so, daß er einen Blick auf das Fenster frei hatte. Er stand wohl fest auf dem Catechismo Lutheri, wie alle Vitzewitze, seitdem die gereinigte Lehre ins Land gekommen war, aber da war doch ein anderes in ihm, das ihn von Zeit zu Zeit trieb, mehr auf den Eibenbaum draußen als auf die Stimme von der Kanzel her zu achten, wäre diese Stimme auch mächtiger gewesen, als die seines alten Lehrers und Freundes, dem die sonntägliche Erbauung oblag.

Die Sonne schien hell, und ein einfallendes Streiflicht erleuchtete in plötzlichem Glanz die halbe Nordwand, vor allem das große Grabdenkmal dem herrschaftlichen Chorstuhl gegenüber. Die lebensgroßen Figuren waren wie von rosigem Leben angehaucht. Lewin hatte die Schönheit dieses Bildwerks nie so voll empfunden; er las die langen Inschriften, wie er sich gestand, zum erstenmal.

Der Gesang schwieg; schon während des letzten Verses war Prediger Seidentopf auf die Kanzel getreten, ein Sechziger, mit spärlichem weißen Haar, von würdiger Haltung und mild im Ausdruck seiner Züge. Lewin hing an der wohltuenden Erscheinung, senkte dann den Blick und folgte in andächtiger Betrachtung dem stillen Gebet. Die Gemeinde tat ein Gleiches, neigte sich und schaute voll herzlichem Verlangen zu ihrem Geistlichen auf, als dieser sein Gebet beendet und sein Haupt wiederum erhoben hatte. Denn die Gemüter waren damals offen für Trost und Zuspruch von der Kanzel her und rechneten nicht nach, ob die Worte lutherisch oder kalvinistisch klangen, so sie nur aus einem *preußischen* Herzen kamen. Das wußte Seidentopf, der in gewöhnlichen Zeiten manche Widersacher unter den strenggläubigen Konventiklern seines Dorfes zu bekämpfen hatte, und ein heller Glanz, wie ihn ihm die innere Freude gab, umleuchtete seine Stirn, als er nach Lesung des Evangeliums die Texteswortee zu erklären begann. Er sprach von dem Engel des Herrn, der den Hirten erschien, um ihnen die Geburt eines neuen Heiles zu verkünden. Solche Engel, so fuhr er fort, sende Gott zu allen Zeiten, vor allem dann, wenn die Nacht der Trübsal auf den Völkern läge. Und eine Nacht der Trübsal sei auch über dem Vaterlande; aber ehe wir es dächten, würde inmitten unseres Bangens der Engel erscheinen und uns zurufen: »Fürchtet euch nicht, siehe, ich verkündige euch große Freude.« Denn das Gericht des Herrn habe unsere Feinde getroffen, und wie damals die Wasser zusammenschlugen und »bedeckten Wagen und Reiter und alle Macht des Pharao, daß nicht einer aus ihnen übrigblieb«, so sei es wiederum geschehen.

An dieser Stelle, auf das Weihnachtsevangelium kurz zurückgreifend, hätte Pastor Seidentopf schließen sollen; aber unter der Wucht der Vorstellung, daß eine richtige Predigt auch eine richtige Länge haben müsse, begann er jetzt, den Vergleich zwischen dem alten und dem neuen Pharao bis in die kleinsten Züge hinein durchzuführen. Und dieser Aufgabe war er nicht gewachsen. Dazu gebrach es ihm an Schwung der Phantasie, an Kraft des Ausdrucks und Charakters. Schemenhaft zogen die Ägypterscharen vorüber. Die Aufmerksamkeit der Gemeinde wich einem toten Horchen, und Lewin, der bis dahin kein Wort verloren hatte, sah von der Kanzel fort und begann seine Aufmerksamkeit dem Fenster zuzuwenden, vor dem jetzt ein Rotkehlchen auf der beschneiten Eibe saß und in leichtem Schaukeln den Zweig des Baumes bewegte.

Nur Berndt folgte in Frische und Freudigkeit der Rede seines Pastors. Seine eigene Energie half nach; wo die Konturen nicht ausreichten, zog er seine scharfen Linien in die unsicher schwankenden hinein. Was als Schatten kam, wurde zu Leben und Gestalt. Er sah die Ägypter. Bataillone mit goldenen Adlern, Reitergeschwader, über deren weiße Mäntel die schwarzen Roßschweife fielen, so stiegen sie in endlos langem Zuge vor ihm auf, und über all ihrer Herrlichkeit schlossen sich die Wellen des Meeres. Nur über *einem* schlossen sie sich *nicht;* er gewann das Ufer, ein nördliches Eisgestade, und siehe da, über glitzernde Felder hin flog jetzt ein Schlitten, und zwei dunkle, tiefliegende Augen starrten in den aufstäubenden Schnee. Pastor Seidentopf hatte keinen besseren Zuhörer als den Patron seiner Kirche, der – und nicht heute bloß – die freundlich schöne Kunst des Ergänzens zu üben verstand. Aus der Skizze schuf er ein Bild und glaubte doch, dies Bild von außen her, aus der Hand seines Freundes empfangen zu haben.

Nun war der Sand durch die Uhr gelaufen, die Predigt selbst geschlossen. Da trat der Pastor noch einmal an den Rand der Kanzel, und mit eindringlicher Stimme, der sofort alle Herzen wieder zufielen, hob er an: »Mit Christi Geburt, die wir heute feiern, beginnt das christliche neue Jahr. Ein neues Jahr; was wird es uns bringen? Es wissen zu wollen, wäre Torheit; aber zu hoffen ist unserem Herzen erlaubt. Gott hat ein Zeichen gegeben; mögen wir es zum Rechten deuten, wenn wir es deuten: er will uns wieder aufrichten, unsere Buße ist angenommen, unsere Gebete sind erhört. Die Geißel, die nach seinem Willen sechs lange Jahre über uns war, er hat sie zerbrochen; er hat sich unserer Knechtschaft erbarmt, und die Weihnachtssonne, die uns umscheint, sie will uns verkündigen, daß wieder hellere Tage unserer harren. Ob sie kommen werden mit Palmen, oder ob sie kommen werden mit Schwerterklang, wer sagt es? Wohl mischt sich ein Bangen in unsere Hoffnung, daß der Sieg nicht einziehen wird ohne letzte Opfer an Gut und Blut. Und so laßt uns denn beten, meine Freunde, und die Gnade des Herrn noch einmal anrufen, daß er uns die rechte Kraft leihen möge in der Stunde der Entscheidung. Das Wort des Judas Makkabäus sei unser Wort: ›Das sei ferne, daß wir fliehen sollten. Ist unsere Zeit kommen, so wollen wir ritterlich sterben um unserer Brüder willen und unsere Ehre nicht lassen zuschanden werden.‹ Gott will *kein* Weltenvolk, Gott will keinen Babelturm, der in den Himmel ragt, und wir stehen ein für seine ewigen Ordnungen, wenn wir einstehen *für uns selbst.* Unser Herd, unser Land sind Heiligtümer nach dem Willen Gottes. Und seine Treue wird uns nicht lassen, wenn *wir* getreu sind bis in den Tod. Handeln wir, wenn die Stunde da ist, aber bis dahin harren wir in Geduld.«

Er neigte sich jetzt, um in Stille das Vaterunser zu sprechen; die Orgel fiel mit feierlichen Klängen ein; die Gemeinde, sichtlich erbaut durch die Schlußworte, verließ langsam die Kirche. Auf den verschiedenen Schlängelwegen, die von der Kirche ins Dorf herniederführten, schritten die Bauern und Halbbauern ihren halbverschneiten Höfen zu. Die Frauen und Mädchen folgten. Wer von der Dorfstraße aus diesem Herabsteigen zusah, dem erschloß sich ein anmutiges Bild: der Schnee, die wendischen Trachten und die funkelnde Sonne darüber.

Die Gutsherrschaft nahm wieder ihren Weg durch die Nußbaumallee. Als sie, einbiegend, an die Hoftür kamen, stand Krist an der untersten Steinstufe und zog seinen Hut. Die silberne Borte daran war längst schwarz, die Kokarde verbogen. Berndt, als er seines Kutschers ansichtig wurde, trat an ihn heran und sagte kurz:

»Fünf Uhr vorfahren! Den kleinen Wagen.«

»Die Braunen, gnädiger Herr?«
»Nein, die Ponys.«
»Zu Befehl!« Mit diesen Worten traten unsere Freunde ins Haus zurück.

Bret Harte
Wie Sankt Nikolaus nach Simpson's Bar kam

Im Tal des Sacramento River hatte es in Strömen geregnet. Der Nordarm war über seine Ufer getreten und der Klapperschlangen-Bach unpassierbar geworden. Die wenigen Felsbrocken, die die Sommerfurt bei Simpsons Übergang anzeigten, waren von einer ausgedehnten Wasserfläche bedeckt. Die zu den Vorbergen fahrende Postkutsche wurde bei Granger aufgehalten. Die letzte Post war den Fluten preisgegeben worden, der Postreiter hatte ums nackte Leben schwimmen müssen.

»Ein Gebiet von der Größe des Staates Massachusetts«, bemerkte der *Sierra-Bote* mit tiefsinnigem lokalem Stolz, »steht jetzt unter Wasser.«

Auch in den Vorbergen war das Wetter um kein Haar besser. Auf der Gebirgsstraße lag dicker Schlamm. Festgefahrene Wagen blockierten die Fahrspur; der Weg nach Simpson's Bar war mit niedergebrochenen Fuhrgespannen und wilden Flüchen markiert. Weiter droben klammerte sich die Siedlung Simpson's Bar, abgeschnitten und unzugänglich, eingeregnet und verschlammt, von schneidenden Winden heimgesucht und vom Hochwasser bedroht, am Heiligen Abend 1862 wie ein Schwalbennest an die Felsen des Table Mountain.

Als die Nacht über die Siedlung hereingebrochen war, schimmerten durch den Nebel ein paar Lichter aus den Fenstern der Hütten beiderseits der Hauptstraße, die jetzt von wildschäumenden Bächen durchschnitten und von schrecklichen Stürmen gepeitscht wurde. Glücklicherweise waren die meisten Einwohner in Thompsons Laden versammelt; sie drängten sich um einen rot glühenden Ofen, irgendwie stillschweigend von einer geselligen Gemeinsamkeit überzeugt, die jegliche Unterhaltung unnötig machte. Seit langem waren die üblichen Zerstreuungsmethoden in Simpson's Bar erschöpft; das Hochwasser hatte die regulären Beschäftigungen in der Schlucht und am Fluß unmöglich gemacht, und der sich daraus ergebende Mangel an Geld und Whisky auch dem Zeitvertreib seine Würze genommen.

Selbst Mr. Hamlin war froh, den Ort mit fünfzig Dollar in der Tasche verlassen zu können. »Wenn man mich fragen würde«, bemerkte er einige Zeit später, »wenn man mich bitten würde, ein hübsches kleines Dorf zu nennen, wo jemand, der sich zurückgezogen hat und sich nichts aus Geld macht, sich intensiv betätigen könnte, dann würde ich Simpson's Bar sagen; aber für einen jungen Mann mit einer großen Familie, die von seiner Arbeit abhängig ist, zahlt sich so etwas nicht aus.« Da Mr. Hamlins ›Familie‹ vornehmlich aus weiblichen Erwachsenen bestand, soll diese Bemerkung dem Leser mehr die weite Skala seines Humors als den genauen Umfang seiner Verantwortlichkeiten andeuten.

Die Leute von Simpson's Bar saßen an jenem Heiligen Abend unlustig und apathisch herum – eine Folge von Müßiggang und Mangel an Aufregungen. Selbst der plötzlich vernehmbare klappernde Hufschlag vor der Tür konnte sie nicht aufrütteln. Nur Dick Bullen, der gerade seine Pfeife auskratzen wollte, hielt kurz inne und hob den Kopf, aber keiner der anderen ließ erkennen, daß ihn der jetzt eintretende Mann irgendwie interessierte oder daß er ihn gar kannte.

Dabei war es eine in dieser Gesellschaft durchaus bekannte Gestalt, die in Simpson's Bar den Namen ›Der Alte‹ führte.

Ein Mann von vielleicht fünfzig Jahren – mit ergrautem, schütterem Haar, jedoch mit einer noch frischen und jugendlichen Hautfarbe. Ein Gesicht, erfüllt von bereitwilligem, aber nicht besonders ausdrucksvollem Mitgefühl, dem die an ein Chamäleon gemahnende Fähigkeit eigen war, jede Schattierung und Färbung von Stimmungen anderer zu übernehmen. Offenbar hatte er gerade einige feiernde Gefährten verlassen, und so bemerkte er anfangs gar nicht den Ernst der Gruppe, sondern schlug den nächsten Mann spaßhaft auf die Schulter und warf sich in einen freien Stuhl.

»Hab' doch gerade da draußen das Allerbeste gehört, Jungens! Ihr kennt Smiley dort drüben, Jim Smiley, den komischsten Mann im Ort? Nun, dieser Jim hat mir gerade die tollste Geschichte über...«

»Smiley ist ein verdammter Narr!« unterbrach ihn eine düstere Stimme. »Ein ganz verdammter gemeiner Kerl«, bestätigte eine andere mit grabestiefem Ton. Diesen deutlichen Erklärungen folgte Schweigen. Der Alte schaute sich schnell die Gruppe an, dann veränderte sich langsam sein Gesichtsausdruck.

»Das stimmt«, sagte er nachdenklich nach einer Pause, »gewiß ein gemeiner Kerl und irgendwie auch ein Narr, Natürlich!« Er schwieg einen Augenblick, als denke er recht betrübt über die Gemeinheit und Torheit des unbeliebten Smiley nach. »Schreckliches Wetter, was?« fügte er hinzu, jetzt voll und ganz in den Kurs der herrschenden Stimmung eingeschwenkt. »Sehr dumme Sache für die Jungens, und keine Aussicht auf Geld in dieser Saison! Und morgen ist Weihnachten!«

Bei dieser Feststellung entstand unter den Männern Bewegung, aber es war nicht klar, ob aus Genugtuung oder Abscheu.

»Ja«, fuhr der Alte in dem kläglichen Ton fort, den er

zuletzt angeschlagen hatte, »ja, Weihnachten, und heute ist also Heiliger Abend. Versteht ihr, Jungens, ich hab' mir so überlegt – das heißt, ich hatte so eine Art Idee, ganz flüchtig, ihr versteht? – daß ihr vielleicht heute abend gern zu mir kommen würdet, so eine kleine Gesellschaft. Aber jetzt nehm' ich an, ihr möchtet wohl lieber nicht, was? Habt heute keine rechte Lust dazu, nicht wahr?« fügte er mit besorgter Anteilnahme hinzu und starrte jedem ins Gesicht.

»Nun ja, ich weiß nicht«, erwiderte Tom Flynn mit einem Anflug von Heiterkeit. »Vielleicht möchten wir es doch? Aber wie steht es mit deiner Frau, Alter? Was sagt *die* dazu?«

Der Alte zögerte. Seine ehelichen Erfahrungen waren nicht gerade glücklich zu nennen, und diese Tatsache war in Simpson's Bar bekannt. Seine erste Frau, eine zarte, hübsche Kleine, hatte insgeheim sehr stark unter dem eifersüchtigen Mißtrauen ihres Mannes gelitten, bis er eines Tages die ganze Siedlung in sein Haus rief, um ihre Untreue bloßzustellen. Als die Männer ankamen, fanden sie die schüchterne kleine Frau ganz ruhig mit ihren Haushaltsarbeiten beschäftigt; sie zogen sich beschämt und verwirrt zurück. Aber die empfindliche Frau erholte sich nicht so leicht vom Schock dieser Gemeinheit. Nur mit Mühe gewann sie ihren Gleichmut wenigstens so weit wieder, daß sie ihren Liebhaber aus dem Schrank befreien konnte, in dem er sich versteckt hatte. Danach brannte sie mit ihm durch und hinterließ ihrem verlassenen Mann zum Trost einen dreijährigen Sohn. Die derzeitige Frau des Alten war seine Köchin gewesen; sie war groß, treu und streitsüchtig.

Ehe er antworten konnte, meinte Joe Dimnick ganz offen und direkt, es sei doch das Haus des *Alten;* wenn es seine Sache sei, würde er – und dabei rief er die Mächte des Himmels an – einladen, wen er wolle, selbst wenn er dadurch sein Seelenheil gefährde. Die Mächte des Bösen, sagte er weiterhin, sollten vergeblich gegen ihn kämpfen. Das alles brachte er mit einer Schärfe und Lebhaftigkeit vor, die in dieser Umschreibung hier nicht ganz richtig zum Ausdruck kommt.

»Natürlich! Ganz gewiß! So ist's«, sagte der Alte mit einem zustimmenden Stirnrunzeln. »Da gibt's gar keine Schwierigkeiten. Es ist mein eigenes Haus, ich hab' jedes Stück selbst gebaut. Habt keine Angst vor ihr, Jungens. Vielleicht gibt sie sich ein wenig grob, wie Frauen es eben tun, aber sie macht bestimmt mit.« Insgeheim verließ sich der Alte darauf, daß ihn die begeisternde Wirkung des Alkohols und die Kraft des mutigen Beispiels in einem etwaigen Notfall unterstützen würden.

Bislang hatte Dick Bullen, das Orakel und der Anführer von Simpson's Bar, noch nicht gesprochen. Jetzt aber nahm er die Pfeife aus dem Mund: »Alter, wie macht sich eigentlich dein Johnny? Mir schien, er war gar nicht so munter, als ich ihn neulich auf der Klippe sah, wo er Steine auf die Chinesen warf. Da ist doch gestern eine ganze Bande von denen im Fluß ertrunken – und ich hab' wirklich daran gedacht, wie dein Johnny sie wohl vermissen wird. Vielleicht wären wir im Weg, wenn er jetzt möglicherweise krank ist.«

Der Vater, offenbar nicht nur durch diese ergreifende Darstellung von Johnnys Verlust gerührt, sondern auch von dem rücksichtsvollen Zartgefühl des Sprechers, beeilte sich zu versichern, daß es Johnny besser gehe und ein wenig Spaß sicher ›belebend‹ auf ihn wirken würde. Daraufhin stand Dick auf, schüttelte sich und sagte: »Ich bin bereit. Du voraus, Alter – gehen wir!« Er selbst machte mit einem Sprung und einem ermunternden Ruf den Anfang und stürmte hinaus in die Nacht. Im Vorraum hatte er vom Herd ein brennendes Scheit aufgenommen. Diesem Vorbild schlossen sich auch die anderen an, die ihm schnell folgten, und noch ehe der erstaunte Eigentümer von Thomsons Laden die Absicht seiner Gäste richtig begriff, war der Raum schon verlassen.

Die Nacht war pechfinster. Vom ersten Windstoß wurden ihre Behelfsfackeln ausgelöscht, und nur die rotglühenden Holzenden, die in der Düsternis wie betrunkene Vögel herumtanzten und flatterten, ließen erkennen, wo sie gerade waren. Ihr Weg führte den Fichten-Cañon hinauf, an dessen Ende sich eine breite, niedrige, mit Rinde gedeckte Hütte gegen den Berghang schmiegte. Das war das Heim des Alten und auch der Eingang in den Schacht, in dem er arbeitete, falls er überhaupt arbeitete. Hier blieb die Menge einen Augenblick stehen – aus zartfühlender Rücksicht auf den Gastgeber, der ganz hinten keuchend nachgerannt kam.

»Vielleicht solltet ihr besser eine Sekunde hier warten, während ich vorausgehe und dafür sorge, daß alles in Ordnung ist«, sagte der Alte mit gespielter Gelassenheit. Sein Vorschlag wurde wohlwollend angenommen. Die Tür öffnete und schloß sich hinter dem Gastgeber, und die Männer lehnten sich mit dem Rücken an die Wand, warteten und lauschten.

Einige Augenblicke hörte man nur das Tropfen des Wassers von den Traufen und das Ächzen und Rauschen der Bäume über ihnen. Dann wurden die Männer unruhig, und flüsternd wurden Andeutungen und argwöhnische Vermutungen ausgetauscht: »Schätze, sie hat ihm schon mit dem ersten Schlag den Schädel zertrümmert!« – »Hat ihn wahrscheinlich in den Schacht geworfen und eingeschlossen!« – »Hat ihn niedergerungen und sitzt jetzt auf ihm!« – »Sucht wahrscheinlich Wurfgeschosse für uns zusammen – fort von der Tür, Jungens!«

Gerade da klickte der Türdrücker, langsam öffnete sich die Tür, und jemand sagte: »Kommt doch aus der Nässe herein!«

Die Stimme gehörte weder dem Alten noch seiner Frau. Es war die Stimme eines kleinen Jungen, gebrochen durch eine unnatürliche Heiserkeit, die nur von einem vagabundierenden Leben und frühreifer Selbständigkeit herrühren kann. Das Gesicht eines kleinen Jungen sah zu ihnen auf – ein Gesicht, das man hübsch und sogar fein hätte nennen können, wenn es nicht von innen durch das Wissen um schlimme Dinge, von außen durch Schmutz und harte Erfahrungen verdunkelt gewesen wäre. Der Junge trug um die Schultern eine Decke, offenbar war er eben erst aufgestanden.

»Kommen Sie rein«, wiederholte er, »und machen Sie keinen Lärm. Der Alte ist drinnen und spricht mit Ma«, fuhr er fort und deutete auf einen angrenzenden Raum, der eine Küche zu sein schien und aus dem jetzt die Stimme des Alten in flehentlichem Tonfall zu hören war.

»Lassen Sie mich los«, sagte der Junge mürrisch zu Dick Bullen, der ihn mitsamt der Decke aufgehoben hatte und so tat, als wolle er ihn ins Feuer werfen, »lassen Sie mich los, Sie verdammter alter Narr – hören Sie nicht?« So zurechtgewiesen, setzte Dick Bullen Johnny mit einem unterdrückten Lachen wieder auf den Erdboden, während die Männer leise eintraten und um einen langen Tisch aus ungehobelten Brettern Platz nahmen, der die ganze Mitte des Raumes einnahm. Dann ging Johnny ernst zu einem Wandschrank und holte einige Gegenstände heraus, die er auf den Tisch stellte.

»Da ist Whisky. Und Gebäck. Und Käse.« Auf dem Weg zum Tisch biß er ein Stück von dem Käse herunter. »Und Zucker.« Mit seiner kleinen schmutzigen Hand raffte er unterwegs einen Mundvoll zusammen. »Und Tabak. Auf dem Sims sind auch getrocknete Äpfel, aber die mag ich gar nicht. Äpfel sind schlecht. Also«, schloß er dann, »kommen Sie endlich rein und haben Sie keine Angst. Mir macht die

Alte gar nichts aus, sie geht mich nichts an. Auf Wiedersehen!«

Er erreichte die Schwelle zu einem kleinen Zimmer, das kaum größer als ein Schrank war und in seinem düsteren Inneren ein kleines Bett barg. Dort blieb er einen Augenblick stehen, schaute die Männer an, während seine bloßen Füße unter der Decke hervorlugten, und nickte.

»He, Johnny! Du willst dich doch nicht wieder hinlegen, was?« sagte Dick.

»Doch«, erwiderte Johnny entschieden.

»Warum denn, was hast du denn, alter Knabe?«

»Ich bin krank.«

»Wie – krank?«

»Ich hab' Fieber. Und Ausschlag. Und Rheumatismus«, entgegnete Johnny und verschwand. Nach einer kurzen Pause fügte er im Dunkeln, offenbar schon unter der Bettdecke, hinzu: »Und Leibschmerzen!«

Ein verlegenes Schweigen folgte. Die Männer schauten einander an, und dann blickten sie ins Feuer. Trotz der appetitanregenden Sachen auf dem Tisch hatte es den Anschein, als wollten sie wieder in die lustlose Stimmung von Thompsons Laden fallen. Plötzlich ertönte die Stimme des Alten unvorsichtig laut aus der Küche. »Sicherlich! So ist's! Natürlich sind sie eine Bande von faulen, betrunkenen Müßiggängern, und dieser Dick Bullen ist der schlimmste von allen! Kamen tatsächlich mit, obwohl ein Kranker im Haus liegt und wir gar keine Vorräte haben – das hab' ich ihnen ja gesagt. ›Bullen‹, hab' ich gesagt, ›du bist ja stockbesoffen oder ein Narr‹, hab' ich gesagt, ›wenn du an so was denkst. Und Staples‹, hab' ich gesagt, ›sei wenigstens du ein Mann, Staples. Du weißt doch, daß es unter meinem Dach nur Ärger gibt – und außerdem liegt dort noch ein Kranker herum!‹ Aber sie wollten eben mitkommen – sie wollten es eben. Du kannst halt nichts anderes von dem Gesindel erwarten, das sich in Simpson's Bar herumtreibt.«

Die Männer brachen in schallendes Gelächter aus. Ob man es in der Küche hörte oder ob die zornige Frau des Alten gerade jetzt alle Möglichkeiten erschöpft hatte, ihre verächtliche Entrüstung auszudrücken, das kann ich nicht sagen, jedenfalls wurde plötzlich eine Hintertür mit wütender Heftigkeit zugeschmettert.

Einen Augenblick später erschien der Alte, zu seinem Glück nicht ahnend, was die Ursache der Heiterkeit war. Er lächelte freundlich. »Die Alte hat gedacht, sie müßte mal schnell zu Mrs. McFadden rüberlaufen«, sagte er beiläufig, während er sich an den Tisch setzte.

Seltsamerweise bedurfte es nur dieses unschönen Zwischenfalls, um die Verlegenheit der Männer zu bannen; mit ihrem Gastgeber kehrte ihre natürliche Unbekümmertheit zurück. Ich habe nun nicht die Absicht, diesen Abend in allen Einzelheiten zu schildern. Der neugierige Leser wird sich mit der Feststellung begnügen müssen, daß die Unterhaltung etwas später an diesem Abend ganz so verlief, wie es bei ähnlichen Männerversammlungen in zivilisierten Gegenden und unter günstigeren Vorbedingungen üblich ist. Kein Glas wurde zerbrochen, weil es gar keine Gläser gab, und mit Rücksicht auf die Alkoholknappheit wurde auch kein Whisky verschüttet.

Es war fast Mitternacht, als die Festlichkeit unterbrochen wurde. »Ruhe!« sagte Dick Bullen und hob die Hand. Die klagende Stimme Johnnys war aus dem angrenzenden winzigen Kämmerchen zu hören.

»He, Dad!«

Hastig stand der Alte auf und verschwand in der Kammer, aber bald tauchte er schon wieder auf und sagte: »Sein Rheumatismus ist wieder recht schlimm geworden, er will massiert werden.« Er hob den Krug Whisky vom Tisch – er war leer. Dick Bullen stellte mit verlegenem Lachen seinen Blechbecher zurück. Das taten auch die anderen. Der Alte untersuchte den Inhalt der Becher und sagte hoffnungsvoll: »Ich glaube, das könnte reichen, er braucht ja nicht viel. Gebt euch alle eine Weile zufrieden, ich bin gleich wieder da.« Mit dem Whisky und einem alten Flanellhemd verschwand er in der Kammer. Die Tür schloß nicht richtig, so war der folgende Dialog deutlich zu hören.

»Nun, Liebling, wo tut's denn am meisten weh?«

»Manchmal dort und manchmal da unten – aber am schlimmsten zieht es von hier nach da. Reib nur, Dad.«

Das tat der Alte dann auch, wie man aus dem folgenden Schweigen schließen konnte. Nach einer Weile sagte Johnny:

»Seid ihr vergnügt draußen, Dad?«

»Ja, Liebling.«

»Morgen ist Weihnachten, nicht wahr?«

»Ja, Liebling. Wie fühlst du dich jetzt?«

»Besser. Reib noch etwas da hinunter. Was ist überhaupt Weihnachten? Was soll das Ganze eigentlich?«

»Es ist eben so ein Tag.«

Diese erschöpfende Erklärung war wohl ausreichend, denn es folgte wieder eine Pause des Reibens. Bald meldete sich Johnny von neuem.

»Ma sagt, daß überall anderswo die Leute einander zu Weihnachten was schenken, und dann legt sie immer gleich gegen dich los. Sie hat gesagt, daß ein Mann, den sie Sankt Nikolaus nennen – kein weißer Mann, verstehst du, sondern so eine Art Chinese – in der Nacht vor Weihnachten durch den Schornstein hereinsteigt und den Kindern Geschenke bringt, auch Jungens wie mir. Steckt alles in ihre Stiefel hinein! So was hat sie mir aufbinden wollen. Vorsicht, Pa, wo reibst du denn, das ist ja meilenweit von der richtigen Stelle weg. Sie hat das nur erfunden, um mich und dich zu ärgern, nicht wahr? Reib doch nicht da – aber, Dad!«

In der großen Stille, die sich auf das Haus gesenkt zu haben schien, war das Ächzen der nahen Fichten und das Tropfen von den Blättern deutlich zu hören. Auch Johnnys Stimme war leiser, als er fortfuhr:

»Mach du dir jetzt auch nichts mehr draus, dann wird alles ganz schnell besser. Was treiben die Leute denn draußen?«

Der Alte öffnete die Tür einen Spalt und spähte hinaus. Seine Gäste saßen manierlich da, und auf dem Tisch lagen ein paar Silbermünzen und ein magerer Geldbeutel aus Hirschleder.

»Sie wetten, irgendein kleines Spiel oder so was. Alles ist in Ordnung«, antwortete er Johnny und widmete sich wieder dem Massieren.

»Ich würde gern mitmachen und etwas Geld gewinnen«, sagte Johnny nach einer kleinen Pause nachdenklich.

Zungenfertig wiederholte der Alte einige Worte, die anscheinend in dieser Familie oft gebraucht wurden: wenn Johnny nur warten würde, bis er, der Alte, im Schacht eine reiche Ader fände, dann würde er viel Geld bekommen – und so weiter.

»Ja«, sagte Johnny, »aber du findest eben nichts. Und ob du es nun findest oder ich es gewinne, das kommt aufs gleiche heraus. Es ist alles Glückssache. Aber das mit Weihnachten ist recht komisch – nicht wahr? Warum nennt man's denn Weihnachten?«

Vielleicht nahm der Alte instinktiv Rücksicht auf seine Gäste, die alles mithören konnten, oder er fühlte unbestimmt den Widersinn der ganzen Angelegenheit – jedenfalls fiel seine Antwort so leise aus, daß sie draußen nicht zu verstehen war.

»Ja«, sagte Johnny, dessen Interesse langsam zu erlahmen

begann, »von dem hab' ich schon mal gehört. Halt, das genügt, Dad. Es tut mir lange nicht mehr so weh wie vorhin. Jetzt wickle mich fest in die Decke ein. Gut – und nun«, fügte er mit unterdrücktem Geflüster hinzu, »setz dich neben mich, bis ich eingeschlafen bin.« Um sich des väterlichen Gehorsams auch zu versichern, schob er eine Hand unter der Decke hervor, packte seinen Vater am Ärmel und legte sich ruhig zum Schlafen zurück.

Geduldig wartete der Alte einige Augenblicke. Dann machte ihn die ungewöhnliche Stille im Haus neugierig, und ohne sich vom Bett zu entfernen, öffnete er mit seiner freien Hand vorsichtig die Tür und schaute in den großen Raum. Zu seiner grenzenlosen Überraschung war er dunkel und verlassen. Gerade jetzt aber zerbrach im Herd ein glimmendes Holzscheit, und im Schein der emporzüngelnden Flamme sah er Dick Bullen neben dem ersterbenden Feuer sitzen.

»Hallo!«

Dick fuhr zusammen, stand auf und ging unsicher auf ihn zu.

»Wo sind denn die anderen?« fragte der Alte.

»Sie machen einen kleinen Spaziergang den Cañon hinauf und kommen in einer Minute wieder zurück. Ich warte hier auf sie. Warum starrst du denn so, Alter?« fragte er mit einem gezwungenen Lachen. »Glaubst du, ich sei betrunken?«

Man hätte dem Alten eine solche Vermutung nicht übelnehmen können, denn Dicks Augen waren feucht, seine Wangen gerötet. Er taumelte und stolperte zum Herd zurück, schüttelte sich, knöpfte seinen Rock zu und lachte.

»So reichlich ist der Whisky hier nicht gewesen, Alter. Steh aber nicht auf«, fuhr er fort, als der Alte sich anschickte, seinen Ärmel aus Johnnys Hand zu befreien. »Laß doch diese Albernheiten! Bleib du ruhig dort sitzen, ich gehe gleich. Da, da sind sie schon.«

Es wurde leise an die Tür geklopft. Dick Bullen öffnete sie schnell, nickte seinem Gastgeber einen Gutenachtgruß zu und verschwand. Der Alte wäre ihm gern nachgegangen, aber Johnnys Hand hielt noch immer seinen Ärmel fest. Er hätte sich leicht befreien können, denn die Hand war klein, schwach und abgezehrt. Aber gerade weil sie so klein, schwach und abgezehrt war, besann er sich vielleicht anders, zog seinen Stuhl näher ans Bett heran und legte seinen Kopf darauf. In dieser hilflosen Haltung überraschte ihn die starke Wirkung der vorangegangenen Gelage. Der Raum flackerte und verschwann ihm vor den Augen, tauchte wieder auf, löste sich noch einmal auf, verschwand – und er schlief ein.

Unterdessen schloß Dick Bullen die Tür und stand seinen Gefährten gegenüber.

»Bist du fertig?« fragte Staples.

»Fertig«, erwiderte Dick. »Wieviel Uhr ist es?«

»Zwölf vorbei«, wurde ihm geantwortet. »Kannst du es schaffen? Es sind fast fünfzig Meilen hin und zurück.«

»Ich glaube, ja«, entgegnete Dick kurz. »Wo ist die Stute?«

»Bill und Jack halten sie an der Furt bereit.«

»Dann sollen sie sie noch eine Minute länger warten lassen«, sagte Dick.

Er drehte sich um und betrat leise wieder das Haus. Im Licht der flackernden Kerze sah er, daß die Tür zur Kammer noch offenstand. Er ging auf Zehenspitzen weiter und sah hinein. Der Alte war in seinem Stuhl zurückgesunken und schnarchte, den Hut hatte er sich über die Augen gezogen. Neben ihm lag auf einer schmalen hölzernen Bettstelle Johnny, fest in eine Decke gewickelt, aus der nur ein Stück seiner Stirn und einige feuchte Locken hervorsahen.

Dick Bullen trat einen Schritt vor, zögerte und schaute über die Schulter zurück in den verlassenen Raum. Alles war ruhig. Jäh entschlossen strich er seinen dichten Schnurrbart auseinander und beugte sich über den schlafenden Jungen. Aber während er das tat, fegte ein boshafter Windstoß durch den Schornstein herunter, fachte das Feuer wieder an und erleuchtete den Raum so hell, daß Dick in verschämtem Entsetzen floh.

Seine Gefährten warteten an der Furt schon auf ihn.

Zwei von ihnen mühten sich in der Dunkelheit mit einem seltsam mißgestalteten Gegenstand ab, der, je mehr sich Dick ihm näherte, einige Ähnlichkeit mit einem großen gelben Pferd annahm. Es war die Stute. Sie bot nicht gerade einen erhebenden Anblick. Von ihrer römischen Nase bis zu ihren vorspringenden Schenkeln, von ihrem gekrümmten Rücken, den ein mexikanischer Sattel einigermaßen verbarg, bis zu ihren dicken, knochigen Beinen war keine Spur von Pferdeanmut zu erkennen. In ihren halbblinden, bösartigen weißen Augen, ihrer herabhängenden Unterlippe und ihrer abstoßenden Färbung drückte sich nichts als Häßlichkeit und Bosheit aus.

»Also jetzt«, sagte Staples, »weg von ihren Hufen, Jungens, und hinauf mit dir. Gib acht, daß du gleich ihre Mähne packst und schnell den rechten Steigbügel erwischst. Los! Fertig!«

Ein Sprung, ein wildes Handgemenge beim Aufsteigen, ein Satz, wütend ausschlagende Hufe, zwei jähe ungefederte Sprünge, die den Erdboden erschütterten, hastiges Klirren der Sporen, noch ein mächtiger Satz – und dann ertönte irgendwo in der Finsternis Dicks Stimme: »Alles in Ordnung!«

»Nimm auf dem Rückweg ja nicht die untere Straße, nur wenn du arg in Zeitdruck bist! Den Hügel hinab darfst du sie nicht zügeln! Um fünf Uhr sind wir an der Furt! Los jetzt! Hopp, Mula, los!«

Es platschte, ein Funke stob von einem Stein auf der Straße

ab, in dem felsigen Einschnitt dahinter klapperte Hufschlag – und Dick war fort.

Künde, o Muse, von Richard Bullens Ritt! Künde von ritterlichen Männern! Von der heiligen Prüfung, den tapferen Taten, dem Kampf mit gemeinen Rowdies, den entsetzlichen Gefahren! Ach, sie ist verwöhnt, die Muse! Sie will nichts wissen von dieser bockigen Stute und von diesem großsprecherischen, abgerissenen Reiter, und so muß ich ihm denn in Prosa und zu Fuß folgen!

Es war ein Uhr, und er hatte erst den Klapperschlangenhügel erreicht. Auf dieser Strecke hatte ihm Jovita ihre sämtlichen Untugenden vorgeführt und alle ihre Tücken gezeigt. Dreimal war sie gestolpert. Zweimal hatte sie ihre römische Nase hochgerissen und war, der Kandare und der Sporen nicht achtend, wie verrückt davongestürmt. Zweimal hatte sie sich aufgebäumt, und zweimal hatte der behende Dick, der immer noch unversehrt war, seinen Sitz wiedergefunden, noch ehe sie wieder auf ihren bösartigen Beinen stand. Und eine Meile weiter lag am Fuß des langen Hügels der Klapperschlangenbach.

Dick wußte, daß ihm dort die schlimmste Prüfung bevorstand, daß sich dort entscheiden würde, ob er dieses Unternehmen durchführen könnte. Er biß grimmig die Zähne zusammen, preßte seine Knie fest gegen Jovitas Flanken und ging von seiner bisherigen Verteidigungstaktik zu einem jähen Angriff über. Niedergezwungen und wütend raste Jovita den Hügel hinab. Unten angelangt, stellte sich Dick recht schlau, so als wollte er sie mit aufreizendem Tadel und gut geheuchelten Furchtschreien zurückhalten. Es ist wohl nicht mehr nötig, hinzuzufügen, daß Jovita auf der Stelle davongaloppierte. Schon im nächsten Augenblick glaubte Dick, die Stute stapfe platschend an dem überfluteten Ufer des Klapperschlangenbaches entlang. Wie Dick erwartet hatte, riß das Tempo die Stute einfach über jenen Punkt hinweg, wo sie sich noch hätte weigern können. Heftig nahm er sie für einen mächtigen Sprung an die Kandare und jagte sie mitten in die tosende Strömung hinein. Einige Augenblicke des Ausschlagens, Watens und Schwimmens folgten – und Dick holte am jenseitigen Ufer tief Atem.

Die Straße vom Klapperschlangenbach zum Red Mountain war leidlich eben. Entweder hatte der Sprung in den Klapperschlangenbach Jovitas schreckliches Feuer gedämpft oder es war ihr durch diesen Sprung aufgegangen, daß ihr der Reiter an Gemeinheit überlegen war, denn jetzt verschwendete sie ihre überschüssige Energie nicht mehr in nutzlosen Finten. Einmal bockte die Stute noch, aber aus reiner Gewohnheit, einmal scheute sie, aber diesmal vor einem frischgestrichenen Gemeindehaus an der Kreuzung der Landstraße. Mulden, Gräben, Kiesablagerungen und ganze Flächen frisch aufkeimenden Grases flogen unter ihren trampelnden Hufen dahin. Sie begann unangenehm zu riechen, ein- oder zweimal hustete sie leicht, aber ihre Kraft und ihr Tempo ließen nicht nach.

Gegen zwei Uhr hatte Dick den Red Mountain hinter sich und begann den Abstieg in die Ebene. Zehn Minuten später überholte er den Fahrer der schnellen Pionier-Postkutsche, um halb drei erhob er sich mit einem mächtigen Schrei in den Steigbügeln: durch die aufreißenden Wolken schimmerten Sterne, und weiter draußen, weit in der Ebene, erschienen zwei Kirchtürme, ein Fahnenmast und eine unregelmäßige Ansammlung schwarzer Gebäude. Dick ließ seine Sporen klirren und schwang seine Peitsche. Jovita stürmte vorwärts, und im nächsten Augenblick fegten sie nach Tuttleville hinein und hielten vor der hölzernen Veranda des ›Hotels Aller Nationen‹.

Was sich in dieser Nacht in Tuttleville ereignete, gehört strenggenommen nicht zu diesem Bericht. In aller Kürze darf ich jedoch erwähnen, daß sich Dick, nachdem er Jovita einem schläfrigen Pferdeknecht überantwortet hatte, dem sie sich recht unangenehm durch einen Tritt vorstellte, mit dem Barkeeper zu einem Rundgang durch die schlafende Siedlung aufmachte. Aus einigen Bars und Spielhallen fiel noch Licht, aber diesen Lokalen wichen sie aus, blieben vor einigen geschlossenen Läden stehen und holten durch hartnäckiges Klopfen und nachdrückliches Geschrei die Eigentümer aus den Betten. Manchmal schlugen ihnen Flüche entgegen, aber öfter noch begegnete man ihnen mit Interesse und Verständnis für ihre Wünsche, und unweigerlich wurde jede dieser Unterhaltungen mit einem Drink abgeschlossen.

Es wurde drei Uhr, bis das ein Ende nahm und Dick, mit einem kleinen wasserdichten Gummisack auf den Schultern, zum Hotel zurückkehrte. Doch hier lauerte ihm die ›Schönheit‹ auf – eine Schönheit, die mit freigebigen Reizen und üppiger Kleidung, mit verführerischen Worten und spanischem Akzent lockte. Vergeblich wiederholte sie ihre Einladung ins ›Excelsior‹, das glücklicherweise von allen jungen Leuten verachtet wurde. Dick blieb standhaft, schwächte aber seine Zurückweisung durch ein Lachen und seine letzte Goldmünze ab. Dann sprang er in den Sattel, jagte durch die einsame Straße hinaus in die noch einsamere Prärie, wo bald die Lichter, die schwarzen Umrisse der Häuser, die Kirchtürme und der Fahnenmast hinter ihm wieder versanken.

Der Sturm hatte sich gelegt, die Luft war frisch und kalt, aber es wurde halb fünf, bis Dick das Gemeindehaus und die Kreuzung der Landstraße wieder erreichte. Um den allmählichen Anstieg zu vermeiden, hatte er einen anderen, weiter ausholenden Weg gewählt, in dessen klebrigen Morast Jovita bei jedem Sprung bis zu den Fesseln einsank. Das war ein trauriges Vorspiel für einen stetigen Anstieg von fünf weiteren Meilen, aber Jovita nahm auch diesen mit ihrer blinden, unvernünftigen Wut, und eine halbe Stunde später erreichte sie die lange ebene Strecke, die zum Klapperschlangenbach führte. Er ließ die Zügel lässig auf den Nacken der Stute sinken und begann zu singen.

Plötzlich scheute Jovita mit einem Sprung, der einen weniger erfahrenen Reiter aus dem Sattel geworfen hätte. An ihren Zügeln hing eine Gestalt, die von einer Böschung herabgesprungen war, und gleichzeitig tauchte vor ihnen auf dem Weg der Schatten eines Pferdes mit einem Reiter auf.

»Hände hoch!« befahl die zweite Erscheinung mit einem Fluch.

Dick fühlte, wie die Stute erzitterte, erbebte und langsam unter ihm zusammenzusinken schien. Er wußte, was diese Anzeichen zu bedeuten hatten, und war vorbereitet.

»Auf die Seite, Jack Simpson! Ich kenne dich, du verdammter Dieb! Laß mich weiter, oder ...«

Er brauchte diesen Satz nicht zu beenden. Mit einem wütenden Aufbäumen stieg Jovita kerzengerade in die Luft, schleuderte die Gestalt, die ihren Zaum gefaßt hatte, mit einem einzigen Schütteln ihres tückischen Kopfes ab und griff mit gefährlicher Bosheit das Hindernis vor ihr an. Ein Fluch, ein Pistolenschuß – Pferd und Wegelagerer überschlugen sich auf der Straße, und im nächsten Augenblick war Jovita bereits hundert Meter weiter. Aber der rechte Arm ihres Reiters, den eine Kugel des Diebes zerschmettert hatte, sank seitlich herunter. Ohne das Tempo zu mäßigen, nahm Dick die Zügel in die linke Hand. Einige Augenblicke später sah er sich jedoch gezwungen, anzuhalten und die Sattelgurte festzuziehen, die sich bei dem Zusammenprall gelockert hatten. Da er verwundet war, brauchte er dazu einige Zeit. Er fürchtete keine Verfolgung, aber als er in die Höhe blickte, erkannte er, daß im Osten die Sterne schon bleicher wurden, die fernen Bergspitzen ihre geisterhafte Blässe verloren hatten und sich nun schwarz gegen einen etwas lichteren Himmel abhoben. Der Tag kündigte sich an. Dick konzentrierte sich ganz auf einen einzigen Gedanken, vergaß die Schmerzen, stieg wieder auf und sprengte auf den Klapperschlangenbach zu. Jovitas Atem wurde von Keuchen unterbrochen, er schwankte im Sattel, und der Himmel wurde heller und immer heller.

Die letzte Strecke hörte er ein Rauschen in seinen Ohren. Lag es an der Erschöpfung durch den Blutverlust oder woran sonst? Er war benommen und schwindlig, als er den Hügel hinabstürmte, und er erkannte die Umgebung nicht mehr. Hatte er die falsche Straße eingeschlagen, oder war das wirklich der Klapperschlangenbach?

Er war es. Aber der aufgewühlte Bach, den er vor ein paar Stunden durchschwommen hatte, war auf mehr als den doppelten Umfang angeschwollen: jetzt strömte ein schneller und keinen Widerstand duldender Fluß zwischen ihm und dem Klapperschlangen-Hügel. Zum erstenmal in dieser Nacht sank Dicks Mut. Der Fluß, der Berg, der immer heller werdende Osten – alles verschwamm vor seinen Augen. Er schloß sie, um seiner selbst wieder Herr zu werden. Da tauchten in seiner Phantasie der kleine Raum in Simpson's Bar und die Gestalten des schlafenden Vaters und Sohnes vor ihm auf. Jäh öffnete er die Augen wieder, riß Rock, Pistole, Stiefel und Sattel herunter, band sich den wertvollen Sack fest auf die Schultern, klammerte sich mit den nackten Beinen an Jovitas Flanken und stürzte sich mit einem wilden Ruf in die gelbliche Flut. Vom gegenüberliegenden Ufer antwortete ein Schrei, als die Köpfe des Mannes und des Pferdes einige Augenblicke gegen die stürmische

Strömung ankämpften und dann zwischen entwurzelten Bäumen und wirbelndem Treibholz hinweggerissen wurden.

Der Alte fuhr zusammen und wachte auf. Das Feuer auf dem Herd war erloschen, die Kerze im äußeren Raum flackerte, jemand klopfte an die Tür. Er öffnete, aber mit einem Schrei wich er vor der triefenden, halbnackten Gestalt zurück, die gegen den Türpfosten taumelte.

»Dick?«

»Ruhig! Ist er schon wach?«

»Nein. Aber, Dick...«

»Sei doch still, du alter Narr! Gib mir etwas Whisky, aber schnell!« Der Alte eilte fort und kehrte mit – einer leeren Flasche zurück. Dick hätte am liebsten geflucht, aber seine Kraft reichte dazu nicht mehr aus. Er schwankte, hielt sich am Türdrücker fest und machte dem Alten ein Zeichen.

»In dem Paket ist was für Johnny! Nimm es herunter... ich kann nicht mehr.«

Der Alte schnallte das Paket los und legte es vor dem erschöpften Mann nieder.

»Öffne es, schnell!«

Der Alte gehorchte mit zitternden Fingern. Es enthielt nur ein paar armselige Spielsachen, recht billiges und grobes Zeug, weiß Gott, aber mit Farbe und Flittergold leuchtend bemalt. Ein Stück war zerbrochen, ein anderes vom Wasser völlig ruiniert, ein drittes hatte häßliche Flecke.

»Sieht nicht nach viel aus, das läßt sich nicht leugnen«, sagte Dick traurig, »aber es ist alles, was wir tun konnten. Nimm's, Alter, und stopf es ihm in die Stiefel, und sag ihm... sag ihm, du weißt schon, was. Halt mich, Alter...« Der Alte fing ihn auf und ließ ihn sanft zu Boden sinken. »Sag ihm«, sagte Dick mit einem schwachen, kurzen Lachen, »sag ihm, daß Sankt Nikolaus gekommen ist.«

So war also Sankt Nikolaus – wenn auch schmutzig und abgerissen, unrasiert, mit wirrem Haar und einem leblos an der Seite herabbaumelnden Arm – doch noch nach Simpson's Bar gekommen. Ohnmächtig fiel er auf der ersten Hausschwelle nieder. Danach dämmerte langsam der Morgen des Weihnachtstages herauf und überzog die fernen Bergspitzen mit der rosigen Wärme unaussprechlicher Liebe. Und diese Morgendämmerung sah so zärtlich auf Simpson's Bar hinab, daß der ganze Berg, als hätte man ihn bei einer edlen Tat ertappt, bis zum Gipfel hinauf errötete.

Saki
Berties Weihnachtsabend

Es war Weihnachtsabend, und die Familie des Luke Steffink, Esq., strahlte vor Liebenswürdigkeit und ungetrübtem Frohsinn, wie die Gelegenheit es erforderte. Ein lang dauerndes und üppiges Abendessen war beendet, Musikanten waren aufgetreten und hatten Weihnachtslieder gesungen, die Teilnehmer an der Hausgesellschaft hatten sich daran ergötzt, weitere Weihnachtslieder aus eigenem Antrieb zu singen, und es herrschte eine Ausgelassenheit, die man selbst von der Kanzel aus nicht als Radau bezeichnen konnte. Inmitten dieser allgemeinen Fröhlichkeit befand sich jedoch ein trüber und unauflöslicher Bodensatz.

Bertie Steffink, Neffe des bereits erwähnten Luke, hatte schon sehr frühzeitig in seinem Leben den Beruf des Taugenichts erwählt; sein Vater war vor dieser Zeit ebenfalls etwas Derartiges gewesen. Mit achtzehn Jahren hatte Bertie begonnen, unseren Kolonialbesitz reihum aufzusuchen: für einen Prinzen von Geblüt eine geziemende und wünschenswerte Beschäftigung, bei einem jungen Mann aus dem Mittelstand dagegen ein Hinweis auf Unaufrichtigkeit. In Ceylon hatte er Tee, in Britisch-Kolumbien Obst angepflanzt, und in Australien war er bei der Aufzucht von Wollschafen behilflich gewesen. Mit zwanzig Jahren war er gerade von einem ähnlichen Auftrag in Kanada zurückgekehrt, so daß man annehmen kann, daß die den verschiedenen Tätigkeiten gewidmete Probezeit alles in allem wenig Beifall gefunden hatte. Luke Steffink, der die schwierige Rolle eines Vormunds und Vizevaters übernommen hatte, bedauerte die ständige Verwirklichung des Stalldrangs von seiten seines Neffen, und sein zu einem früheren Zeitpunkt dieses Tages ausgesprochener Dank für den Segen, die ganze Familie um sich scharen zu können, bezog sich nicht auf Berties Heimkehr.

Unverzüglich war alles eingeleitet worden, um den jungen Mann in einen entlegenen Winkel Rhodesiens zu verschikken, von dem aus die Rückkehr eine schwierige Angelegenheit sein würde; die Reise nach diesem ungastlichen Bestimmungsort stand kurz bevor, und ein sorgfältigerer und bereitwilligerer Reisender hätte bestimmt begonnen, an das Packen seiner Sachen zu denken. Demzufolge verlangte es Bertie kaum danach, sich an dem festlichen Geist zu beteiligen, der sich in seiner Umgebung ausbreitete, und angesichts der eifrigen und selbstvergessenen Unterhaltung über die gesellschaftlichen Pläne der kommenden Monate, die er von allen Seiten hörte, schwelte der Groll in ihm. Abgesehen davon, daß er seinem Onkel und dem ganzen Familienkreis ganz allgemein mit dem Vortrag des Liedes »Sag Au Revoir und nicht Good-bye« vorübergehend die Stimmung verdorben hatte, nahm er an der abendlichen Fröhlichkeit nicht teil.

Elf Uhr hatte es vor ungefähr einer halben Stunde geschlagen, und die älteren Steffinks begannen, durch Andeutungen auf jenen Vorgang hinzuweisen, der nach ihren Worten darin bestand, sich für die Nacht zurückzuziehen.

»Komm, Teddie, du weißt, daß du eigentlich schon lange in deinem Bettchen liegen solltest«, sagte Luke Steffink zu seinem dreizehnjährigen Sohn.

»Eigentlich sollten wir das alle«, sagte Mrs. Steffink.

»So viel Platz haben wir gar nicht«, sagte Bertie.

Diese Bemerkung wurde als nahezu skandalös betrachtet; jeder aß Rosinen und Mandeln mit der nervösen Geschäftigkeit von Schafen, die bei bedrohlichem Wetter gefüttert werden.

»In Rußland«, sagte Horace Bordenby, der als Gast während der Weihnachtstage im Hause wohnte, »habe ich gelesen, daß die Bauern glauben, man könne die Tiere sprechen hören, wenn man am Weihnachtsabend um Mitternacht in den Stall ginge. In diesem einen Augenblick des Jahres sollen sie, wie man glaubt, die Gabe des Sprechens besitzen.«

»Oh, wollen wir dann nicht alle in den Kuhstall gehen und hören, was sie zu sagen haben?« rief Beryl, für die alles aufregend und amüsant war, was man gemeinsam tat.

Mrs. Steffink protestierte lachend, gab jedoch im Grunde ihre Erlaubnis, indem sie sagte: »Dann müssen wir uns alle aber warm anziehen.« Die Idee kam ihr zwar leichtsinnig und fast heidnisch vor, bot aber eine Gelegenheit, ›die jungen Leute zusammenzubringen‹, und deshalb war sie mehr als einverstanden. Mr. Horace Bordenby war ein junger Mann mit soliden Aussichten, und auf einem Wohltätigkeitsball des Ortes hatte er mit Beryl hinreichend häufig getanzt, um bei den Nachbarn die gerechtfertigte Frage aufkommen zu lassen, ob ›an der Geschichte etwas dran wäre‹. Obgleich Mrs. Steffink es niemals in so vielen Wörtern ausgedrückt hätte, teilte sie doch die Vorstellung der russischen Bauern, daß Tiere in dieser Nacht sprechen könnten.

Der Kuhstall bildete die Verbindung zwischen dem Garten und einer kleinen Koppel; in der vorstädtischen Umgebung war er ein allein verbliebener Rest dessen, was einmal ein kleiner Bauernhof gewesen war. Luke Steffink blickte in selbstgefälligem Stolz auf seinen Kuhstall und die beiden Kühe; er spürte, daß sie ihm den Stempel der Solidität aufprägten, den auch noch soviele Wyandottes und Orpingtons nicht wettmachen konnten. Auf irgendeine inkonsequente Weise schienen sie sogar das Bindeglied zwischen ihm und jenen Patriarchen zu bilden, die ihre Bedeutung von der Größe ihrer Herden an Schafen, Ziegen und Eseln ableiteten. Es war ein sorgenschwerer und bedeutsamer Augenblick gewesen, als er endgültig entscheiden mußte, ob seine Villa den Namen ›The Byre‹ oder ›The Ranch‹ erhalten sollte. Und die mitternächtliche Stunde einer Dezembernacht war, wenn es nach ihm gegangen wäre, kaum der richtige Zeitpunkt, seinen Gästen das bäuerliche Bauwerk zu zeigen. Da es jedoch eine schöne Nacht war und die jungen Leute so sehr nach einem Anlaß für einen kleinen Scherz suchten, erklärte Luke sich bereit, die Expedition zu begleiten. Das Personal lag schon lange in den Betten, so daß das Haus in Berties Obhut verblieb, der sich zornerfüllt weigerte, seinen Platz zu verlassen, um rindviehlichem Geplauder zu lauschen.

»Wir müssen ganz still sein«, sagte Luke, als er den Zug kichernder junger Leute anführte, den die in Schals gehüllte und vermummte Gestalt von Mrs. Steffink beschloß. »Ich habe immer darauf gehalten, als ruhiger und ordentlicher Nachbar zu gelten.«

Wenige Minuten vor Mitternacht war es, als die Gruppe den Kuhstall erreicht hatte und ihn im Schein von Lukes Stallaterne betrat. Alle blieben einen Augenblick schweigend stehen, und jeder hatte beinahe das Gefühl, in einer Kirche zu sein.

»Daisy – das ist die, die gerade liegt – ist von einem Shorthornbullen aus einer Guernsey-Kuh«, verkündete Luke mit geheimnisvoller Stimme, die dem vorhergegangenen Eindruck entsprach.

»Wirklich?« sagte Bordenby, als hätte er gedacht, sie wäre von Rembrandt.

»Myrtle ist...«

Myrtles Familiengeschichte wurde von einem leisen Aufschrei unterbrochen, den die anwesenden Frauen ausstießen.

Geräuschlos hatte sich die Stalltür hinter ihnen geschlossen, und quietschend hatte sich der Schlüssel im Schloß gedreht; dann hörten sie Berties Stimme, die ihnen fröhlich eine gute Nacht wünschte, und seinen Schritt, der sich auf dem Gartenweg entfernte.

Luke Steffink trat an das Fenster; es war eine kleine viereckige Öffnung von jener altmodischen Art, bei der Eisenstangen in das Mauerwerk eingelassen sind.

»Sperr sofort die Tür wieder auf!« brüllte er mit ungefähr genausoviel drohender Autorität, wie sie etwa eine Glucke besitzt, die durch das Gitter ihres Geheges einen marodierenden Habicht anzetert. Als Antwort auf sein Verlangen schloß sich die Haustür mit einem anschließenden Knall.

Eine benachbarte Uhr schlug die Mitternachtsstunde. Wenn die Kühe in diesem Augenblick die Gabe menschlicher Sprache erhalten hätten, wären sie kaum in der Lage gewesen, sich verständlich zu machen: Sieben oder acht Stimmen waren damit beschäftigt, Berties gegenwärtiges Verhalten sowie seinen Charakter im allgemeinen in Tönen höchster Aufregung und Entrüstung zu schildern.

Im Verlauf von etwa einer halben Stunde war alles, was sich erlaubtermaßen über Bertie sagen ließ, einige Dutzend Male ausgesprochen, und andere Themen schoben sich in den Vordergrund: die dunstige Luft im Kuhstall, die Möglichkeit, daß er Feuer fangen könnte, und die Wahrscheinlichkeit, daß er ein Asyl für die Wanderratten der ganzen Nachbarschaft bildete. Und immer noch erblickten die unfreiwilligen Nachtwächter nichts, was auf ihre baldige Befreiung hindeutete.

Gegen ein Uhr näherte sich überraschend schnell das Geräusch von Stimmen, die ziemlich lärmend und undiszipliniert Weihnachtslieder sangen; unerwartet verhielten sie dann, und zwar allem Anschein nach unmittelbar vor dem

Gartentor. Ein Kraftwagen voller jugendlicher Hitzköpfe, die sich in einem hochgemuten Zustand der Fröhlichkeit befanden, hatte wegen eines Schadens vorübergehend anhalten müssen; die Unterbrechung bezog sich allerdings nicht auf ihre stimmlichen Anstrengungen, und die Beobachter im Kuhstall kamen somit in den Genuß eines höchst befremdlichen Liedervortrages, bei dem das Adjektiv ›gut‹ sehr sorglos verwendet wurde.

Der Lärm hatte den Erfolg, daß Bertie plötzlich im Garten erschien; allerdings schenkte er den blassen und ärgerlichen Gesichtern, die durch das Stallfenster lugten, nicht die geringste Aufmerksamkeit, sondern konzentrierte diese völlig auf die Nachtschwärmer, die sich vor dem Gartentor aufhielten.

»Prost, Leute!« brüllte er.

»Prost – Prost!« brüllten sie zurück. »Verdammt gern würden wir auch auf dein Wohl trinken, aber leider haben wir nichts dabei!«

»Dann kommt doch rein«, sagte Bertie gastfreundlich. »Ich bin ganz allein, und Flüssigkeiten gibt's hier genug.«

Es waren völlig Fremde, aber seine freundschaftliche Aufforderung ließ sie im gleichen Augenblick zu guten Bekannten werden. Bereits in der nächsten Sekunde erschallte das befremdliche Lied, das – wie fast jedes Ärgernis – mit jeder Wiederholung schlimmer wurde, auf dem Gartenweg und bewegte sich auf das Haus zu; zwei der Nachtschwärmer gaben dabei eine improvisierte Vorstellung, indem sie auf jenen Terrassen, die Luke Steffink bisher mit einiger Berechtigung als Steingarten bezeichnet hatte, den Treppenwalzer vorführten. Als der Walzer zum drittenmal wiederholt worden war, befand sich der steinerne Teil dieses Gartens nach wie vor an alter Stelle. Luke, der hinter den Gitterstäben des Stallfensters einer eingesperrten Glucke ähnlicher war als je zuvor, sah sich in einer Lage, in der er sich die Gefühle jener Konzertbesucher genau vorstellen konnte, die den Ruf nach einer sowohl unerwünschten als auch unverdienten Zugabe nicht verhindern können.

Mit lautem Knall schloß sich die Haustür hinter Berties Gästen, und die Geräusche der Lustigkeit drangen nur noch schwach und gedämpft zu den müden Beobachtern am anderen Ende des Gartens. Wenig später ertönten in schneller Folge zwei geheimnisvolle, Schüssen ähnelnde Geräusche.

»Sie machen sich über den Champagner her!« rief Mrs. Steffink.

»Vielleicht ist es auch nur der Schaumwein«, sagte Luke hoffnungsvoll.

Dasselbe Geräusch wiederholte sich drei- oder viermal.

»Also nicht nur der Champagner, sondern auch noch der Schaumwein«, sagte Mrs. Steffink.

Luke gab eine Verwünschung von sich, die – ähnlich dem Kognak in einem alkoholfreien Haushalt – nur in seltenen Notfällen verwendet wurde. Mr. Horace Bordenby hatte ähnliche Ausdrücke schon seit geraumer Zeit, wenn auch nicht vernehmlich, gebraucht. Der Versuch, ›die jungen Leute zusammenzubringen‹, hatte bereits seit längerem jenen Zeitpunkt überschritten, an dem noch romantische Ergebnisse zu erwarten sind.

Etwa vierzig Minuten später öffnete sich die Haustür und spie eine Gruppe von Menschen aus, die jegliche Hemmungen, durch die ihr bisheriges Handeln möglicherweise beeinflußt worden war, mittlerweile abgelegt hatten. Die stimmlichen Bemühungen auf dem Gebiet des Weihnachtsliedes wurden durch instrumentale Begleitung ergänzt: Ein Weihnachtsbaum, der für die Kinder des Gärtners und anderer Haushaltsmitglieder vorbereitet worden war, hatte einen ausreichenden Vorrat an Spielzeugtrompeten, Rasseln und

Trommeln enthalten. Das Ankunftslied war fallengelassen worden, wie Luke dankbar feststellte; äußerst irritierend für die durchkälteten Gefangenen des Kuhstalls war dagegen die Mitteilung, daß es in der Stadt heiß herginge, verbunden mit der zwar ziemlich genauen, wenn auch völlig überflüssigen Information, daß der Weihnachtsmorgen nahe. Den Protesten nach zu urteilen, die in den oberen Fenstern der benachbarten Häuser laut zu werden begannen, wurden die Empfindungen, die im Kuhstall vorherrschten, auch in anderen Aufenthaltsräumen von ganzem Herzen geteilt.

Die Nachtschwärmer fanden nicht nur ihren Wagen wieder, sondern es gelang ihnen sogar – was noch bemerkenswerter war –, mit diesem Wagen davonzufahren, wobei sie zum Abschied auf Spielzeugtrompeten einen lauten Tusch ertönen ließen. Ein lebhaftes Trommeln verriet die Tatsache, daß der Veranstalter der Lustbarkeit auf dem Schauplatz zurückgeblieben war.

»Bertie!« ertönte ein ärgerlicher und flehentlicher Chor von Rufen und Schreien aus dem Stallfenster.

»Nanu!« sagte der Inhaber dieses Namens und lenkte seine unsicheren Schritte in die Richtung, aus der die Aufforderung ertönte. »Seid ihr denn immer noch hier? Dann habt ihr wohl auch alles gehört, was die Kühe sich erzählt haben. Wenn nicht, braucht ihr jetzt nicht mehr drauf zu warten. Schließlich ist es bloß eine russische Sage, und das russische Weihnachten ist sowieso erst in vierzehn Tagen. Kommt lieber raus.«

Nach einigen vergeblichen Versuchen gelang es ihm, den Schlüssel der Stalltür durch das Fenster zu werfen. Dann führte er die Befreiten – mit hellem Gesang verkündend: »Ich habe Angst, im Dunkeln nach Haus zu gehen«, – zur Villa zurück und begleitete sich selbst mit lustigem Getrommel. Der eilige Zug der Befreiten, der seinen Schritten folgte, kam zum weitaus größten Teil zu dem genau entgegengesetzten Schluß, und das trotz seiner überschwenglichen Darbietung.

Es war der glücklichste Weihnachtsabend, den er jemals verbracht hatte. Um seine eigenen Worte zu zitieren: Es war ein lausiges Weihnachten.

William Faulkner
Das wäre fein!

I

Wir konnten hören, wie das Wasser in die Badewanne lief. Wir blickten auf die Geschenke, die auf dem Bett herumlagen, wo Mama sie in buntes Papier eingewickelt hatte, mit unsern Namen darauf, damit Großvater gleich wußte, wem sie gehörten, wenn er sie vom Baum nahm. Für jeden war ein Geschenk da, bloß nicht für Großvater, weil Mama sagte, Großvater wäre zu alt, um noch Geschenke zu bekommen.

»Das da ist deins!« sagte ich.

»Ja, ja!« sagte Rosie. »Komm endlich und geh in die Wanne, wie's deine Mama dir gesagt hat!«

»Ich weiß, was drin ist«, sagte ich. »Wenn ich wollte, könnt ich's dir verraten!«

Rosie blickte ihr Geschenk an. »Ich kann's abwarten, bis daß die Zeit da ist, daß ich's haben soll«, sagte sie.

»Wenn du mir 'n Nickel gibst, will ich's dir verraten«, sagte ich.

Rosie blickte ihr Geschenk an. »Ich hab keinen Nickel«, sagte sie. »Aber am Weihnachtsmorgen hab ich einen, weil da Mr. Rodney mir dann meinen Zehner gibt.«

»Dann weißt du ja sowieso, was drin ist, und bezahlst mir nichts mehr«, sagte ich. »Geh zu Mama, sie soll dir 'n Nickel borgen!«

Da packte mich Rosie beim Arm. »Du kommst mir jetzt und gehst in die Wanne!« sagte sie. »Du immer mit deinem

Geld! Wenn du mit einundzwanzig nicht 'n reicher Mann bist, kommt's höchstens davon, weil die Polizei 's Geld abgeschafft hat – oder dich!«

Ich ging also baden und kam wieder, und die Geschenke lagen noch immer auf Mamas und Papas Bett herum, und man konnte es schon beinah riechen, Weihnachten, und wenn sie morgen mit dem Feuerwerk loslegen, dann kann man's auch hören. Bloß nicht heute nacht – und morgen steigen wir in die Bahn (bloß Papa nicht, weil der über Heiligabend im Mietstall bleiben muß) und fahren zu Großvater, und dann ist morgen abend da und Weihnachten, und Großvater nimmt die Geschenke vom Baum und ruft laut unsre Namen, und auch mein Geschenk für Onkel Rodney, das ich von meinem eigenen Zehner gekauft habe, und nach 'ner Weile macht Onkel Rodney dann den Schreibtisch von Großvater auf und trinkt 'n Schluck aus Großvaters Medizinflasche, und vielleicht schenkt er mir wieder 'n Vierteldollar fürs Helfen, wie vorige Weihnachten, und nicht bloß 'n Nickel wie im Sommer, als er Mama und uns besucht hatte und wir mit Mrs. Tucker geschäftlich zu tun hatten, ehe Onkel Rodney nach Hause fuhr und für die Compress-Gesellschaft zu arbeiten anfing – und das wäre fein. Oder vielleicht sogar 'n halben Dollar, und ich dachte, ich könnt's kaum noch abwarten.

»Mein Gottnochmal, ich kann's kaum abwarten«, sagte ich.

»Was war das?« fuhr Rosie mich an. »Mein Gottnochmal? Mein Gottnochmal? Laß das bloß deine Mama hören, wie du rumfluchst, dann kannst du's aber garantiert abwarten! Du sprichst immer von 'nem Nickel – aber für 'n Nickel könnt ich ihr glatt verraten, was du eben gesagt hast!«

»Wenn du mir 'n Nickel gibst, dann sag ich's ihr selber«, sagte ich.

»Du gehst mir jetzt ins Bett!« fuhr Rosie mich an. »'n Junge von sieben Jahr, und flucht schon!«

»Wenn du mir versprichst, daß du ihr nichts verrätst, dann sag ich dir, was für 'n Geschenk du bekommst, und du kannst mir den Nickel am Weihnachtsmorgen geben«, sagte ich.

»Mach, daß du ins Bett kommst!« fuhr Rosie mich an. »Du immer mit deinem Nickel! Wenn ich glauben könnt, daß auch bloß einer von euch 'n Geschenk für Großvater kaufen wollte, und wenn's auch bloß für 'n Zehner wär, dann tät ich selber noch 'n Nickel zulegen!«

»Großvater will keine Geschenke«, sagte ich. »Er ist schon zu alt dafür.«

»Hah«, sagte Rosie. »Zu alt, ja? Und wenn nun alle sagten, du wärst zu jung, um 'n Nickel zu bekommen, wie würde dir 'n das passen, he?«

Und damit machte sie das Licht aus und ging. Aber ich konnte die Geschenke auch noch im Feuerschein sehen: die für Onkel Rodney und Großmutter und Tante Louisa und Tante Louisas Mann, Onkel Fred, und Kusine Louisa und Vetter Fred und das Baby und Großvaters Köchin und unsere Köchin, die Rosie nämlich, und vielleicht sollte einer auch Großvater was schenken, nur müßt es dann vielleicht Tante Louisa sein, weil sie und Onkel Fred bei Großvater wohnen, oder vielleicht auch Onkel Rodney, weil der auch bei Großvater wohnt. Onkel Rodney hat Papa und Mama immer ein Geschenk gegeben, aber vielleicht wär's bloß Zeitverschwendung für Onkel Rodney und auch für Großvater, wenn Onkel Rodney ihm was schenkte, denn mal hab ich Mama gefragt, warum Großvater sich immer das Geschenk ansieht, das Onkel Rodney ihr und Papa schenkt, und warum er deswegen so wütend wird, und da fing Papa an zu lachen, und Mama sagte, Papa sollte sich was schämen, denn Onkel Rodneys Schuld wär's schließlich nicht, wenn seine Freigebigkeit größer wär als seine Geldtasche, und Papa sagte, ja wirklich, das ist nicht Onkel Rodneys Schuld, denn er hätte noch keinen Menschen gesehn, der sich so viel Mühe gibt, zu Geld zu kommen wie Onkel Rodney, und Onkel Rodney hätte alles Menschenmögliche versucht, Arbeit ausgenommen, und wenn Mama zwei Jahre zurückdenken wollte, dann könnte sie sich wohl an die Zeit erinnern, als Onkel Rodney seinem guten Stern hätte danken können, daß er in der Verwandtschaft einen Mann gefunden hatte, dessen Freigebigkeit – oder wie Mama es sonst nennen wollte – um mindestens fünfhundert Dollar kleiner war als seine Brieftasche, und Mama sagte, sie dulde es nicht, daß Papa behauptete, Onkel Rodney hätte das Geld gestohlen, das wäre bloß böswillige Verleumdung gewesen, wie Papa ganz gut wüßte, und Papa wäre wie die meisten Männer gegen Onkel Rodney voreingenommen, sie wüßte nicht, warum, und wenn Papa es bedauere, daß er Onkel Rodney die fünfhundert Dollar geliehen habe, als der gute Name der Familie auf dem Spiel stand, dann sollte er's nur sagen, Großvater würde es schon irgendwie aufbringen und es Papa zurückzahlen, und dann fing sie an zu weinen, und Papa sagte, Also laß schon, laß schon, und Mama weinte und sagte, Onkel Rodney wäre eben das Nesthäkchen, und das wäre wohl der Grund, weshalb Papa ihn haßte, und Papa sagte, Also laß schon, laß schon, um Gotteswillen, laß schon.

Papa und Mama wußten nämlich nicht, daß Onkel Rodney immer geschäftlich zu tun hatte, als er letzten Sommer bei uns war, und sie wußten genausowenig wie die Leute in Mottstown, daß er auch letzte Weihnachten geschäftlich zu tun hatte, als ich ihm zum erstenmal geholfen habe und dafür einen Vierteldollar von ihm bekam. Er sagte nämlich, wenn er lieber mit Damen geschäftlich zu tun hätte statt mit Herren, dann ginge das niemand was an, nicht mal Mr. Tucker. Er sagte, ich liefe ja auch nicht herum und erzählte allen Leuten was über Papas Geschäft, und ich sagte, jeder wüßte, daß Papa den Mietstall hätte, und das brauchte ich sowieso keinem zu erzählen, und Onkel Rodney sagte, dafür wäre jedenfalls die Hälfte von dem Nickel, und ob ich weiter Nickels verdienen wollte oder ob ich wollte, daß er jemand anders anstellt. Ich hab also weiter für ihn gearbeitet und hinter Mr. Tuckers Zaun aufgepaßt, bis er rauskam und in die Stadt ging, und dann bin ich am Zaun entlang zur Straßenecke, bis Mr. Tucker nicht mehr zu sehen war, und dann hab ich meinen Hut auf den Zaunpfahl gehängt und mußte ihn dort lassen, bis ich Mr. Tucker zurückkommen sah. Nur kam er nicht zurück, solange ich da war, weil Onkel Rodney immer schon vorher fertig war, und dann kam er an, und dann gingen wir zusammen nach Hause, und er hat Mama erzählt, wie weit wir spazierengegangen wären, und Mama sagte immer, wie gut es für Onkel Rodneys Gesundheit wäre. Er hat mir dann zu Hause bloß den Nickel gegeben. Es war nicht soviel wie letzte Weihnachten, als er mit der andern Dame, der in Mottstown, geschäftlich zu tun hatte, aber das war bloß einmal, und er war den ganzen Sommer bei uns zu Besuch, deshalb bekam ich in der Zeit viel mehr zusammen als 'n Vierteldollar. Und überhaupt war's das anderemal zu Weihnachten, und er hatte gerade 'n Schluck aus Großvaters Medizinflasche genommen, eh er mir den Vierteldollar gab, und deshalb wär's diesmal vielleicht sogar 'n halber Dollar. Ich konnt's kaum abwarten.

2

Aber endlich wurde es dann doch hell, und ich zog meinen Sonntagsanzug an und ging an die Haustür und hielt nach der

Mietskutsche Ausschau, und dann ging ich in die Küche und fragte Rosie, ob's nicht beinah Zeit wäre, und sie sagte mir, der Zug käme erst in zwei Stunden. Bloß daß wir die Kutsche hörten, während sie's mir sagte, und deshalb dachte ich, es wäre Zeit, und wir müßten abfahren und in den Zug steigen, und das wäre fein, und dann könnten wir zu Großvater fahren, und dann wär's heut abend geworden und dann wär's morgen früh, und diesmal würd's vielleicht 'n halber Dollar werden, mein Gottnochmal, das wäre fein! Dann kam Mama angerannt, sogar ohne ihren Hut, und sie sagte, es wär ja noch zwei Stunden Zeit und sie wäre noch nicht mal angezogen, und John Paul sagte, Yes, Ma'am, aber Papa hätte ihn geschickt und gesagt, John Paul sollte Mama sagen, Tante Louisa wär da, und Mama sollte sich beeilen. Wir stellten also den Korb mit den Geschenken in die Kutsche, und ich saß neben John Paul auf dem Kutschbock, und drin im Wagen fragte Mama laut wegen Tante Louisa, und John Paul sagte, Tante Louisa wäre in einem gemieteten Buggy gekommen, und Papa hätte sie zum Frühstücken ins Hotel gebracht, weil sie schon vor Tagesanbruch aus Mottstown abgefahren wäre. Und vielleicht war Tante Louisa nach Jefferson gekommen, um Papa und Mama zu helfen, ein Geschenk für Großvater auszusuchen.

»Denn wir haben für jeden eins«, sagte ich, »und für Onkel Rodney habe ich eins mit meinem eigenen Geld gekauft.«

Da fing John Paul an zu lachen, und ich fragte, warum, und er sagte, es wär die Idee, ich könnte Onkel Rodney was schenken, was er gut gebrauchen könnte, und ich sagte, warum, und John Paul sagte, weil ich wie'n Mann gebaut wäre, und ich sagte, warum, und John Paul sagte, er könnte drauf wetten, daß Papa Onkel Rodney gern was schenken würde, ohne erst bis Weihnachten zu warten, und ich sagte, was, und John Paul sagte, was zu arbeiten. Und da hab ich

John Paul erzählt, daß Onkel Rodney die ganze Zeit so gearbeitet hätte, als er letzten Sommer bei uns zu Besuch war, und John Paul hörte auf mit seinem Lachen und sagte, ja, sicher, er glaube auch, alles, was 'n Menschen dauernd in Gang hält, Tag und Nacht, das nennt er Arbeit, egal, wieviel Spaß es dann schließlich war, und ich sagte, jedenfalls arbeitet Onkel Rodney jetzt, er arbeitet im Büro von der Compress-Gesellschaft, und da lachte John Paul mächtig und sagte, natürlich, da müßte erst 'ne ganze Gesellschaft kommen, um Onkel Rodney zur Arbeit zu pressen. Und dann fing Mama an zu rufen, er solle direkt ins Hotel fahren, und John Paul sagte, No, Ma'am, Papa hätte gesagt, wir sollten direkt zum Mietstall fahren und dort auf ihn warten. Wir fuhren aber doch zum Hotel, und Tante Louisa und Papa kamen raus, und Papa half Tante Louisa zu uns in die Mietskutsche, und Tante Louisa fing an zu weinen, und Mama rief, Louisa, Louisa, was ist denn? Was ist passiert, und Papa sagte, Warte doch! Warte! Denkt an den Nigger!, damit meinte er John Paul, und deshalb war's wohl ein Geschenk für Großvater, das nicht angekommen war.

Und dann sind wir schließlich doch nicht mit der Bahn gefahren. Wir fuhren zum Mietstall, und sie hatten schon die leichte Reisekutsche angespannt und warteten auf uns, und Mama weinte jetzt und sagte, Papa hätte nicht mal seinen Sonntagsanzug an, und Papa fluchte und sagte, zum Teufel mit dem Anzug, und wenn wir Onkel Rodney nicht erwischen, eh die andern ihn schnappen, dann könnte Papa ja die Sachen anziehen, die Onkel Rodney jetzt anhätte. Wir stiegen also rasch in die Reisekutsche, und Papa zog die Vorhänge zu, und da konnten Mama und Tante Louisa weinen, soviel sie wollten, und Papa rief John Paul zu, er solle nach Hause fahren und von Rosie den Sonntagsanzug einpakken lassen und Rosie an die Bahn bringen; jedenfalls wäre das fein für Rosie. Und wir fuhren nicht mit der Bahn, aber wir fuhren schnell, und Papa kutschierte und fragte, ob denn kein Mensch wüßte, wo er wäre, und Tante Louisa hörte ein Weilchen auf zu weinen und sagte, Onkel Rodney wäre gestern abend nicht zum Essen gekommen, doch gleich nach dem Essen wär er gekommen, und Tante Louisa hätte schon so 'ne schreckliche Ahnung gehabt, sowie sie seine Schritte unten im Flur gehört hätte, und Onkel Rodney wollte ihr nichts sagen, ehe sie nicht in seinem Zimmer waren, und die Tür wurde zugemacht, und dann sagte er, daß er zweitausend Dollar haben müßte, und Tante Louisa sagte, wo in aller Welt könnte sie zweitausend Dollar hernehmen, und Onkel Rodney sagte, Frage doch Fred, das ist Tante Louisas Mann, und George, das ist Papa; sag ihnen, sie müßten's eben ausspukken, und Tante Louisa sagte, dabei hätte sie immer das schreckliche Gefühl gehabt, und sie hätte gerufen, Rodney, Rodney! Was..., und Onkel Rodney hätte angefangen zu fluchen und hätte gesagt, Verdammt, fang jetzt nicht an zu winseln und zu weinen, und Tante Louisa sagte zu Rodney, Was hast du diesmal gemacht?, und dann hörten beide schon, wie an die Tür geklopft wurde, und Tante Louisa sah Onkel Rodney an, und da wußte sie die Wahrheit, noch ehe sie Mr. Pruitt und den Sheriff zu sehen bekam, und dann hätte sie gesagt, Erzähl's nicht Pa! Verheimliche es vor Pa! Er überlebt's nicht...

»Wer?« fragte Papa. »Mister – wer?«

»Mr. Pruitt«, sagte Tante Louisa und weinte wieder. »Der Präsident von der Compress-Gesellschaft. Sie sind erst im vorigen Frühling nach Mottstown gezogen. Du kennst ihn doch nicht.«

Sie ging also runter an die Haustür, und es war Mr. Pruitt mit dem Sheriff. Und wegen Großvater hätte sie Mr. Pruitt angefleht und ihm geschworen, daß Onkel Rodney so lange im Haus bleiben würde, bis Papa käme, und Mr. Pruitt hätte gesagt, wie schrecklich es ihm wäre, auch deshalb, weil's gerade zu Weihnachten war, und darum würde er ihnen wegen Großvater und Tante Louisa Zeit lassen bis einen Tag nach Weihnachten, wenn Tante Louisa ihm versprechen würde, daß Onkel Rodney nicht versuchte, Mottstown zu verlassen. Und Mr. Pruitt hätte ihr den Scheck gezeigt, und sie hätte mit ihren eigenen Augen Großvaters Unterschrift darunter gesehen, und sogar Tante Louisa hätte erkennen können, daß Großvaters Name. . ., und da sagte Mama: Louisa, Louisa! Denk an Georgie!, und damit meinte sie mich, und Papa fluchte und schrie, Wie zum Teufel wollt ihr das vor ihm geheimhalten? Wollt ihr die Zeitungen verstecken?, und Tante Louisa weinte wieder und sagte, bald würde es jeder wissen, und sie könne weder hoffen noch erwarten, daß einer von uns je wieder den Kopf hochtragen könne, sie hoffte bloß, daß man's vor Großvater geheimhalten könne, denn er würd's nicht überleben. Dann weinte sie ganz schrecklich, und Papa mußte neben einem Bach anhalten und absteigen und sein Taschentuch eintauchen, damit Mama Tante Louisas Gesicht abwischen konnte, und dann holte Papa die Medizinflasche aus der Wagentasche und tat ein paar Tropfen auf das Taschentuch, und Tante Louisa roch daran, und dann trank Papa einen Schluck von der Medizin in der Flasche, und Mama sagte, George!, und Papa trank noch mehr von der Medizin, und dann tat er so, als wollte er Mama und Tante Louisa die Flasche anbieten, damit sie auch einen Schluck nehmen sollten, und er sagte: »Ich würd's begreifen! Wenn ich 'ne Frau eurer Familie wäre, würde ich auch zu trinken anfangen. Jetzt erklär mir mal endlich die Sache mit den Papieren!«

»Es ist wegen der Eisenbahn-Pfandbriefe von Ma«, sagte Tante Louisa.

Wir fuhren jetzt wieder schnell, weil die Pferde sich

ausgeruht hatten, während Papa das Taschentuch angefeuchtet und von der Medizin getrunken hatte, und Papa sagte, Ja, ja, was ist denn mit den Eisenbahn-Pfandbriefen?, und drehte sich ganz plötzlich auf dem Kutschbock herum und sagte: »Eisenbahn-Pfandbriefe? Willst du etwa sagen, daß er mit dem verdammten Schraubenzieher auch den Schreibtisch deiner Mutter aufgebrochen hat?«

Mama rief, George, wie kannst du bloß, aber Tante Louisa redete jetzt, redete sehr rasch und weinte jetzt nicht, noch nicht, und Papa blickte nach rückwärts und fragte, ob Tante Louisa sagen wollte, daß die fünfhundert, die er vor zwei Jahren auszahlen mußte, nicht alles waren? Und Tante Louisa sagte, daß es zweitausendfünfhundert waren, sie wollten bloß nicht, daß Großvater es merkte, deshalb hätte Großmutter ihre Pfandbriefe als Sicherheit für den Wechsel hergegeben, und jetzt sagten sie, Onkel Rodney hätte Großmutters Wechsel und ihre Pfandbriefe von der Bank gegen Pfandbriefe von der Compress-Gesellschaft aus dem Safe im Büro der Gesellschaft ausgelöst, denn als Mr. Pruitt entdeckt hätte, daß die Pfandbriefe von der Compress-Gesellschaft fehlten, hätte er sie gesucht und in der Bank gefunden, und als er im Safe der Compress-Gesellschaft nachsah, hätte er nichts weiter als den Scheck über zweitausend Dollar mit Großvaters Unterschrift gefunden, und obwohl Mr. Pruitt noch kein Jahr in Mottstown wohnte, hätte sogar er gleich gewußt, daß Großvater den Scheck nicht unterschrieben hätte, und außerdem war er nochmal bei der Bank gewesen, und dort hätte Großvater gar keine zweitausend Dollar, und Mr. Pruitt hätte gesagt, daß er bis nach Weihnachten warten wolle, wenn Tante Louisa ihm schwören würde, daß Onkel Rodney nicht wegläuft, und Tante Louisa hätt's getan und wäre wieder nach oben gegangen und wollte Onkel Rodney anflehen, Mr. Pruitt die Pfandbriefe zu geben, und sie wäre in

Onkel Rodneys Zimmer getreten, wo er gerade eben noch gewesen wäre, und das Fenster stand offen, und Onkel Rodney war weg.

»Der Teufel soll ihn holen!« sagte Papa. »Und du glaubst, keiner weiß jetzt, wo die Papiere sind?«

Jetzt fuhren wir schnell, weil wir den letzten Berg hinunterfuhren, in das Tal, wo Mottstown liegt. Bald wäre der Geruch wieder da, bloß noch heute und heut abend, und dann ist Weihnachten, und Tante Louisa saß mit einem Gesicht da, das war so weiß wie'n weißgestrichener Zaun, auf den's geregnet hat, und Papa sagte, Wer zum Teufel hat ihm überhaupt so einen Posten verschafft? und Tante Louisa sagte, Mr. Pruitt, und Papa sagte, wie: selbst wenn Mr. Pruitt nur ein paar Monate in Mottstown gelebt hätte, und da fing Tante Louisa wieder an zu weinen und hielt sich nicht mal 's Taschentuch vors Gesicht, und Mama sah Tante Louisa an und fing auch an zu weinen, und Papa nahm die Peitsche und zog den Pferden einen derben Hieb über, obwohl sie doch so schnell liefen, und er fluchte: »Verdammt und zugenäht! Ich seh's schon, Pruitt ist verheiratet, was?«

Dann sahen wir's auch. Überall an den Fenstern waren Stechpalmenkränze, wie bei uns zu Hause in Jefferson, und ich sagte: »In Mottstown brennen sie auch Feuerwerk ab, genau wie bei uns in Jefferson.«

Und Tante Louisa und Mama weinten jetzt furchtbar, aber nun sagte Papa, Laßt doch, laßt doch, denkt an Georgie, und das bin ich nämlich, und Tante Louisa sagte: »Ja, ja, die ordinäre, geschminkte Person! Kutschiert den ganzen Nachmittag allein in einem Buggy die Straßen auf und ab, und das einzige Mal, wo Mrs. Church ihr einen Besuch gemacht hat, und auch bloß wegen Mr. Pruitts Stellung, da hatte sie nicht mal 'n Korsett an, und Mrs. Church hat mir erzählt, ihr Atem hätte nach Alkohol gerochen!«

Und Papa sagte, Laßt doch! Laßt doch!, und Tante Louisa weinte immer mehr und sagte, Mrs. Pruitt wäre schuld dran, denn Onkel Rodney wäre jung und leicht zu beeinflussen, weil er noch nie Gelegenheit gehabt hätte, ein nettes Mädchen kennenzulernen und zu heiraten, und Papa fuhr jetzt schnell auf Großvaters Haus zu und rief: »Heiraten? Rodney und heiraten? Zum Teufel, was für 'n Spaß hätte er davon, aus seinem eignen Haus zu schleichen und zu warten, bis es dunkel ist, und sich hinters Haus zu schleichen und die Regenrinne raufzuklettern und in ein Zimmer rein, wo keine andre drin ist als bloß seine eigene Frau?«

Und Mama und Tante Louisa weinten also ganz mächtig, als wir vor Großvaters Haus ankamen.

3

Und Onkel Rodney war nicht da. Wir gingen rein, und Großmutter sagte, daß Mandy, Großvaters Köchin, nicht gekommen wäre, um das Frühstück zu machen, und als Großmutter die Emmeline, also Tante Louisas Kindermädchen, zu Mandys Hütte auf dem Hinterhof geschickt hätte, da war die Tür von innen verriegelt, aber Mandy hätte nicht geantwortet, und da wäre Großmutter selbst hingegangen, und Mandy gab keine Antwort, und deshalb war Vetter Fred durchs Fenster geklettert, und Mandy war weg, und Onkel Fred war gerade aus der Stadt gekommen, und er und Papa riefen beide: »Verriegelt? Von innen? Und keiner drin?«

Und dann sagte Onkel Fred zu Papa, er solle reingehn und sich mit Großvater unterhalten, und Papa wollte schon gehen, aber Tante Louisa hielt Papa und Onkel Fred fest und sagte, sie würde sich mit Großvater unterhalten, und die beiden sollten lieber gehen und ihn suchen, ihn suchen, und

Papa sagte, wenn der Esel bloß nicht versucht hat, sie jemand zu verkaufen, und Onkel Fred rief, Großer Gott, Mann, weißt du denn nicht, daß der Scheck schon vor zehn Tagen ausgestellt wurde? Und wir gingen also rein und fanden Großvater, wo er in seinem Stuhl angelehnt dasaß, und er sagte, daß er Papa erst morgen erwartet hätte, er wäre weiß Gott froh, endlich überhaupt jemand zu sehen, denn heute früh wäre er aufgewacht, und die Köchin wäre fort, und Louisa wäre schon vor Tau und Tag irgendwohin geflitzt, und jetzt könnte er nicht mal Onkel Rodney finden, daß der runterginge und ihm seine Post und ein, zwei Zigarren holte, und Gottseidank wär's nur einmal im Jahr Weihnachten, und deshalb wär er verdammt froh, wenn's vorbei wäre, nur daß er jetzt lachen mußte, denn immer, wenn er das wegen Weihnachten vor Weihnachten sagte, lachte er dabei, und erst nach Weihnachten lachte er nicht mehr, wenn er das wegen Weihnachten sagte. Dann holte Tante Louisa sich Großvaters Schlüssel aus seiner Tasche und schloß den Schreibtisch auf, den Onkel Rodney immer mit seinem Schraubenzieher aufmachte, und holte Großvaters Medizin raus, und Mama sagte zu mir, ich solle gehn und Vetter Fred und Kusine Louisa suchen.

Onkel Rodney war also nicht da. Ich hab bloß im Anfang gedacht, vielleicht würde ich nun nicht mal 'n Vierteldollar bekommen, und vielleicht diesmal sogar überhaupt nichts, darum konnte ich im Anfang nichts andres denken, als daß es immerhin Weihnachten war, und das war ja wenigstens etwas. Ich ging da nämlich ums Haus rum, und nach 'ner Weile kamen Papa und Onkel Fred raus, und ich konnte sie durchs Gebüsch sehen, wie sie an Mandys Tür klopften und »Rodney! Rodney!« oder so riefen. Dann mußte ich mich tiefer ins Gebüsch verkriechen, weil Onkel Fred dicht an mir vorbei mußte, als er zum Holzschuppen ging, um die Axt zu holen und Mandys Tür aufzubrechen. Aber Onkel Rodney konnten sie nicht reinlegen. Wenn Mr. Tucker ihn nicht reinlegen konnte, nicht mal in Mr. Tuckers Haus, dann hätten sich Onkel Fred und Papa denken können, daß sie ihn auch nicht im Hinterhof von seinem eigenen Papa reinlegen konnten. Ich hätt sie also gar nicht zu hören brauchen. Ich hab bloß gewartet, bis Onkel Fred nach einem Weilchen aus der aufgebrochenen Tür rauskam und zum Holzschuppen ging und die Axt nahm und das Schloß und den Haken und die Krampe von der Schuppentür abmachte und zurückging, und dann kam Papa aus Mandys Hütte, und sie nagelten das Schloß vom Holzschuppen an Mandys Tür und schlossen sie zu und gingen hinten rum hinter Mandys Hütte, und ich konnte hören, wie Onkel Fred das Fenster zunagelte. Und dann gingen sie wieder ins Haus. Aber es kam gar nicht drauf an, ob Mandy in ihrer Hütte war und nicht rauskonnte, denn bald kam der Zug aus Jefferson mit Rosie und Papas Sonntagsanzug, und deshalb war Rosie also da und konnte für Großvater und uns kochen, und damit war ja alles in Ordnung.

Aber Onkel Rodney konnten sie nicht reinlegen. Das hätte ich ihnen gleich sagen können. Ich hätte ihnen erzählen können, daß Onkel Rodney manchmal bis nach dem Dunkelwerden warten wollte, ehe er mit seinen Geschäften anfing. Und deshalb hat's nichts weiter geschadet, daß ich erst spät am Nachmittag von Vetter Fred und Kusine Louisa weg konnte. Es war spät, und bald würden sie unten in der Stadt anfangen, das Feuerwerk abzubrennen, und dann würden wir es auch hören, und so konnte ich zwischen den Latten, mit denen Papa und Onkel Fred das hintere Fenster vernagelt hatten, gerade noch sein Gesicht erkennen, und wie unrasiert es war, und er fragte mich, wo ich zum Teufel so lange geblieben wäre, denn er hatte ja gehört, wie der Zug aus

Jefferson vor dem Mittagessen eingelaufen war, noch vor elf Uhr, und er lachte, weil Papa und Onkel Fred ihn in die Hütte eingesperrt hatten, wo es doch genau das war, was er gern wollte, und ich sollte mich gleich nach dem Abendbrot rausschleichen, und ob ich glaube, daß ich's könnte. Und ich hab ihm geantwortet, letzte Weihnachten wär's ein Vierteldollar gewesen, und damals hätte ich mich nicht aus'm Haus schleichen müssen, und er lachte und sagte, ein Vierteldollar, ein Vierteldollar, und ob ich schon zehn Vierteldollar auf einmal gesehen hätte, und das hatte ich nicht, und er sagte, ich müßte gleich nach dem Abendbrot mit dem Schraubenzieher da sein, und dann würde ich zehn Vierteldollar sehn, und ich sollte dran denken, daß nicht mal der liebe Gott wüßte, wo er wäre, und deshalb sollte ich mich rasch fortscheren und wegbleiben, bis ich nach dem Dunkelwerden mit dem Schraubenzieher wiederkäme.

Und auch mich konnten sie nicht reinlegen. Ich hab nämlich den ganzen Nachmittag den Mann beobachtet, und er dachte, ich spiele bloß, und vielleicht hat er gedacht, weil ich von Jefferson bin statt von Mottstown, wüßt ich nicht, wer er wäre. Aber ich hab's doch gewußt, denn einmal, als er am Hofzaun entlangging und stehenblieb, um sich seine Zigarre wieder anzuzünden, da hab ich das Abzeichen unter seiner Kragenklappe gesehen, als er das Streichholz angezündet hat, und da hab ich gewußt, er ist so was wie Mr. Watts in Jefferson, der die Niggers fängt. Und ich hab am Zaun gespielt und konnte hören, wie er stehenblieb und mir zusah, und ich hab gespielt, und er sagte: »Tag, mein Kleiner! Morgen kommt ja wohl wieder der Weihnachtsmann zu dir, was?«

»Yes, sir«, sagte ich.

»Du bist doch Miss Sarahs Junge aus Jefferson, was?« sagte er.

»Yes, sir«, sagte ich.

»Willst Weihnachten bei deinem Großvater feiern, was?« sagte er. »Ob dein Onkel Rodney heut nachmittag zu Hause ist?«

»No, sir«, sagte ich.

»O je«, sagte er. »Das ist zu schade! Ich wollt ihn gern eine Minute sprechen. Er ist wohl in der Stadt, was?«

»No, sir«, sagte ich.

»So, so«, sagte er. »Er ist wohl irgendwohin zu Besuch gefahren, was?«

»Yes, sir«, sagte ich.

»O je«, sagte er, »das ist zu schade! Ich wollte ihn gern geschäftlich sprechen. Aber vielleicht hat's noch 'n bißchen Zeit.« Dann sah er mich an und fragte: »Weißt du ganz genau, daß er nicht mehr in der Stadt ist?«

»Yes, sir«, sagte ich.

»So, so. Weiter wollt ich nichts wissen«, sagte er. »Wenn du vielleicht deiner Tante Louisa oder deinem Onkel Fred davon erzählst, kannst du ihnen ja sagen, daß ich weiter nichts wissen wollte.«

»Yes, sir«, sagte ich. Und er ging weg. Und er ist nicht wieder an unserm Haus vorbeigekommen. Ich hab aufgepaßt, aber er ist nicht wiedergekommen. Hat mich nicht reinlegen können.

4

Dann wurde es allmählich dunkel, und in der Stadt unten fingen sie an, Feuerwerk abzubrennen. Ich konnte es hören, und bald würden wir die Leuchtkugeln und die Raketen sehen, und dann würde ich die zehn Vierteldollar haben, und ich dachte an den Korb mit Geschenken, und ich dachte, daß ich eigentlich in die Stadt runtergehen könnte, wenn ich mit der Arbeit für Onkel Rodney fertig wäre, und für einen Zehner von meinen zehn Vierteldollar könnte ich ein Geschenk für Großvater kaufen und es ihm morgen geben, und vielleicht gibt er mir, weil ihm sonst keiner was geschenkt hat, dann auch anstatt dem Zehner diesmal 'n Vierteldollar, und dann hätt ich elf Vierteldollar (bis auf den einen Zehner), und das wäre doch wirklich fein! Aber ich hatte keine Zeit, um's zu tun. Wir gingen also zum Abendbrot, das Rosie auch hatte kochen müssen, mit Mama und Tante Louisa, und die hatten Puder im Gesicht, wo sie geweint hatten, und mit Großvater; den ganzen Nachmittag hatte Papa ihm geholfen, einen Schluck aus seiner Medizinflasche zu nehmen, solange Onkel Fred in der Stadt war, und Onkel Fred kam zurück, und Papa ging auf den Flur raus, und Onkel Fred sagte, er hätte überall gesucht, in der Bank und bei der Compress, und daß Mr. Pruitt ihm geholfen hätte, aber sie hätten keine Spur von ihnen finden können, weder von ihnen noch von dem Geld, und Onkel Fred hatte es schon befürchtet, denn vorige Woche hatte Onkel Rodney mal abends einen Wagen genommen, und Onkel Fred hätte herausbekommen, daß Onkel Rodney nach Kingston an die Hauptstrecke gefahren und dort in den Schnellzug nach Memphis gestiegen sei, und Papa sagte, Teufelnocheins, und Onkel Fred sagte, Nach dem Essen woll'n wir zu ihm und es weiß Gott aus ihm herausquetschen, denn ihn haben wir wenigstens. Ich hab's auch Pruitt gesagt, und er sagte, wenn wir zu ihm halten, dann will er warten und uns Zeit lassen.

Onkel Fred und Papa und Großvater kamen zusammen zum Essen, Großvater zwischen ihnen, und er sagte, Weihnachten ist Gottseidank bloß einmal im Jahr, also hurra!, und Papa und Onkel Fred sagten, so ist's recht, Pa, mach nur immer so weiter, Pa!, und Großvater machte immer so weiter, bis er plötzlich zu rufen anfing, Wo's der verdammte Junge, und damit meinte er Onkel Rodney, und er hätte die größte Lust, selber in die Stadt zu gehen und Onkel Rodney aus dem verdammten Billardsaal zu holen, damit er heimkommt und seine Verwandten begrüßt. Und wir aßen also Abendbrot, und Mama sagte, sie wollte die Kinder nach oben bringen, und Tante Louisa sagte, Nein, Emmeline könnte uns zu Bett bringen, und daher gingen wir die Hintertreppe rauf, und Emmeline sagte, sie hätte heut schon das Frühstück extra machen müssen, und wenn die Leute glaubten, sie würde die schöne Weihnachtszeit über dauernd Extra-Arbeit machen, dann wären sie nicht so gescheit, wie sie 's ihnen zugetraut hätte, und es schiene ihr ganz so, als wäre das hier ein Haus, wo man lieber nicht sein sollte, und wir gingen also ins Kinderzimmer, und nach einer Weile ging ich wieder die Hintertreppe runter, und mir fiel auch ein, wo der Schraubenzieher zu finden war. Dann konnte ich ganz deutlich das Feuerwerk in der Stadt unten hören, und der Mond schien jetzt, aber ich konnte trotzdem immer noch die Leuchtkugeln und die Raketen sehen, die in den Himmel aufstiegen. Dann kam Onkel Rodneys Hand aus der Ritze im Fensterladen und nahm den Schraubenzieher. Ich konnte sein Gesicht jetzt nicht sehen, und es lachte nicht grade, es klang nicht grade, als ob er lachte, es war bloß die Art, wie er hinter dem Laden so schnaufte. Denn ihn konnten sie nicht reinlegen. »All right«, sagte er. »Das macht also zehn Vierteldollars! Aber halt! Bist du ganz sicher, daß keiner weiß, wo ich bin?«

»Ja«, sagte ich. »Ich hab am Zaun gewartet, bis einer kam und mich gefragt hat.«

»Wer?« fragte Onkel Rodney.

»Der Mann mit dem Abzeichen«, sagte ich.

Da fluchte Onkel Rodney. Aber er fluchte nicht aus Wut.

Es klang genauso, wie es klingt, wenn er lacht, bloß die Worte waren anders.

»Er hat gefragt, ob du irgendwohin zu Besuch gefahren wärst, und ich hab Yes, sir gesagt«, sagte ich.

»Gut so!« sagte Onkel Rodney. »Eines Tages wirst du weiß Gott ein ebenso guter Geschäftsmann sein wie ich. Und du sollst auch nicht mehr lange für mich lügen. Jetzt hast du also deine zehn Vierteldollar, nicht wahr?«

»Nein«, sagte ich. »Ich hab sie noch nicht.«

Da fluchte er wieder, und ich sagte: »Ich kann meine Mütze aufhalten, und du kannst sie reinfallen lassen, dann geht keiner daneben.«

Da fluchte er schrecklich, aber nicht laut. »Ich denk nicht dran, dir zehn Vierteldollar zu geben«, sagte er, und ich wollte schon anfangen, Du hast's versprochen – als Onkel Rodney weitersprach: »... weil ich dir nämlich zwanzig Vierteldollar geben will.«

Und ich sagte, fein, und er beschrieb mir, wie ich das richtige Haus finden könnte, und was ich tun sollte, wenn ich's gefunden hätte. Nur mußt ich diesmal keinen Zettel mitnehmen, denn Onkel Rodney sagte, es wär eine Arbeit für zwanzig Vierteldollar, und deshalb zu wichtig, um es auf 'n Zettel zu schreiben, und außerdem brauchte ich keinen Zettel, denn ich würde sie doch nicht kennen, und seine Stimme zischte immer noch aus dem Fensterladen raus, wo ich ihn nicht sehen konnte, und sie klang immer noch so, wie wenn er fluchte, als er sagte, Papa und Onkel Fred hätten ihm einen Gefallen getan, als sie Tür und Fenster zunagelten, und sie hätten nicht mal so viel Grütze, um das zu wissen.

»Fange an der Hausecke an und zähle drei Fenster ab. Dann wirfst du 'ne Handvoll Kies ans Fenster. Und wenn das Fenster aufgeht – egal, wer's ist, du kennst sie doch nicht –, dann sag einfach, wer du bist, und dann: ›In zehn Minuten ist er mit dem Buggy an der Ecke. Bringen Sie den Schmuck mit!‹ Sag das nochmal!« sagte Onkel Rodney.

»In zehn Minuten ist er mit dem Buggy an der Ecke. Bringen Sie den Schmuck mit!« sagte ich.

»Sag lieber: ›Bringen Sie den ganzen Schmuck mit!‹« sagte Onkel Rodney.

»Bringen Sie den ganzen Schmuck mit«, sagte ich.

»Gut«, sagte Onkel Rodney. Dann sagte er: »Na und? Worauf wartest du noch?«

»Auf die zwanzig Vierteldollar«, sagte ich.

Onkel Rodney fluchte wieder. »Denkst du, ich bezahle dich, ehe du deine Arbeit getan hast?« sagte er.

»Du hast was von einem Buggy gesagt«, sagte ich. »Vielleicht vergißt du, mich zu bezahlen, ehe du wegfährst, und vielleicht kommst du erst zurück, wenn wir schon wieder abgereist sind. Und außerdem: als wir damals im vorigen Sommer kein Geschäft machen konnten, weil Mrs. Tucker krank wurde, da wolltest du mir den Zehner nicht geben und hast gesagt, du könntest auch nichts dafür, daß sie krank ist.«

Da fluchte Onkel Rodney hinter der Ritze leise, aber fürchterlich und sagte dann: »Hör mal! Ich hab die zwanzig Vierteldollar jetzt nicht bei mir. Ich hab nicht mal einen einzigen Vierteldollar bei mir. Und ich kann nur welche bekommen, wenn ich hier raus bin und das Geschäft abschließe. Und ich kann's nicht heute abend abschließen, wenn du mir nicht hilfst. Hast du's verstanden? Ich komme dir gleich nach. Ich warte an der Ecke im Buggy, wenn du zurückkommst. Geh jetzt los! Mach schnell!«

5

Ich ging also über den Hof, bloß daß der Mond jetzt schon hell schien, und ich ging hinter dem Zaun entlang, bis ich auf die Straße kam. Und ich konnte das Feuerwerk knallen hören, und ich konnte sehen, wie die Leuchtkugeln und die Raketen in den Himmel aufstiegen, aber das ganze Feuerwerk war unten in der Stadt, und darum konnte ich in der Straße nichts weiter sehen als die Kerzen und die Weihnachtskränze. Und dann kam ich an den Weg und ging den Weg rauf bis zum Stall, und ich konnte das Pferd im Stall hören, aber ich wußte nicht, ob es der richtige Stall war; aber sehr bald kam Onkel Rodney hinter der Stallecke hervor, wie mit einem Satz, und sagte, Da bist du ja, und er zeigte mir, wo ich stehen und zum Haus rüberhorchen sollte, und er ging wieder in den Stall. Ich konnte aber nichts andres hören als Onkel Rodney, der das Pferd anschirrte, und dann pfiff er, und ich ging wieder zurück, und er hatte das Pferd schon vor den Buggy gespannt, und ich fragte, Wessen Pferd und Buggy ist das denn, es ist viel magerer als das von Großvater. Und Onkel Rodney sagte, es ist jetzt mein Pferd, wenn bloß der verdammte Mond nicht so hell schiene. Dann ging ich den Weg zurück bis zur Straße, und weil niemand kam, hab ich im Mondschein mit dem Arm gewinkt, und der Buggy kam heraus, und ich stieg ein, und wir sind rasch losgefahren. Die Seitenvorhänge waren vorgezogen, darum konnte ich die Leuchtkugeln und die Raketen unten in der Stadt nicht sehen, aber ich konnte die Schwärmer hören, und ich dachte, vielleicht fahren wir mitten durch die Stadt, und vielleicht hält Onkel Rodney und gibt mir ’n paar von den zwanzig Vierteldollar, dann könnt ich für Großvater ein Geschenk für morgen kaufen, aber dazu kam’s nicht; Onkel Rodney schob bloß eben den Seitenvorhang offen, ohne zu halten, und da konnt ich das Haus sehen und die beiden Magnolienbäume, aber wir hielten erst, als wir an der Ecke waren.

»Und jetzt«, sagte Onkel Rodney, »wenn das Fenster aufgeht, sagst du: ›In zehn Minuten ist er an der Ecke. Bringen Sie den ganzen Schmuck mit!‹ Egal, wer's ist. Du brauchst nicht zu wissen, wer's ist. Du mußt sogar vergessen, was für 'n Haus es ist. Verstanden?«

»Yes, sir«, sagte ich. »Und dann zahlst du mir die...«

»Ja«, sagte er und fluchte. »Ja. Mach, daß du runterkommst!«

Ich kletterte also runter, und der Buggy fuhr weiter, und ich ging die Straße entlang. Und das Haus war ganz dunkel, bis auf ein einziges Licht, es war also das richtige, zwischen den beiden Bäumen. Ich ging also durch den Garten und zählte die drei Fenster ab, und ich wollte gerade Kies ans Fenster schmeißen, als eine Dame hinter einem Strauch hervorgerannt kam und mich packte. Sie versuchte immerzu, mir was zu sagen, nur konnt ich's nicht verstehen, und außerdem hatte sie nicht genug Zeit, viel zu sagen, denn ein Mann kam hinter einem andern Strauch hervorgerannt und packte uns beide. Bloß daß er sie am Mund erwischt hatte, denn das merkte ich an den Lauten, die sie hervorblubberte, während sie sich loskämpfen wollte.

»So, mein Kleiner«, sagte er. »Was gibt's denn jetzt? Bist du der Richtige?«

»Ich arbeite für Onkel Rodney«, sagte ich.

»Dann bist du der Richtige«, sagte er. Jetzt kämpfte und blubberte die Dame ganz mächtig, aber er hielt ihr den Mund zu. »Schon gut. Also was gibt's?«

Ich wußte nur nicht, daß Onkel Rodney auch mit Männern Geschäfte machte. Aber vielleicht mußte er's, seit er für die Compress-Gesellschaft arbeitete. Und außerdem hatte er mir gesagt, ich würde sie doch nicht kennen, also hatte er vielleicht das gemeint.

»Er sagt: in zehn Minuten an der Ecke!« sagte ich. »Und den ganzen Schmuck mitbringen! Er hat gesagt, ich müßt's zweimal sagen. Und den ganzen Schmuck mitbringen.«

Die Dame kämpfte und blubberte noch viel wilder, deshalb mußte er mich vielleicht loslassen, damit er sie mit beiden Händen festhalten konnte.

»Den ganzen Schmuck mitbringen«, sagte er und hielt die Dame mit beiden Händen fest. »Das ist eine gute Idee! Das ist großartig! Ich kann's verstehen, daß er gesagt hat, du müßtest es zweimal sagen. Gut! Geh du jetzt wieder an die Ecke und warte, und wenn er kommt, sagst du ihm: ›Sie sagt, er soll kommen und ihr tragen helfen.‹ Sag ihm das auch zweimal, verstanden?«

»Und dann bekomm ich meine zwanzig Vierteldollar?« sagte ich.

»Zwanzig Vierteldollar, so?« sagte der Mann und hielt die Dame fest. »Die sollst du also bekommen, ja? Das ist nicht genug! Sag ihm noch: Sie sagt, du sollst mir auch ein Schmuckstück schenken! Verstanden?«

»Ich will bloß meine zwanzig Vierteldollar«, sagte ich.

Dann gingen er und die Dame wieder ins Gebüsch hinein, und ich ging auch weg, zur Straßenecke, und ich konnte wieder die Leuchtkugeln und die Raketen unten in der Stadt sehen und die Schwärmer knallen hören, und dann kam der Buggy an, und Onkel Rodney zischte hinter dem Seitenvorhang, genauso wie hinter Mandys Fensterladen.

»Ja, und?« sagte er.

»Sie sagt, du sollst kommen und ihr tragen helfen«, sagte ich.

»Was?« sagte Onkel Rodney. »Hat sie gesagt, daß er nicht da ist?«

»Nein. Sie hat gesagt, du solltest kommen und ihr tragen helfen, und das sollt ich zweimal sagen.« Dann sagte ich: »Wo sind meine zwanzig Vierteldollar?«, denn er war schon vom Buggy runtergesprungen und lief über den Bürgersteig und ins schattige Gebüsch rein. Ich ging also auch ins Gebüsch und sagte: »Du hast gesagt, du würdest sie mir geben, wenn ich...«

»Ja doch, ja«, sagte Onkel Rodney. Er schlich geduckt unter den Büschen hin, und ich konnte ihn schnaufen hören. »Ich geb sie dir morgen. Ich geb dir morgen dreißig Vierteldollar! Jetzt scher dich zum Teufel nach Hause! Und wenn sie bei Mandys Hütte waren, dann weißt du von nichts! Lauf jetzt! Rasch!«

»Ich möchte aber die zwanzig Vierteldollar lieber jetzt haben«, sagte ich.

Er lief jetzt ganz rasch und geduckt durch die schattigen Büsche, und ich war dicht hinter ihm, denn als er herumfuhr, hätte er mich fast umgestoßen, aber ich sprang noch rechtzeitig aus dem Gebüsch, und er stand da und beschimpfte mich, und dann hat er sich gebückt, und ich sah, daß er einen Stock in der Hand hatte, und da hab ich kehrtgemacht und riß aus. Dann ging er weiter, immer geduckt im Schatten, und ich ging wieder zum Buggy, weil wir am Tag nach Weihnachten wieder nach Jefferson fahren würden, und wenn Onkel Rodney nicht vorher wiederkäme, würde ich ihn erst im nächsten Sommer wiedersehen, und dann hätte er vielleicht mit einer andern Dame geschäftlich zu tun, und mit meinen zwanzig Vierteldollar würd's mir wie mit dem Nickel gehen, damals, als Mrs. Tucker krank wurde. Deshalb hab ich am Buggy gewartet, und ich konnte die Raketen und die Leuchtkugeln aufsteigen sehen und die Schwärmer unten in der Stadt knallen hören, nur daß es jetzt spät war, und vielleicht waren alle Läden geschlossen, und ich konnte kein Geschenk für

Großvater kaufen, auch wenn Onkel Rodney jetzt wiederkäme und mir meine zwanzig Vierteldollar gäbe. Deshalb hab ich mir bloß das Knallen von den Schwärmern unten angehört und gedacht, ich könnte ja Großvater sagen, daß ich ihm ein Geschenk hatte kaufen wollen, und dann gibt er mir vielleicht immerhin fünfzehn Cents statt bloß 'n Zehner, aber da fingen sie plötzlich hinten bei dem Haus, wo Onkel Rodney hingegangen war, auch damit an, Schwärmer abzuknallen. Bloß daß sie fünf schnell hintereinander losließen, und als sie keine mehr abknallten, dachte ich, vielleicht würden sie nach 'ner Minute auch Raketen und Leuchtkugeln loslassen. Aber das haben sie nicht getan. Sie haben bloß ganz schnell hintereinander die fünf Schwärmer abgeknallt und hörten dann auf, und ich stand am Buggy, und dann kamen Leute aus ihren Häusern raus und riefen sich was zu, und dann sah ich, wie Männer zu dem Haus rannten, wo Onkel Rodney hingeschlichen war, und dann kam ein Mann ganz schnell aus dem Garten gelaufen und ging die Straße entlang zu Großvaters Haus hin, und ich hab zuerst geglaubt, es wär Onkel Rodney, und er hätte den Buggy vergessen, aber dann sah ich, daß er's nicht war.

Aber Onkel Rodney kam gar nicht wieder, und deshalb ging ich weiter und zu dem Vorgarten, wo die Männer waren, weil ich trotzdem auf den Buggy achtgeben und Onkel Rodney sehen konnte, falls er aus den Büschen kam, und ich kam zu dem Vorgarten und sah sechs Männer, die trugen was Langes, und dann liefen zwei andre Männer mir entgegen und hielten mich auf, und der eine sagte, Verfluchtnocheins, das ist einer von den Kleinen, der eine aus Jefferson. Und da konnte ich sehen, daß das, was die Männer trugen, 'n Fensterladen war mit was drauf, das war in eine Decke eingewickelt, und deshalb dachte ich zuerst, sie wären gekommen, um Onkel Rodney zu helfen, den Schmuck zu tragen, bloß daß ich Onkel Rodney nirgends gesehen habe, und dann rief einer von den Männern: »Wer? Einer von den Kleinen? Verfluchtnocheins, den muß jemand nach Hause bringen!«

Der Mann hob mich also auf, aber ich sagte ihm, ich müßte auf Onkel Rodney warten, und der Mann sagte, Onkel Rodney käme jetzt nicht, und ich sagte, aber ich will auf ihn warten, und dann sagte einer von den Männern hinter uns, Verflucht, schafft ihn doch hier raus!, und wir gingen weg. Der Mann nahm mich huckepack auf seinen Rücken, und da konnte ich sehen, wie die sechs Männer im Mondschein den Fensterladen mit dem Bündel drauf trugen, und ich hab den Mann gefragt, Gehört es Onkel Rodney?, und der Mann hat gesagt, Nein, wenn's überhaupt jemand gehört, dann gehört es jetzt deinem Großvater. Und daher wußt ich dann, was es war.

»'s ist 'ne Rinderkeule!« sagte ich. »Ihr wollt sie zu Großvater bringen.« Da machte der andere Mann einen komischen Grunzer, und der, auf dem ich ritt, sagte, Ja, man kann's wohl so nennen, und ich sagte: »'s ist ein Weihnachtsgeschenk für Großvater! Von wem ist es? Ist es von Onkel Rodney?«

»Nein«, sagte der Mann. »Nicht von dem. Es ist von den Männern von Mottstown. Von allen Ehemännern in Mottstown.«

6

Dann konnten wir Großvaters Haus sehen. Und alle Lampen brannten jetzt, sogar die auf der Veranda, und ich konnte Leute auf dem Flur sehen, ich konnte Damen mit Kopftüchern sehen, und noch andere gingen den Gartenweg hinauf zur Veranda, und dann konnte ich jemand im Haus hören, es klang wie Singen, und dann kam Papa aus dem Haus und den Gartenweg entlang zur Gartentür, und wir gingen ihm entgegen, und der Mann setzte mich ab, und ich sah auch Rosie an der Gartentür stehn und warten. Nur daß es jetzt nicht mehr wie Singen klang, denn es war keine Musik dabei, und deshalb war's vielleicht wieder Tante Louisa, und vielleicht konnte sie jetzt Weihnachten ebensowenig leiden, wie Großvater immer sagte, daß er's nicht leiden könne.

»'s ist ein Geschenk für Großvater«, sagte ich.

»Ja«, sagte Papa. »Geh du jetzt mit Rosie weg, und geh schlafen! Mama kommt bald zu dir. Aber bis sie kommt, mußt du ein ganz braver Junge sein. Höre auf Rosie! Hier, Rosie! Bring ihn weg! Schnell!«

»Nicht nötig, mir das zu sagen«, sagte Rosie. Sie nahm mich bei der Hand. »Komm mit!« sagte sie.

Bloß daß wir nicht in den Garten gingen, denn Rosie kam aus der Gartentür raus, und wir gingen die Straße rauf. Und dann dacht ich, vielleicht gehn wir hintenrum, um den Leuten auszuweichen, aber das taten wir auch nicht. Wir gingen einfach die Straße entlang, und ich fragte: »Wo gehen wir hin?«

Und Rosie sagte: »Wir sollen in 'nem Haus von einer Dame schlafen, die heißt Mrs. Jordan.«

Wir gingen also weiter. Ich sagte nichts. Denn Papa hatte vergessen, etwas darüber zu sagen, daß ich aus dem Haus geschlichen war, und wenn ich jetzt vielleicht zu Bett ginge und brav wäre, würde er's vielleicht bis morgen vergessen. Und überhaupt war die Hauptsache, daß ich Onkel Rodney und meine zwanzig Vierteldollar zu fassen bekäme, ehe wir wieder nach Haus fuhren, und vielleicht würde das morgen auch noch gut. Wir gingen also weiter, und Rosie sagte: »Da drüben ist das Haus«, und wir gingen in den Vordergarten, und auf einmal sah Rosie das Opossum. Es saß auf einem Persimonenbaum in Mrs. Jordans Garten, und ich konnt es bei dem Mondschein auch gut sehen, und ich schrie: »Lauf! Lauf und hol Mrs. Jordans Leiter!«

Und Rosie sagte: »Laß mich in Ruh mit 'ner Leiter! Du kommst jetzt zu Bett!«

Aber ich hab nicht gewartet. Ich bin aufs Haus zugelaufen, und Rosie hinter mir drein, und sie schrie: »Du, Georgie! Gleich kommst du her!« Aber ich blieb nicht stehen. Wir könnten die Leiter holen und das Opossum erwischen und es Großvater schenken, zusammen mit der Rinderkeule, und es würde nicht mal 'n Zehner kosten, und dann würde Großvater mir vielleicht sogar auch einen Vierteldollar schenken, und wenn ich dann die zwanzig von Onkel Rodney bekomme, dann hätt ich einundzwanzig Vierteldollar, und das wäre fein!

Rosemary Timperley
Weihnachtsbegegnung

Ich habe Weihnachten noch nie allein verbracht. Mir ist ein bißchen unheimlich, wie ich da so allein in meinem »möblierten Zimmer« sitze, den Kopf voll von Schatten und den Raum voll von Stimmen aus der Vergangenheit. Es ist ein erstickendes Gefühl – all die Weihnachten der Vergangenheit kommen in wirrem Durcheinander zu mir zurück: das Weihnachten der Kindheit, mit dem Haus voller Verwandter, dem Baum am Fenster, den Sixpencestücken im Pudding und dem köstlichen, raschelnden Strumpf am dunklen Morgen; das Weihnachten der Jugend, mit Mutter und Vater, dem Krieg und der bitteren Kälte, und mit den Briefen aus dem Ausland; das erste richtige Erwachsenen-Weihnachten, mit dem Liebsten: Schnee und Verzauberung, Rotwein und Küsse, und der Spaziergang durchs Dunkel kurz vor Mitternacht, und die Erde so weiß und die Sterne strahlend wie Diamanten am schwarzen Himmel – so viele Weihnachten in all den Jahren.

Und jetzt das erste Weihnachten allein.

Aber keine völlige Einsamkeit. Da ist ein Gefühl der Gemeinschaft mit all den anderen Menschen, die Weihnachten allein verbringen – Millionen in Vergangenheit und Gegenwart. Ein Gefühl, wenn ich die Augen schließe – daß es weder Vergangenheit noch Zukunft gibt, nur eine endlose Gegenwart, die die Zeit ist, denn sie ist alles, was wir haben.

Aber was für ein Zyniker du auch sein magst, wie ungläubig, du kommst dir eigenartig vor, wenn du Weihnachten allein bist.

Ich bin deshalb lächerlich erleichtert, als der junge Mann hereinkommt. Es ist nichts Romantisches dabei – ich bin eine Frau von fast fünfzig, eine unverheiratete Lehrerin mit scheußlichen dunklen Haaren und kurzsichtigen Augen, die früher einmal schön waren, und er ist ein Junge um die Zwanzig, ziemlich ungewöhnlich gekleidet, mit wehender, weinroter Krawatte und schwarzer Samtjacke, und mit braunen Locken, die eine Friseurschere vertragen könnten. Der Weichlichkeit seiner Kleidung widersprechen seine Züge – zusammengekniffene, durchdringend blickende blaue Augen, Nase und Kinn springen hochmütig vor. Nicht, daß er kräftig wirkte. Die Haut über den ausdrucksvollen Zügen ist zart gespannt, und er ist sehr blaß.

Er stürmt herein, ohne anzuklopfen, bleibt stehen, sagt: »Ich bitte vielmals um Entschuldigung. Ich dachte, das wäre mein Zimmer.« Er will schon hinausgehen, zögert dann aber und sagt: »Sind Sie allein?«

»Ja.«

»Es ist … eigenartig, Weihnachten allein zu sein, nicht? Darf ich bleiben und ein bißchen mit Ihnen sprechen?«

»Ich würde mich darüber freuen.«

Er kommt zu mir und setzt sich ans Feuer.

»Sie denken hoffentlich nicht, daß ich mit Absicht hier hereingekommen bin. Ich dachte wirklich, dies wäre mein Zimmer«, erklärt er.

»Ich bin froh, daß Sie sich geirrt haben. Aber Sie sind noch reichlich jung, um Weihnachten allein zu sein.«

»Ich wollte nicht zurück aufs Land zu meiner Familie. Es würde mich zu sehr von der Arbeit abhalten. Ich bin Schriftsteller.«

»Ich verstehe.« Ich kann mir ein kleines Lächeln nicht verkneifen. Das erklärt seine ungewöhnliche Kleidung. Und er nimmt sich selbst so ernst, der junge Mann. »Natürlich dürfen Sie nicht einen einzigen kostbaren Augenblick des Schreibens verschwenden«, sage ich mit einem Zwinkern.

»Nein, keinen Augenblick! Meine Familie versteht das nicht. Sie sehen die Dringlichkeit nicht ein.«

»Familien haben nie Sinn für künstlerische Veranlagung.«

»Richtig«, stimmt er ernsthaft zu.

»Was schreiben Sie?«

»Lyrik und ein Tagebuch kombiniert. Es heißt ›Meine Gedichte und ich‹, von Francis Randel. Das ist mein Name. Meine Familie behauptet, es sei unsinnig, daß ich schreibe, ich sei noch zu jung. Aber ich komme mir nicht jung vor. Manchmal komme ich mir vor wie ein alter Mann, der noch viel zu tun hat, bevor er stirbt.«

»Immer schneller und schneller auf dem Rad der schöpferischen Kraft kreisend.«

»Ja! Ja, genau! Sie verstehen mich! Sie müssen mein Buch irgendwann mal lesen. Bitte, lesen Sie mein Buch! Lesen Sie es!« Ein verzweifelter Klang in seiner Stimme, der angstvolle Blick seiner Augen läßt mich sagen:

»Wir sind beide viel zu ernsthaft für Weihnachten. Ich werde Ihnen jetzt einen Kaffee machen. Und einen Pflaumenkuchen habe ich auch.«

Ich laufe hin und her, klappere mit Tassen, löffle Kaffeemehl in die Kaffeemaschine. Aber ich muß ihn beleidigt haben, denn als ich mich umsehe, stelle ich fest, daß er mich verlassen hat. Ich bin geradezu unvernünftig enttäuscht.

Trotzdem lasse ich den Kaffee weiter durchlaufen; dann gehe ich ans Bücherregal. Es ist vollgestapelt mit Büchern, die Vermieterin hat sich überschwenglich dafür entschuldigt: »Ich hoffe, die Bücher stören Sie nicht, Miss, aber mein Mann will sich nicht von ihnen trennen, und wir wissen sonst nicht wohin damit. Wir nehmen deshalb auch ein bißchen weniger für das Zimmer.«

»Sie stören mich nicht«, habe ich gesagt. »Bücher sind gute Freunde.«

Aber diese Bücher sehen nicht sehr einladend aus. Ich greife mir aufs Geratewohl eins heraus. Oder leitet ein seltsames Geschick meine Hand?

Während ich meinen Kaffee schlürfe und den Rauch meiner Zigarette einziehe, fange ich an, in dem zerfledderten Büchlein zu lesen, das, wie ich sehe, im Frühjahr 1852 erschienen ist. Es enthält hauptsächlich Gedichte – unreifes Zeug, aber lebendig. Dann ist da eine Art Tagebuch. Realistischer, weniger gekünstelt. Aus reiner Neugier, nur um zu sehen, ob es amüsante Vergleichbarkeiten gibt, schlage ich die Eintragung für Weihnachten 1851 auf. Und lese:

»Mein erstes Weihnachten allein. Ich hatte ein ziemlich merkwürdiges Erlebnis. Als ich nach einem Spaziergang in meine Unterkunft zurückkam, saß eine Frau mittleren Alters in meinem Zimmer. Zuerst dachte ich, ich sei ins falsche Zimmer geraten, aber das stimmte nicht, und hinterher, nach einem angenehmen Gespräch, ist sie – verschwunden. Ich vermute, sie war ein Gespenst. Doch ich hatte keine Angst. Ich mochte sie. Ich fühle mich nicht gut heute abend. Überhaupt nicht gut. Ich bin noch nie Weihnachten krank gewesen.«

Eine Anmerkung des Verlegers folgte dieser letzten Eintragung: »Francis Randel starb in der Weihnachtsnacht 1851 an einem plötzlichen Herzanfall. Die in der letzten Eintragung erwähnte Frau war der letzte Mensch, der ihn lebend sah. Trotz aller Aufforderungen, sich zu melden, hat sie das nie getan. Ihre Identität bleibt ein Geheimnis.«

Lord Dunsany
Das Weihnachtsessen

Es war am Weihnachtsabend im Billardklub, und das Gespräch drehte sich um Gespenster.

»Haben Sie schon mal ein Gespenst gesehen, Jorkens?« fragte einer.

»Ein Gespenst?« meinte Jorkens. »Nicht so einfach, das zu sagen. Gespenster haben so etwas Verschwommenes an sich, und dann erscheinen sie ja auch immer bei undeutlicher Beleuchtung.«

»Haben Sie denn mal etwas gesehen, was beinah wie ein Gespenst aussah?« fragte Terbut.

»O ja«, sagte Jorkens, »allerdings! Ich bin noch heute überzeugt, daß es eins war. Aber ganz sicher ist man da nie. Es war, wie ich mich erinnere, an einem Weihnachtstag, und die Aussicht auf ein gutes Weihnachtsessen schien, wie's mir damals ging, recht schwach, um es milde auszudrücken. Erwägungen finanzieller Art, auf die ich hier nicht näher eingehen möchte, machten mir nur zu klar, daß von Weihnachtsessen keine Rede sein konnte. Wenigstens nicht, was man in damaligen Zeiten unter Weihnachtsessen verstand. Höchstens ein kleines Hammelkotelett und ein bißchen Käse. Mehr in der Art wie heutzutage. Ich hatte aber mein altes Gewehr, und ich kannte ein Moor, eine richtige Sumpfwildnis, wo niemand jagte. Und in der Nähe lag ein Dörfchen, Egrindune hieß es – ich weiß nicht, ob Sie es kennen? Und in dem Dorf war das Wirtshaus *Zum Grünen Mann*. Ich dachte also, wenn ich im Moor ein paar Wildenten fände, könnte ich mir eine im Wirtshaus braten lassen und die übrigen gegen andere Sachen eintauschen. Vielleicht wäre sie zäh gewesen, aber das war mir damals ganz egal. Ich nahm mir also für eine Nacht ein Zimmer im *Grünen Mann*. Das gestattete die finanzielle Lage – das und nicht mehr.

Ich trank ein Gläschen mit dem Wirt, um ein wenig zu horchen, und er erzählte von den Enten, die's dort im Moor geben soll. Aber vor allem erzählte er mir von einem Gespenst, das in der Gegend spukt und sich manchmal im Schloß Egrindune zeigt, weil einer von den früheren Lord Egrindunes im fünfzehnten Jahrhundert ihm mal etwas zuleide getan hatte.

Der alte Lord Egrindune stand während des Krieges zwischen Lancaster und York auf der verkehrten Seite, wie das Gespenst behauptete. Und nun spukt es jedes Jahr zu Weihnachten auf Schloß Egrindune, denn zu der Zeit sei ihm Unrecht geschehen, behauptete es. Und seitdem, erzählte der Wirt, hält jeder Lord Egrindune zu Weihnachten für das Gespenst einen Platz an der Weihnachtstafel frei. Ich rief: ›Einen Platz an der Weihnachtstafel! Wenn ich doch das Gespenst wäre!‹ – ›Ein naßkalter Beruf‹, meinte der Wirt und berichtete, daß das Gespenst im Sumpf hause, in jener Wildnis, die ich im Auge hatte.«

»Am Weihnachtstag wollten Sie jagen?« fragte Terbut.

»Gott behüte!« antwortete Jorkens.

»Sie sagten doch, Sie hätten Ihre Flinte und wollten auf Enten gehen?«

»Das ist doch nicht dasselbe wie schießen«, rief Jorkens. »Man kann doch keinen Menschen als Mörder verurteilen, bloß weil er ein Gewehr bei sich trägt! Sie als Rechtsanwalt müßten das eigentlich wissen, Terbut. – Nein, ich bekam keine Ente zu Gesicht – also bitte, Schluß mit Ihren leichtfertigen Verdächtigungen! Ich bekam keine zu Gesicht. Ganz in der Ferne hörte ich sie wohl, als es dunkler und kälter wurde, aber ich kam nicht zu Schuß. Ich blieb noch, nachdem alle kleineren Vögel schon im Nest, nachdem die Raben zurück und nachdem alle Enten eingefallen waren – aber keine in meiner Nähe, wohlverstanden! Ich blieb, weil ich hungrig war. Ich blickte westwärts, und es war nur noch ein ganz klein bißchen hell am Himmel, und überhaupt kein Büchsenlicht mehr. Also kam ich aus meinem Schilfdickicht hervor und streckte meine vor Kälte ganz steif gewordenen Beine. Nein, eine Ente habe ich nicht bekommen. Aber ich sah das Gespenst. Wenigstens hatte ich den Eindruck. Es war eine graue Gestalt, die mit der hereinbrechenden Nacht immer größer und dichter wurde. Zuerst sah ich nur die Umrisse, und sie stimmten genau mit dem überein, was mir der Wirt erzählt hatte. Und da man Gespenster ja immer zuerst ansprechen muß, fragte ich, was es da mache. Es gab zur Antwort, daß es zu dieser Jahreszeit im Schloß Egrindune zu spuken pflege. Es sprach mit einer dünnen, zischelnden Stimme, die fast unterging im Klagen der Rohrdommeln und anderen Geräuschen in jener gottverlassenen Gegend.

›Warum spuken Sie dort?‹ fragte ich.

›Wegen einer alten Untat‹, schnarrte die Stimme.

Übrigens hatte das Gespenst eine merkwürdige Gewohnheit: unter dem linken Arm trug es seinen Kopf. Warum, weiß ich nicht. Eigentümlich, so mit einem Menschen, oder was es sonst war, zu sprechen. Aber schließlich ist in der Dämmerung an solchen trübseligen Orten alles seltsam, wenn man da ganz allein ist und nur die Stimmen der Öde um einen herum.

›Und was machen Sie hier?‹ fragte das Gespenst.

Es zu verstehen oder zu erkennen war gar nicht so einfach, aber wenn man Auge und Gehör und Einbildungskraft anstrengte, dann ging's.«

»Einbildungskraft?« fragte Terbut höhnisch.

»Natürlich«, antwortete Jorkens. »Man sah ja fast nichts.

Ich erwiderte also: ›Ich suche mir etwas zu essen.‹ – Und da sagte es: ›Gehen Sie doch nach Schloß Egrindune! Sagen Sie, Sie seien mein Freund, und dann bekommen Sie ein gutes Weihnachtsessen. Mir halten sie dort immer einen Platz frei – schon seit Jahrhunderten.‹

›Um wieviel Uhr wird dort gegessen?‹

›Acht Uhr fünfzehn‹, antwortete es.

Das konnte ich gerade noch schaffen.

›Aber was soll ich nur sagen?‹ wandte ich ein.

›Sagen Sie nur, ein Freund vom dritten Lord Egrindune habe Sie geschickt. Das verstehen sie.‹

›Freund? Wissen Sie denn, wer das ist?‹ fragte ich, denn ich wollte natürlich ganz sicher gehen, ehe ich da so zum Essen hereinschneite.

›Tja, Freund ist vielleicht nicht gerade der richtige Ausdruck‹, sagte das Gespenst. ›Aber sie verstehen's schon.‹

›Was für ein Band bestand denn zwischen Ihnen?‹

›Schändlicher Mord!‹ rief das Gespenst.

Bedenken Sie aber bitte, daß ich Ihnen hier nur die Ansicht des Gespenstes wiedergebe. Wahrscheinlich nichts als ein Vorurteil. Solche Gespenster reiten nämlich ewig auf einem einmal gefaßten Vorurteil herum. Die Familie Lord Egrindunes ist vermutlich ganz anderer Ansicht. Reizende Leute übrigens.

Schön, ich ging also von dannen, so schnell ich konnte, um mein Weihnachtsessen zu bekommen. Ein kleiner Wind hatte sich aufgemacht, und das Gespenst verlor sich in Nebelschleiern und Sumpfgeraune und Schilfrascheln. Ich kam unangefochten aus dem Moor heraus, obwohl es schon sehr dunkel war, und ging zurück zum *Grünen Mann.* Zum Glück hatte ich meinen Frack mitgebracht. Man kann nie wissen, ob man ihn nicht doch mal braucht. Im *Grünen Mann* hatten sie einen alten Wagen, der brachte mich gerade noch rechtzeitig zum Essen nach Schloß Egrindune.

Ich läutete, und der Butler erschien, und ich sagte:

›Ein Freund vom dritten Lord hat mich geschickt.‹

›Wollen Sie – etwa – behaupten –‹ stotterte er.

›Ja‹, sagte ich.

›Dann –‹ stammelte er.

›Er hat mir seinen freien Platz überlassen‹, sagte ich.

›Wie sah er aus?‹ fragte er.

Ich beschrieb ihn.

›Wie er leibt und lebt!‹ rief der Butler und führte mich in den Salon.

Da saßen sie alle, der siebzehnte Lord Egrindune und seine Familie, und warteten aufs Essen, und der Butler meldete:

›Ein Herr, den der Freund vom dritten Lord geschickt hat!‹

Wir gingen ins Eßzimmer, und da war der freie Platz. Man konnte sich gar nicht täuschen, es war ein alter verblichener Gobelinstuhl, auf dem seit Jahrhunderten keiner mehr gesessen hatte. Ich ging geradenwegs darauf zu und setzte mich, und Lady Egrindune und eine ihrer Töchter setzten sich rechts und links von mir. Wir unterhielten uns über die Jagd, aber eigentlich interessierten sie sich nur für eine einzige Sache, und sowie ich das merkte, erzählte ich ihnen alles, was ich wußte.

›Sah Ihr Freund sehr beleidigt aus?‹ fragte Lady Egrindune.

Das war das einzige, was sie interessierte. Nun bekam ich ja ein wirklich ausgezeichnetes Weihnachtsessen, und ich will es Ihnen nicht näher beschreiben, denn es macht melancholisch, wenn man heutzutage an solche Essen zurückdenkt. Jedenfalls hätte es nicht besser sein können, und sie waren alle sehr liebenswürdig. Darum sagte ich, daß das Gespenst nicht allzu beleidigt ausgesehen habe – eher so, als ob es bald alles vergeben und vergessen würde.

›Bald?‹ riefen Lady Egrindune und ihre Töchter wie aus einem Munde.

›Nun, ich meine, was Gespenster bald nennen.‹

›Wie bald?‹ fragte Lady Egrindune.

›Vielleicht so etwa in hundert Jahren‹, meinte ich.

Da waren sie hocherfreut, denn für einen Fluch sind hundert Jahre natürlich eine Kleinigkeit, vor allem, wo ihre Familie schon seit fünfhundert Jahren darunter zu leiden hatte. Sie freuten sich so sehr, daß sie mich nach dem Essen baten, länger bei ihnen zu bleiben; es sei bestimmt ein Gastzimmer frei. Aber ich antwortete, daß mein Freund mich vielleicht abholen käme, und solche Leute brechen gewöhnlich früh auf. Vor dem ersten Hahnenschrei aus dem Bett, das sei mir denn doch zu früh. Also bedankte ich mich, verabschiedete mich von allen und ging wieder in den *Grünen Mann.*«

Terbut warf Jorkens einen giftigen Blick zu.

Frank O'Connor
Mein Ödipus-Komplex

Vater war während des ganzen Krieges Soldat, deshalb sah ich ihn bis zu meinem fünften Lebensjahr nur selten. Wenn er auf Urlaub nach Hause kam, schien er nicht weiter zu stören. Manchmal wachte ich nachts auf und sah im Kerzenlicht, wie eine große Gestalt sich über mich beugte und mich betrachtete. Oder ich hörte morgens, wie die Haustür ins Schloß fiel und seine genagelten Stiefel über die Pflastersteine der Gasse lärmten und sich entfernten. Vater kam und ging so geheimnisvoll wie Sankt Nikolaus. Eigentlich mochte ich seine kurzen Besuche recht gern, obwohl es sehr ungemütlich eng zwischen ihm und Mutter war, wenn ich frühmorgens in das große Bett kletterte. Er rauchte, und darum roch er so schön, und er rasierte sich – ein Vorgang, den zu beobachten ich nie müde wurde.

Mein Leben mit Mutter allein war friedlich und angenehm. Das Fenster meiner Dachstube sah nach Südosten, deshalb wachte ich schon beim ersten Morgengrauen auf, und mein Kopf war sofort berstend voll von Plänen. Nie schien das Leben so einfach, so angefüllt mit tausend Möglichkeiten wie gerade dann. Ich zog meine beiden Füße unter der Bettdecke hervor – sie hießen ›Frau Links‹ und ›Frau Rechts‹ – und erfand dramatische Auftritte, in denen sie die Tagesprobleme besprachen. Meistens redete ›Frau Rechts‹; ›Frau Links‹ begnügte sich damit, kräftig zu nicken (weil ich sie nicht so gut unter Kontrolle hatte). Sie berieten, was Mutter und ich den Tag über tun sollten, was Sankt Nikolaus zu Weihnachten bringen würde oder was man zur Verschönerung des Heims tun konnte. Da war zum Beispiel die Sache mit dem Baby, über das ich immer verschiedener Meinung mit Mutter war. Unser Haus war das einzige in der kleinen Straße, in dem es kein Baby gab, und Mutter sagte, wir könnten uns keins leisten, weil Vater im Krieg sei, sie kosteten sechzehn Shilling sechs, und das käme zu teuer. Doch darüber konnte ›Frau Rechts‹ nur den Kopf schütteln, denn die Geneys am Ende der Gasse hatten ein Baby, und die hatten bestimmt nicht sechzehn Shilling sechs übrig.

Wenn ich so meine Pläne für die allernächste Zukunft festgelegt hatte, stand ich auf, rückte einen Stuhl unter das Mansardenfenster und schob es ein wenig hoch, so daß ich über die Dächer der Stadt schauen konnte. Danach ging ich ins Schlafzimmer meiner Mutter, kletterte zu ihr ins Bett und erzählte ihr meine Pläne. Inzwischen war ich vor Kälte fast zum Eiszapfen erstarrt. Sobald ich wieder aufgetaut war, schlief ich über meinem Geplauder ein und wachte erst auf, wenn Mutter unten in der Küche schon Feuer anzündete und das Frühstück zurechtmachte. Nachher gingen wir in die Stadt, kauften ein, beteten in der Kirche für Vater und machten am Nachmittag, wenn das Wetter schön war, Spaziergänge über Land. Abends im Bett betete ich wieder für Vater, damit er gesund aus dem Kriege käme. Ich ahnte ja nicht, was ich damit tat!

Eines Morgens, als ich in das große Bett stieg, war Vater wieder über Nacht wie ein Sankt Nikolaus erschienen. Aber anstatt dann seine Uniform anzulegen, zog er sich einen guten blauen Anzug an, und Mutter war schrecklich froh. Ich verstand gar nicht, warum sie so froh war, denn ohne seine Uniform sah er wie ein ganz gewöhnlicher Mann aus. Doch sie strahlte und sagte, daß unsere Gebete erhört worden seien.

Als er mittags nach Hause kam, zog er die Stiefel aus und

die Pantoffeln an, schlug die Beine übereinander und sprach sehr ernst mit meiner Mutter, die ein besorgtes Gesicht machte. Natürlich gefiel mir das gar nicht, daß sie besorgt aussah, denn sie war dann nicht mehr so schön. Also unterbrach ich ihn.

»Warte, Larry«, sagte sie sanft.

Das sagte sie immer, wenn langweilige Besucher da waren, deshalb kümmerte ich mich nicht groß darum und redete weiter.

»Larry«, sagte sie ärgerlich, »sei still, ich rede mit Pappi!«

Es war das erste Mal, daß ich diese schrecklichen Worte hörte: »Ich rede mit Pappi.«

»Warum redest du mit Pappi?« fragte ich so gleichgültig ich nur konnte.

»Pappi und ich müssen etwas Geschäftliches besprechen. Störe uns jetzt nicht mehr!«

Ich fand, es sei höchste Zeit, mit Gegengebeten anzufangen, um Vater so schnell wie möglich wieder in den Krieg zu schicken.

Am Nachmittag ging er auf Mutters Bitte hin mit mir spazieren, und zwar, anstatt aufs Land, in die Stadt. In meiner gutgläubigen Art dachte ich, das sei entschieden ein Fortschritt. Aber ich merkte bald, daß Vater und ich verschiedener Ansicht waren darüber, was ein Spaziergang durch die Stadt bedeutete. Für ihn bedeutete es nicht, Straßenbahnen und Schiffe und Pferde anzuschauen, und wenn ich ihn zum Stehenbleiben bringen wollte, ging er einfach weiter und zog mich an der Hand nach.

Wenn er aber stehenblieb, dann dauerte es eine Ewigkeit, und immer sprach er mit seinen alten Freunden, die mich nicht im geringsten interessierten. Es war, als ob man mit einem Berg spazieren ging. Entweder achtete er überhaupt nicht auf mein Ziehen und Zerren, oder er sah wie von einem

Kirchturm auf mich herunter und lachte. Noch nie war ich einem Menschen begegnet, der immer nur so an sich selbst dachte wie mein Vater.

Beim Nachmittagstee fing es wieder an, das ›Gerede mit Pappi‹. Doch war's nun noch komplizierter, weil Vater eine Zeitung hatte und sie alle fünf Minuten sinken ließ, um Mutter etwas daraus zu erzählen. Das war wirklich kein ehrlicher Wettbewerb um Mutters Aufmerksamkeit: *mir* hörte sie sonst genausogut zu – aber wenn man die Sachen fix und fertig aus einer Zeitung vorlas – was ich nicht konnte ... Ich versuchte immer wieder, das Gespräch auf etwas anderes zu bringen, aber umsonst.

»Du mußt still sein, wenn Vater liest, Larry«, sagte Mutter ungeduldig.

Entweder unterhielt sie sich wirklich lieber mit Vater als mit mir, oder er hatte irgendwie Macht über sie, und sie getraute sich nicht, zu tun, was sie gern wollte. Ich nahm an, daß es das letztere war.

Und was dann am nächsten Morgen geschah, bestärkte noch meinen Verdacht. Ich wachte munter und vergnügt zur gleichen Zeit wie immer auf und hatte zuerst eine lange Unterhaltung mit meinen beiden Füßen. ›Frau Rechts‹ sprach von all dem Kummer, den sie mit ihrem Vater hatte, und ›Frau Links‹ bedauerte sie tüchtig. Dann holte ich meinen Stuhl und steckte den Kopf aus dem Mansardenfenster, wie ein Forschungsreisender, der zum erstenmal das neu entdeckte Land erblickt. Ich platzte förmlich vor Ideen, ging ins Schlafzimmer nebenan und kletterte in das große Bett.

Ich hatte Vater vollkommen vergessen, und nun saß ich da und überlegte, was ich mit ihm anfangen sollte: er nahm noch mehr Platz als sonst ein, und ich hatte es gar nicht bequem. Ich knuffte ihn also ein paarmal, und er brummte und streckte sich und machte tatsächlich Platz. Ich kuschelte mich zufrieden in das warme Bett und rief laut: »Mammi...«

»Still, Kindchen«, flüsterte sie, »weck Pappi nicht auf!«

Das war ja etwas ganz Neues! Wenn ich morgens nichts mehr erzählen durfte, wie sollte ich denn da Ordnung schaffen in meinem Kopf?

»Warum?« fragte ich.

»Pappi ist müde!«

Das ist doch kein Grund! dachte ich und fuhr fort: »Mammi, weißt du, wohin ich heute mit dir gehen möchte?«

»Nein, Kind«, seufzte sie.

»Crowleys Gasse hinunter und ins Tal, und da fische ich dir Wasserläufer, und...«

»Weck Pappi nicht auf!« zischte sie und legte mir die Hand auf den Mund.

Aber Pappi war wach, beinahe wenigstens. Er brummte, drehte sich um und sah auf seine Uhr. Er blinzelte ungläubig.

»Soll ich dir eine Tasse Tee bringen, Liebchen?« fragte Mutter so zart und leise, wie ich sie noch nie hatte sprechen hören.

»Tee?« rief Vater entrüstet, »du weißt wohl nicht, wieviel Uhr es ist? Fünf!«

»Mammi!« rief ich.

»Geh sofort in dein Bett, Larry!« sagte Mutter streng.

Ich fing an zu weinen, aber leise. Vater sagte gar nichts. Er zündete sich die Pfeife an, guckte ins halbdunkle Zimmer und beachtete uns nicht. Ich wußte, daß er wütend war. Und dabei war alles so ungerecht! Immer, wenn ich zu Mutter gesagt hatte, es sei unnötig, zwei Betten zu haben, und wir könnten die ganze Nacht in einem Bett schlafen, hatte sie geantwortet, daß es gesünder in zwei Betten sei. Und nun kam dieser Mann hier, dieser fremde Mensch, und schlief die ganze Nacht in ihrem Bett, ohne im geringsten an die

Gesundheit zu denken! Er stand auf, machte Tee und brachte Mutter eine Tasse. Mir nicht.

»Mammi«, rief ich, »ich möchte auch eine Tasse Tee!«

»Ja, Kind«, seufzte sie, »du kannst aus meiner Untertasse trinken.«

Ich wollte nicht aus ihrer Untertasse trinken. Ich wollte als Gleichberechtigter in meinem eigenen Heim behandelt werden und eine Tasse für mich allein haben. Also trank ich ihre Tasse aus und ließ ihr gar nichts übrig.

Als sie mich am Abend zu Bett brachte, bat sie mich freundlich, ihr etwas zu versprechen.

»Was?« sagte ich.

»Deinen armen Vater nicht schon am frühen Morgen zu stören.«

»Warum?« fragte ich, denn mir schien alles verdächtig, was mit diesem unmöglichen Menschen zusammenhing.

»Weil Vater Sorgen hat.«

»Warum?«

»Ach, du weißt doch, als Vater im Krieg war, bekamen wir Geld von der Post, und jetzt gibt's dort keins mehr, und Vater muß suchen, ob er anderswo Geld findet, sonst müssen wir betteln gehen wie die arme Frau, die freitags immer das Geldstück bekommt. Und das möchtest du doch wohl nicht?«

Nein, das mochte ich nicht. Wenn der Mann Geld suchen mußte, so war's eine ernste Angelegenheit. Ich faßte also die besten Vorsätze. Mutter legte all meine Spielsachen rings um mein Bett, und als ich aufwachte, sah ich sie, und mein Versprechen fiel mir ein, und ich spielte – stundenlang, wie es mir schien. Dann holte ich den Stuhl und sah aus dem Mansardenfenster, auch stundenlang. Es war langweilig, und es war kalt. Schließlich konnte ich es nicht länger aushalten und ging ins andere Zimmer.

Meine Mutter wachte erschrocken auf: »Larry, du mußt entweder ganz still sein oder wieder in dein Bett gehen!«

»Mammi, ich finde es gesünder, wenn Vater auch ein eigenes Bett zum Schlafen hat!«

Das schien sie stutzig zu machen, aber sie antwortete nicht. Zornig gab ich Vater, ohne daß sie es merkte, einen Knuff. Er stöhnte und riß entsetzt die Augen auf: »Was ist? Wieviel Uhr?«

»Es ist nur das Kind«, sagte sie beruhigend. »Siehst du, Larry, du mußt jetzt wieder in dein Bett gehen!«

Als sie mich auf den Arm nehmen wollte, schrie und strampelte ich. Vater fing an zu schimpfen: »Das verdammte Kind! Schläft wohl überhaupt nie?«

»Es ist ja nur eine Angewohnheit, Liebster«, sagte sie.

»Höchste Zeit, daß er sie aufgibt!« schrie Vater und sah uns mit bösen schwarzen Augen an. Ich machte mich frei, rannte in eine Ecke und heulte laut.

»Halt den Mund, du Strick!« rief Vater zornig.

So hatte noch nie jemand mit mir gesprochen. Da hatte ich also immer für ihn gebetet, und dabei war er mein schlimmster Feind. »Halt du selber den Mund!« schrie ich.

»Was?« rief Vater und sprang aus dem Bett.

»Michael«, rief Mutter, »ich bitte dich, das Kind ist noch nicht an dich gewöhnt!«

»Er muß Prügel bekommen«, rief Vater.

»Selber, selber, selber!« schrie ich ganz verzweifelt.

Da verlor er die Geduld und schlug mich. Gar nicht schlimm – aber die Ungerechtigkeit, von einem Fremden geschlagen zu werden, der sich in unser Heim und in Mutters Bett geschlichen hatte, machte mich vollkommen verrückt. Er sah mich an wie ein Riese, der mich ermorden wollte. Auf einmal begriff ich, daß er eifersüchtig auf mich war.

Von dem Tag an war das Leben die reinste Hölle. Vater und

ich verkehrten kühl und höflich miteinander. Ich konnte immer noch nicht verstehen, weshalb Mutter ihn so gern hatte. Er war in jeder Beziehung weniger nett als ich. Oft benützte er häßliche Wörter, und seinen Tee trank er auch nicht immer leise. Eine Weile glaubte ich, ihre Liebe zu ihm käme daher, weil sie sich für Zeitungen interessierte. Also dachte ich mir auch Neuigkeiten aus und tat so, als läse ich sie ihr vor. Aber es machte ihr nicht viel Eindruck. Ich steckte mir seine Pfeife in den Mund und wanderte so durchs Haus. Ich schlürfte sogar beim Teetrinken, aber sie verbot es mir nur. Der einzige Ausweg schien der zu sein, recht schnell zu wachsen und sie ihm dann wegzunehmen.

Eines Abends, als er besonders abscheulich war, immerzu mit ihr sprach und mich nicht beachtete, unterbrach ich ihn ganz ruhig:

»Mammi, wenn ich groß bin, heirate ich dich!«

»Ja, mein Herzchen«, antwortete sie freundlich. Aber Vater legte die Zeitung hin und lachte laut heraus.

»Ja«, sagte ich voll Verachtung, »und Kinder werden wir auch haben.«

»Weißt du, Larry«, sagte sie, »vielleicht werden wir schon ganz bald eins haben, dann hast du einen Spielkameraden.«

Darüber freute ich mich mächtig, obwohl eigentlich kein Grund dazu vorhanden war, wie sich allmählich herausstellte. Mutter war oft bedrückt, vermutlich, weil sie die sechzehn Shilling sechs für das Baby auftreiben mußte. Mit den Spaziergängen hörte es ganz auf. Sie wurde schrecklich nervös und gab mir Klapse für rein gar nichts. Oft dachte ich: Hätte ich sie doch nie auf die Idee mit dem Baby gebracht!

Und dann war es da – und ich konnte es von Anfang an nicht leiden. Ein schwieriges Kind, das dauernd alle Aufmerksamkeiten beanspruchte. Mutter tat sehr töricht mit ihm. Sie merkte nie, daß es nur Theater machte. Und als Spielkamerad war es natürlich hoffnungslos.

Jetzt hieß es nicht mehr: »Wecke Vater nicht auf!«, sondern: »Wecke Brüderchen nicht auf!«

Als Vater eines Abends von der Arbeit nach Hause kam, spielte ich im Garten Eisenbahn. Ich drehte mich nicht um. Ich sagte nur laut vor mich hin: »Wenn mir noch ein verdammtes Baby ins Haus kommt, dann gehe ich weg!« Ich duckte mich und dachte, nun würde Vater mir eine Ohrfeige geben. Aber er stand lange still und sagte gar nichts, und dann ging er ins Haus. Von dem Augenblick an verstanden Vater und ich uns anscheinend etwas besser.

Mutter war nämlich furchtbar in ihrem Getue mit dem Baby. Sogar während der Mahlzeiten stand sie auf, schaute in seine Wiege, lächelte es wie verrückt an und bat Vater, auch zu kommen. Vater hob den Kopf ein wenig und sah unsicher hin, als verstände er nicht, was die Frau wollte. Wenn er sich beklagte, daß das Baby die ganze Nacht brüllte, wurde Mutter ärgerlich und sagte, daß es niemals weine, nur wenn ihm etwas fehle. Das bewies, wie töricht die gute Frau war, denn dem Baby fehlte nie etwas, es tat sich bloß wichtig. Da war Vater doch klüger – wenn er auch nicht hübsch war. Er durchschaute das Baby ohne weiteres.

Und eines Nachts wachte ich dann auf und spürte etwas Warmes neben mir im Bett. Ich bekam Herzklopfen vor Freude, weil ich dachte, es sei Mutter. Da hörte ich, wie das Baby nebenan jammerte, und wie Mutter leise zu ihm sagte: »Ja, ja, ja, mein Babylein!«

Sie war es also nicht. Sondern Vater. Er lag neben mir, atmete laut und war hellwach. Anscheinend war er teufelswild. Allmählich begriff ich, warum. Jetzt war *er* an der Reihe. Erst hatte er mich aus dem großen Bett verjagt, und nun war er selbst weggejagt worden. Mutter bekümmerte sich um niemanden mehr als um das ekelhafte Baby, und Vater und ich, wir mußten darunter leiden. Ich war schon mit fünf Jahren sehr großherzig: Rachsucht lag mir einfach nicht. Also streichelte ich ihn leise und sagte wie Mammi: »Ja, ja, ja, Pappi!«

Er war nicht gerade dankbar. »Hallo?« rief er scharf. »Bist du denn wach?«

»Nimm mich in den Arm!« bat ich, und er tat es, so gut er's konnte. Er war nichts als Knochen, der Mann, aber immerhin war es besser als gar nichts. Ich kuschelte mich an ihn und schlief ein.

Zu Weihnachten strengte er sich mächtig an und kaufte mir eine phantastisch schöne Eisenbahn. Denn seit jener Nacht war's mit den bitteren Gefühlen zwischen uns vorbei.

Cyril Hare
Schwester Bessie

Zur lieben, schönen Weihnachtszeit
Soll es wie eh geschehn,
Daß Freunde sich von nah und weit
Am altvertrauten Orte sehn.
Fünfhundert liebe Grüße schick
Von Dir an mich!
Das neue Jahr bring Dir viel Glück,
Ich wart auf Dich!

Mit ihren sorgfältig manikürten Fingern wendete Hilda Trent die Weihnachtskarte um, nachdem sie die blödsinnigen Verse laut vorgelesen hatte.

»Hast du jemals so etwas Primitives gehört?« fragte sie ihren Mann. »Ich möchte gern wissen, wer solch ein Zeug für die Postkarten zusammenschreibt! Timothy, kennst du jemand mit Namen Leech?«

»Leech?«

»Ja – ›Von Deinem alten Leech‹ steht darunter. Das muß ein Freund von dir sein. Der einzige Mensch dieses Namens, den ich gekannt habe, war eine Schulfreundin, die sich ›L-e-a-c-h‹ schrieb; dieser hier schreibt sich mit zwei ›e‹.« Sie blickte auf den Umschlag. »Ja, er ist an dich adressiert. Wer ist Leech?«

Sie warf ihm die Karte über den Tisch zu.

Timothy starrte angespannt auf die Verse und die gekritzelte Unterschrift.

»Ich habe nicht die geringste Ahnung«, sagte er langsam. Während er sprach, bemerkte er mit kaltem Entsetzen, daß die gedruckte Botschaft auf der Karte fein säuberlich von Hand geändert worden war. Die Silbe ›Fünf‹ war mit schwarzer Tinte gemalt. Der Dichter des Originals hatte sich zweifellos mit ›Einhundert liebe Grüße‹ begnügt.

»Lege sie zu den anderen auf den Kaminsims«, sagte seine Frau. »Auf der Vorderseite ist so ein hübsches, aufgeplustertes Rotkehlchen.«

»Verdammt noch mal, nein!« In einem plötzlichen Wutanfall riß er die Karte in Fetzen und warf sie ins Feuer.

Er hatte töricht gehandelt, sich so vor Hilda gehenzulassen, überlegte er, als er eine halbe Stunde später in die Stadt fuhr; doch wahrscheinlich würde sie seiner Nervosität die Schuld geben – sie lag ihm schon seit längerer Zeit in den Ohren, deswegen einmal den Arzt aufzusuchen. Nicht um alles Gold der Bank von England hätte er den Anblick dieses abscheulichen Geschreibsels auf dem Kaminsims in seinem Speisezimmer ertragen können! Diese Unverschämtheit! Diese kalte, berechnende Teufelei! Während der ganzen Fahrt nach London hämmerten die Räder des Zuges den hämischen Rhythmus:

Zur lieben, schönen Weihnachtszeit...

Es war zum Verrücktwerden!

Und er hatte gedacht, daß seine letzte Zahlung das Ende der Angelegenheit bedeutet hätte. Er war von James' Begräbnis triumphierend und in dem sicheren Glauben zurückgekehrt, daß er der Beerdigung des Blutsaugers beigewohnt hätte, der sich ›Leech‹ nannte. Anscheinend hatte er sich jedoch getäuscht.

Fünfhundert! Im letzten Jahr waren es dreihundert gewesen, und schon das hatte ihn schwer genug getroffen. Er hatte einige Aktien zu einem sehr ungünstigen Zeitpunkt verkaufen müssen. Und nun fünfhundert – bei der gegenwärtigen Lage auf dem Kapitalmarkt! Wie in drei Teufels Namen sollte er das Geld auftreiben?

Selbstverständlich würde er es beschaffen. Es würde ihm gar nichts anderes übrigbleiben. Er würde das widerwärtige, sattsam bekannte Spiel von neuem durchmachen müssen. Das Geld hatte er in normalen Pfundnoten in ein unverdächtiges Päckchen zu packen und bei der Handgepäckaufbewahrung im Waterloo-Bahnhof zu hinterlegen. Am nächsten Tag würde er dann seinen Wagen wie gewöhnlich auf dem Parkplatz vor seiner Bahnstation stehenlassen, bevor er den Zug nach London bestieg. Unter dem Scheibenwischer – ›am altvertrauten Orte‹ – würde der Aufbewahrungsschein stekken. Wenn er am Abend wieder von der Arbeit zurückkäme, würde der Schein verschwunden sein. Und damit wäre die Angelegenheit erledigt – bis zum nächsten Mal. Das war die Art, wie Leech es haben wollte, und ihm blieb keine andere Wahl als mitzumachen.

Mit Sicherheit wußte Trent über seinen Erpresser nur, daß er – oder sollte es eine Frau sein? – ein Mitglied seiner Familie sein mußte. Seine Familie! Gott sei Dank waren es keine richtigen Angehörigen von ihm. Soweit er wußte, hatte er keine lebenden Blutsverwandten mehr. Aber seit sein Vater die sanfte, unscheinbare Mary Grigson mit ihrem langen Gefolge verweichlichter, nutzloser Kinder geheiratet hatte, als er ein kleiner kränklicher Junge war, hatte sie ›seine‹ Familie gebildet. Und nachdem die Grippeepidemie von 1919 John Trent dahingerafft hatte, war er als Mitglied dieser anhänglichen, habgierigen Sippschaft aufgezogen worden. Inzwischen war er in der Welt herumgekommen, hatte es zu Geld gebracht und Geld erheiratet, war aber nie von den Grigsons losgekommen. Wie er sie alle verabscheute! – außer seiner Stiefmutter, der er widerwillig zugestand, daß er ihr seinen Start im Berufsleben verdankte. Aber sie blieben ›seine‹ Familie; erwarteten, daß er sie mit brüderlicher Liebe behandelte; verlangten, daß er bei Familienzusammenkünften dabei wäre, besonders zu Weihnachten.

Zur lieben, schönen Weihnachtszeit...

Er legte seine Zeitung ungelesen hin und starrte unglücklich aus dem Abteilfenster. Vor vier Jahren, auch zur Weihnachtszeit, hatte diese Sache begonnen – auf dem üblichen Familientreffen am Heiligen Abend bei seiner Stiefmutter, wie es ihm auch jetzt wieder in seiner ganzen, quälenden Langeweile bevorstand. Man hatte einige anspruchslose Spiele zum Ergötzen der Kinder veranstaltet – Blindekuh und die Reise nach Jerusalem – und dabei mußte ihm seine Brieftasche aus der Jacke gerutscht sein. Er bemerkte den Verlust am nächsten Morgen, suchte das Haus ab und fand sie wieder. Als er sie durchsah, fehlte jedoch ein Stück von ihrem Inhalt. Nur eines. Ein kurzer, deutlicher Brief, der von einem Manne unterzeichnet war, der gerade damals in Verbindung mit einer unangenehmen Untersuchung über gewisse großangelegte Schiebungen mit Staatspapieren ziemlich berüchtigt gewesen war. Wie konnte er nur so ein Narr gewesen sein, den Brief einen Augenblick länger als unbedingt notwendig zu behalten! Doch es war unnütz, sich jetzt darüber Gedanken zu machen.

Danach hatte es mit den Karten von Leech angefangen. Leech besaß den Brief. Leech hatte es als seine Pflicht dargestellt, ihn an den Chef von Trents Firma weiterzuleiten, der übrigens auch Trents Schwiegervater war. Im Augenblick jedoch sei er gerade etwas knapp an Geld, und für eine geringe Summe... so hatte es angefangen, und so war es jahraus, jahrein weitergegangen.

Er hatte so fest geglaubt, daß es James gewesen sein mußte! Dieser schäbige, erfolglose Börsenjobber mit seinen Spielschulden und seinem ständigen Whiskydurst schien genau dem Bild eines Erpressers zu entsprechen. Nun, im vorigen Februar war er James losgeworden, und jetzt war Leech doch wieder aufgetaucht, hungriger als je zuvor.

Trent rutschte unruhig auf seinem Platz umher. ›James losgeworden‹ war wohl kaum der richtige Ausdruck. Man sollte sich selbst gegenüber fair sein. Er hatte James lediglich geholfen, sein eigenes wertloses Ich loszuwerden. Er hatte nichts weiter getan, als James zum Essen in seinen Klub einzuladen, ihn mit Whisky vollzufüllen und ihn dann in einer nebligen Nacht über mit tückischem Glatteis bedeckte Straßen nach Hause fahren zu lassen. An der Abzweigung nach Kingston hatte sich dann ein bedauerlicher Unfall ereignet, und das war das Ende von James gewesen – und unglücklicherweise auch das von zwei völlig Fremden, die sich zufällig gerade zur gleichen Zeit auf dieser Straße befanden. Uninteressant! Die Pointe war, daß die Ausgabe für das Essen – und den Whisky – ein völliges Minusgeschäft gewesen war. Er durfte nicht noch einmal den gleichen Fehler machen. An diesem Heiligabend mußte er sich ganz genau vergewissern, wer sein Verfolger war. Sobald er das wußte, würde es keine halben Maßnahmen geben. –

Die Erleuchtung kam ihm, als ungefähr die Hälfte von Mrs. John Trents Familienfeier verstrichen war – in demselben Augenblick, als die Geschenke vom Weihnachtsbaum genommen und verteilt wurden, als der Raum in den weichen

Schimmer brennender bunter Kerzen getaucht war und die ›Ahs!‹ und ›Ohs!‹ der aufgeregten Kinder ertönten, vermischt mit dem Rascheln von Papier beim hastigen Öffnen der Geschenkpäckchen. Die Lösung war so einfach und so unerwartet, daß er beinahe laut gelacht hätte. Und als ob es so hatte sein sollen, war es sein eigener Beitrag zu der Feier, der die Enthüllung bewirkte. Da er als das wohlhabendste Mitglied der Familie galt, war es seit einigen Jahren seine unausgesprochene Pflicht, seiner Stiefmutter mit irgendeiner besonderen Köstlichkeit zu helfen, ein dieser Gelegenheit würdiges Fest auszurichten. Dieses Jahr hatte seine Gabe aus einem halben Dutzend Flaschen Sekt bestanden – Teil einer Lieferung, die er im Verdacht hatte, nach Kork zu schmekken. Und für Bessie, die nichts Stärkeres als Limonade gewohnt war, genügt schon wenig von diesem Champagner, um ihre Zunge einen verhängnisvollen Augenblick lang zu lösen.

Bessie! Ausgerechnet die verwelkte, altjüngferliche Bessie! Bessie mit ihren Strickarbeiten und ihren Wohltätigkeitsvereinen – Bessie mit ihren einfältigen, flehenden Augen und ihrem hoffnungslosen Wesen, das einen an eine Knospe erinnerte, die just vor dem Erblühen vom Frost gestreift worden war! Und doch, wenn man darüber nachdachte, war es ganz natürlich. Wahrscheinlich mochte er sie am wenigsten von der ganzen Grigsonsippschaft. Er empfand für sie jene Abneigung, die man unwillkürlich gegen eine Person richtet, die man schlecht behandelt hat; und er war so einfältig gewesen zu denken, daß es ihr nichts ausmache. (Wie hatte er sich nur in dem Glauben wiegen können, daß sie ihm nichts nachtrüge!)

Sie war genau so alt wie er, und vom Zeitpunkt seiner Aufnahme in die Familie an hatte sie sich zu seiner Beschützerin gegen die Ungnade seiner älteren Stiefbrüder gemacht.

Ihren ständigen sentimentalen Beteuerungen nach war sie damals seine Lieblingsschwester gewesen. Als sie älter wurden, vertauschten sie die Rollen; sie wurde sein Schützling, die bewundernde Zuschauerin auf der Arena seiner frühen Selbstbehauptungskämpfe. Damals war ihm auch klargeworden, daß sie und alle anderen von ihm erwarteten, er werde sie heiraten. Einige Zeit lang hatte er diesen Gedanken auch ernsthaft in Erwägung gezogen. Sie war in jenen Tagen einigermaßen hübsch gewesen und betete – wie alle Welt sagte – den Boden an, über den seine Füße geschritten waren. Doch er hatte genug Verstand besessen, um einzusehen, daß er eine bessere Verbindung eingehen müßte, wenn er Erfolg im Leben haben wollte. Seine Verlobung mit Hilda war damals ein Schock für Bessie. Ihr altjüngferliches Aussehen und ihre Hingabe an gute Werke datierten von jener Zeit an. Aber sie hatte ihm huldvoll vergeben – wie es den Anschein gehabt hatte.

Jetzt, als er mit einer lächerlichen Papiermütze auf dem Kopf unter dem Mistelzweig stand, wunderte er sich, wie er sich so leicht hatte täuschen lassen. Als ob letzten Endes überhaupt jemand anders als eine Frau diese Weihnachtskarte geschrieben haben konnte!

Bessie lächelte ihn immer noch an – lächelte mit der Zufriedenheit der leicht Beschwipsten, und ihre erhobene Nase glühte rosa im Kerzenlicht. Ihr Gesicht trug einen leicht verwunderten Ausdruck zur Schau, als versuchte sie sich daran zu erinnern, was sie eben gesagt hatte. Timothy lächelte zurück und trank ihr zu. Er war stocknüchtern und würde sie an ihre Worte erinnern können, wenn der richtige Zeitpunkt gekommen war.

»Mein Geschenk für dich, Timothy, ist bei der Post. Ich nehme an, daß du es morgen erhalten wirst. Ich dachte mir, daß du eine Abwechslung von diesen entsetzlichen Weihnachtskarten schätzen würdest!« Und diese Worte hatte sie mit einem unmißverständlichen Augenzwinkern begleitet.

»Onkel Timothy!« Eine von James' übermütigen Töchtern sprang an ihm hoch und gab ihm einen schallenden Kuß. Mit einem Lächeln setzte er sie auf den Boden und kitzelte sie dabei zwischen den Rippen. Er fühlte sich plötzlich leichten Herzens und mit aller Welt auf gutem Fuße – eine Frau ausgenommen.

Er verließ den Platz unter dem Mistelzweig und wanderte durch das Zimmer, Scherzworte mit allen Familienmitgliedern austauschend. Jetzt konnte er ihnen ohne Gewissensbisse ins Gesicht sehen. Er trank Roger zu, dem vorzeitig gealterten praktischen Arzt. Kein Grund mehr zu der Befürchtung, daß sein Geld in diese Richtung verschwinden könnte! Er schlug Peter auf die Schulter und ertrug geduldig fünf Minuten vertraulichen Geschwätzes über die Schwierigkeiten des Automobilhandels in diesen Zeiten. Zu Marjorie, James' Witwe, blaß und tapfer aussehend in ihrem umgearbeiteten schwarzen Kleid, sprach er genau die richtigen Worte voll Mitgefühl und Ermutigung. Er fand sogar ein paar halbe Kronen in seinen Taschen für seine großen, schwerfälligen Stiefneffen. Dann blieb er bei seiner Stiefmutter am Kamin stehen, von wo aus sie ruhig die lärmende, fröhliche Szene beherrschte, sanfte Gutmütigkeit aus ihren blaßblauen Augen strahlend.

»Ein wundervoller Abend«, sagte er. Seine Worte waren ehrlich gemeint.

»Das haben wir zum großen Teil dir zu verdanken, Timothy«, erwiderte sie. »Du bist immer so gut zu uns gewesen.«

Wunderbar, was so ein bißchen zweifelhafter Champagner erreichen konnte! Er hätte eine Menge darum gegeben, ihr Gesicht zu sehen, wenn er sagen würde: »Ich nehme an, du weißt nicht, daß deine jüngste Tochter, die dort gerade ein

Knallbonbon mit diesem garstigen kleinen Jungen von Peter zieht, mich erpreßt und daß ich ihr in Kürze für immer das Handwerk legen werde?«

Er drehte sich um. Was waren sie doch alle für eine Bande! Was für eine schäbige, in dürftigen Verhältnissen lebende Bande! Nicht einer im gutgeschnittenen Anzug, nicht eine gutgekleidete Frau unter ihnen allen! Und er hatte sich vorgestellt, daß sein Geld wenigstens ein paar von ihnen unterstützt hätte. Aber nein, sie alle rochen förmlich nach ehrlicher Armut. Jetzt konnte er es verstehen. Bessie erklärte alles. Es war typisch für ihre verschrobene Denkweise, mit Drohungen bares Geld aus ihm herauszupressen und es dann für Wohltätigkeitszwecke auszugeben.

»Du bist immer so gut zu uns gewesen.« – Wenn er es recht bedachte, war seine Stiefmutter mehr wert als der ganze Rest von ihnen zusammengenommen. Es mußte ihr nicht leicht fallen, Vaters großes altes Haus weiterzuführen mit dem wenigen, das ihre Kinder einbrachten. Eines Tages vielleicht, wenn sein Geld ihm wieder wirklich ganz allein gehörte, würde er einen Weg finden, etwas für sie zu tun... Aber es gab noch eine Menge zu erledigen, bevor er sich so extravaganten Neigungen hingeben konnte.

Hilda kam quer durch das Zimmer auf ihn zu. Ihre Eleganz stand in angenehmem Kontrast zu dem Aufzug der Frauen der Grigsons. Sie sah, wie immer bei Festen in diesem Kreis, müde und recht gelangweilt aus.

»Timothy«, sagte sie leise, »können wir nicht nach Hause gehen? Mein Kopf ist schwer wie eine Tonne voller Ziegelsteine, und wenn ich morgen früh wieder frisch sein soll...«

Timothy unterbrach sie.

»Du fährst jetzt gleich nach Hause, Liebling«, erwiderte er. »Ich sehe schon, für dich ist es höchste Zeit, daß du ins Bett kommst. Nimm den Wagen. Ich kann zu Fuß gehen, es ist ein schöner Abend. Du brauchst nicht aufzubleiben, bis ich komme.«

»Du kommst nicht mit? Ich dachte, du hättest gesagt...«

»Nein, ich muß bleiben, bis die Feier zu Ende ist. Ich habe da noch eine kleine Familienangelegenheit zu regeln, die ich gern hinter mich bringen möchte, sobald sich eine Gelegenheit bietet.«

Hilda sah ihn mit leicht belustigter Überraschung an.

»Nun, wenn du meinst«, sagte sie. »Du scheinst dich ja plötzlich sehr zu deiner Familie hingezogen zu fühlen. Jedenfalls solltest du Bessie im Auge behalten, solange du noch hierbleibst. Sie hat schon fast mehr getrunken, als sie vertragen kann.«

Hilda hatte recht. Bessie war entschieden fröhlich. Und Timothy fuhr fort, sie im Auge zu behalten. Gegen Ende der Feier, als man den ersten Weihnachtstag begrüßt hatte und die Gäste sich nach ihrer Garderobe umsahen, hatte sie ein Stadium erreicht, in dem sie kaum noch stehen konnte. Noch ein Glas, dachte Timothy aus den Tiefen seiner Erfahrung, und sie fällt schlankweg um.

»Ich werde dich im Wagen mit nach Hause nehmen, Bessie«, sagte Roger mit berufsmäßig prüfendem Blick. »Wir können dich gerade noch mit hineinquetschen.«

»Oh, Unsinn, Roger!« kicherte Bessie. »Ich kann gut selbst auf mich aufpassen. Als ob ich nicht mehr bis zum Ende der Auffahrt gehen könnte!«

»Ich werde mich um sie kümmern«, sagte Timothy herzlich. »Ich gehe auch zu Fuß, und wir können uns dann gegenseitig stützen. Wo hast du deinen Mantel, Bessie? Bist du sicher, daß du alle deine kostbaren Geschenke beisammen hast?«

Er zog seine Abschiedsformalitäten in die Länge, bis alle anderen gegangen waren. Dann half er Bessie in ihren abgetragenen Pelzmantel und verließ mit ihr das Haus, wobei er ihr fürsorglich den rechten Arm reichte. Es ging alles verblüffend einfach und wie nach Wunsch.

Bessie wohnte im Pförtnerhaus der alten Villa. Sie zog es vor, unabhängig zu sein, und diese Regelung war allen anderen angenehm; besonders, seit James nach einem größeren Verlust beim Pferderennen seine Familie im Hause seiner Mutter untergebracht hatte, um Ausgaben zu sparen. Timothy paßte das jetzt ganz wunderbar. Zärtlich begleitete er sie bis zum Ende der Auffahrt, zärtlich half er ihr, das Schlüsselloch zu finden, zärtlich führte er sie bis in das kleine Wohnzimmer, zu dem die Pförtnerstube hergerichtet worden war. Hier ersparte Bessie ihm rücksichtsvoll eine erhebliche Menge Unannehmlichkeiten und eine möglicherweise häßliche Szene. Sie unterlag schließlich dem Champagner und fiel auf das Sofa. Ihre Augen schlossen sich, ihr Mund öffnete sich, und sie blieb unbeweglich wie ein Klotz liegen.

Timothy fühlte sich ehrlich erleichtert. Er hatte damit gerechnet, bis zum Äußersten gehen zu müssen, um sich von der Bedrohung zu befreien; aber wenn er den verhängnisvollen Brief ohne Gewaltanwendung in die Hände bekommen könnte, würde er voll zufrieden sein. Es blieb ihm frei, sich später auf andere Weise an Bessie zu rächen. Mit schnellen Blicken übersah er den Raum. Er kannte seinen Inhalt auswendig; denn seit Bessie nach ihrer Schulentlassung ihr erstes Zimmer selbst eingerichtet hatte, war kaum etwas daran geändert worden. Derselbe abgestoßene alte Schreibsekretär, worin sie seit jeher ihre Schätze aufzubewahren pflegte, stand in der Ecke. Er riß ihn auf, und eine Flut von Rechnungen, Quittungen und Bittgesuchen über Bittgesuchen stürzte wie eine Springflut heraus. Eine Schublade nach der anderen durchsuchte er mit ständig wachsender Unruhe, aber er fand immer noch nicht, was er suchte. Schließlich stieß er auf eine kleine, versteckte Schublade, die seinen Öffnungsversuchen Widerstand leistete. Nachdem er vergeblich daran gezogen und gerüttelt hatte, ergriff er den Schürhaken vom Kamin und sprengte das winzige Schloß mit Gewalt. Dann zog er die Schublade ganz heraus und setzte sich hin, um ihren Inhalt zu untersuchen.

Sie war bis zum Bersten mit Papieren vollgestopft. Obenauf lag das Programm des Frühlingsballs in seinem letzten Studienjahr in Cambridge. Dann kamen Schnappschüsse und Zeitungsausschnitte, darunter auch ein Bericht über seine eigene Hochzeit. Der Rest waren Briefe – ein ganzer Stapel Briefe, die alle seine Handschrift aufwiesen. Das elende Weib hatte anscheinend jeden Papierfetzen gehortet, den er ihr einmal geschrieben hatte. Als er sie durchblätterte, riefen sie ihm einige der Redewendungen wieder ins Gedächtnis, die er damals gebraucht hatte; er begann zu verstehen, wie tief ihr Rachegefühl gewesen sein mußte, als er sie im Stich ließ.

Aber wo zum Teufel hatte sie den einzigen Brief versteckt, auf den es ankam?

Als er sich vom Tisch aufrichtete, hörte er dicht hinter sich einen scheußlichen, erstickten Laut. Hastig drehte er sich um. Bessie stand hinter ihm, und ihr Gesicht war eine Maske des Grauens. Ihr Mund stand vor Schrecken weit offen. Sie sog einen langen, schaudernden Atemzug ein. Im nächsten Augenblick würde sie aus Leibeskräften zu schreien anfangen...

Timothy konnte seine aufgestaute Wut nicht länger zügeln. Mit aller Kraft schlug er seine Faust in dieses gaffende, alberne Gesicht. Bessie fiel um, als hätte ein Schuß sie gefällt. Mit einem Knacken, als bräche ein trockener Ast entzwei, schlug ihr Kopf gegen ein Tischbein. Sie bewegte sich nicht mehr.

Obwohl es danach sehr still im Zimmer war, hörte er seine

Stiefmutter nicht hereinkommen. Vielleicht hatte das Hämmern seines Pulses in den Ohren ihn betäubt. Er wußte nicht einmal, wie lange sie schon da war. Bestimmt aber hatte sie Zeit genug gehabt, um alles in sich aufzunehmen, was es zu sehen gab; denn als sie zu sprechen begann, hatte sie ihre Stimme völlig in der Gewalt.

»Du hast Bessie getötet«, sagte sie. Es war mehr die ruhige Feststellung einer Tatsache als eine Anklage.

Er nickte stumm.

»Aber den Brief hast du nicht gefunden.«

Er schüttelte den Kopf.

»Hast du nicht verstanden, was sie heute abend zu dir gesagt hat? Der Brief ist bei der Post. Es war ihr Weihnachtsgeschenk für dich. Arme, einfältige, liebende Bessie!«

Entgeistert starrte er sie an.

»Erst vor ein paar Augenblicken stellte ich fest, daß er sich nicht mehr in meinem Schmuckkästchen befand«, fuhr sie mit der gleichen unbewegten, ruhigen Stimme fort. »Ich weiß nicht, wie sie es herausgefunden hat, aber Liebe – selbst eine vergebliche Liebe wie die ihre – verleiht den Menschen manchmal eine seltsame Findigkeit.«

Er fuhr mit der Zunge über seine trockenen Lippen.

»Dann warst du also Leech?« stammelte er.

»Natürlich. Wer sonst? Was denkst du denn, wie ich auf andere Weise das Haus und meine Kinder hätte schuldenfrei halten können? Von meinem Einkommen? Nein, Timothy, tritt nicht näher! Du wirst heute nacht keinen zweiten Mord begehen. Ich glaube zwar kaum, daß du dazu noch die Nerven hast, aber um sicherzugehen, habe ich diese kleine Pistole mitgebracht, die mir dein Vater gab, als er 1918 aus der Armee entlassen wurde. Setz dich.«

Er fand sich geduckt auf dem Sofa wieder, von wo aus er ohne Hoffnung in ihr erbarmungsloses, altes Gesicht starrte.

Die Leiche, die einmal Bessie gewesen war, lag zwischen ihnen.

»Bessie hatte ein schwaches Herz«, sagte sie überlegend. »Roger machte sich schon seit einiger Zeit deswegen Sorgen. Wenn ich ein Wörtchen mit ihm rede, wird er vielleicht einen Weg sehen, einen normalen Totenschein auszustellen. Natürlich wird das etwas teurer werden. Sagen wir tausend Pfund in diesem Jahr statt fünfhundert? – Ich nehme an, Timothy, du ziehst das der einzigen anderen Möglichkeit vor?«

Timothy nickte noch einmal schweigend.

»Sehr gut. Ich will vormittags gleich mit Roger darüber sprechen – nachdem du mir Bessies Weihnachtsgeschenk zurückgebracht hast. Ich werde es auch in Zukunft noch benötigen. Du kannst jetzt gehen, Timothy.«

Alexander Woolcott
Das Festmahl

Diese wahre, ein wenig rührselige Weihnachtsgeschichte widerfuhr einem heute in Amerika berühmten Schauspielerpaar, Carl Hyson und Dorothy Dixon, als sie noch jung waren und am Anfang ihrer Laufbahn standen. Damals, in einem längst vergessenen Dezember, wohnten die beiden im Algonquin, einem New-Yorker Hotel, in dem Theaterleute immer besonders gern gesehen waren. Sie hatten dort ihr Standquartier; aber einmal, als sie ohne Engagement oder Aussicht auf ein solches waren, sahen sie sich vor eine Frage gestellt. Sollten sie, bis sie ein neues Engagement bekamen, die derzeitige Schwierigkeit anerkennen und bei ihren jeweiligen Familien Unterschlupf finden, er bei seiner und sie bei ihrer? Oder sollten sie irgendwie in diesem Hotel durchhalten, wo wenigstens dadurch, daß man sie sah, ihre Namen im Gedächtnis der Leute lebendig blieben? So viel stand fest: Wenn sie am nächsten Tag aus dem Lift stiegen oder an eben diesem Abend in einstudiert sorgloser Weise durch die Halle schlenderten, konnte das suchende Auge eines Regisseurs auf sie fallen, der, wenn er auch nur einen Funken Verstand besaß, sagen würde: »Ach, da sind ja Carl Hyson und Dorothy Dixon. Wir müssen sie für unser nächstes Stück haben.«

An diesem Abend hielten sie in ihrem Zimmer eine Beratung ab. Sie zählten ihr Geld in der Blechbüchse und entschieden, sie hätten genug, um weitere sechs Wochen durchzukommen, wenn es nur ihre Zimmermiete zu begleichen galt. Aber sie mußten aufhören, im Hotel zu essen. Wenn sie überhaupt essen mußten, so hieß es, dies und jenes in dem Delikatessenladen um die Ecke einzukaufen, es im Lift einzuschmuggeln und ihren Hunger, so gut es ging, zu stillen, ohne daß die Hotelleitung etwas merkte. Natürlich hatten sie noch andere Ausgaben, zum Beispiel die Wäsche. Nun, das konnte sie mit ein wenig Seife und heißem Wasser im Badezimmer besorgen. Und das Essen? Ja, da mußte er eben von Zeit zu Zeit etwas unter seinem Mantel mitbringen. Das entsprach zwar nicht ganz ihrer Vorstellung von einem mondänen Leben in der Großstadt; es blieb ihnen aber keine andere Wahl. »Und wann fangen wir damit an?« fragte er verstimmt. »Morgen«, antwortete sie entschlossen. »Aber«, meinte er aufbegehrend, »morgen ist doch Weihnachten!« – »Das schadet nichts«, antwortete sie. Als er dann am nächsten Tag in der Abenddämmerung ins Hotel kam, hatte er unter seinem eleganten Mantel einen Laib Brot und ein Stück Wurst versteckt.

Das schien ihnen freilich ein recht mageres Weihnachtsmahl, und sie waren solche Neulinge in der Selbstverpflegung, daß sie erst beim Auswickeln dieser Leckerbissen merkten, daß ihnen sämtliches Zubehör fehlte. Sie besaßen weder ein Tischtuch noch ein Messer oder eine Gabel, keine Butter, kein Salz und keinen Pfeffer. Nicht einmal einen Teller. Da kam ihnen ein glänzender Einfall. Dieses eine Mal, bis sie sich diese unvorhergesehenen Notwendigkeiten besorgen konnten, würden sie sich aus dem Hotelrestaurant ein Gericht bestellen. Wie wär's mit einem Teller Suppe? Sie konnten auf die seltsame Gewohnheit des Hotels rechnen, das ganze Drum und Dran eines gedeckten Tisches heraufzubringen, gleichgültig was man bestellte. Wenn es nur eine Suppe war, wurde jedesmal ein Tisch hereingebracht, genug Tafelleinen für eine fünfköpfige Familie, ein kleines Arsenal von Messern und Gabeln, aufeinandergetürmte Butterkügelchen in einer Schale mit zerstampftem Eis, Salz, Pfeffer und alles, was ein junges Paar nur wünschen konnte. Sie telefonierten also der Zimmerbedienung und verlangten einmal Suppe. »Nur einmal Suppe?« – »Ja, nur einmal.« – »Sonst nichts?« – »Sonst nichts!« Ein etwas erstaunter Kellner trug das Tablett mit dieser mageren Mahlzeit hinauf in ihr Zimmer. Tatsächlich hatte er die ganze Begleitmusik mitgebracht. Selig warteten sie, während er das Gedeck auflegte und sich dann taktvoll zurückzog. Die Tür hatte sich noch kaum geschlossen, als sie aufsprangen, Brot und Wurst unter dem Bett hervorholten, sie mit Messern zersäbelten, mit Genuß Suppe, Brot und Wurst verzehrten und mit dem vom Hotel gelieferten Eiswasser auf ihren baldigen Erfolg anstießen. Freilich würde die Suppe 50 Cents kosten; aber am folgenden Tag konnten sie zu Woolworth gehen und mit ein wenig sorgfältig angelegtem Geld die obere Kommodenschublade in eine gut ausgestattete Anrichte verwandeln. Schließlich waren die letzten Löffel Suppe, die letzte Krume Brot und die letzte Wurstscheibe vertilgt. Er küßte sie, sie küßte ihn. Dann kratzten sie den Preis für die Suppe zusammen, berieten, wieviel Trinkgeld sie für diesen einmaligen Genuß riskieren konnten und telefonierten nach dem Kellner, er sollte kommen und abräumen. Der Kellner hatte gerade die armseligen Brosamen ihres Soupers im Tischtuch zusammengekehrt und war im Begriff zu gehen, als Hyson in einer kunstvoll nebensächlichen Art sagte: »Ach, weil es mir gerade einfällt, Kellner, die Rechnung bitte. Wir haben beschlossen, von nun alles laufend sofort zu bezahlen.« Der Kellner machte ein verblüfftes Gesicht. »Die Rechnung?« sagte er. »Ja, gewiß«, antwortete Hyson in seiner herablassenden Art. »Wir wollen das gleich ordnen.« Aber der Kellner antwortete: »Es gibt keine Rechnung.« – »Was soll das heißen: keine Rechnung?« – »Nun, es gibt keine«, antwortete der Kellner. »Heute abend gibt es keine Rechnungen. Es ist doch Weihnachten. Unsere Stammgäste können zum Festmahl bestellen, was sie wollen: es geht alles auf Hotelrechnung. Sie sind die einzigen, die nicht das ganze üppige Menü bestellt haben. Offenbar müssen Sie Diät halten. Nun, gute Nacht und fröhliche Weihnachten!« Er schob den Tisch zur Tür. Die beiden sahen einander an, während sie ihm und er ihr mit der leisesten Stimme, mit der dieser Glückwunsch je vorgebracht wurde, »Fröhliche Weihnachten« wünschten.

Ring Lardner
Der Eltern Weihnachtsfest

Tom und Grace Carter saßen am Vorabend des Weihnachtstages in ihrer Stube. Manchmal unterhielten sie sich, manchmal taten sie, als läsen sie etwas, und die ganze Zeit dachten sie an Dinge, an die sie eigentlich nicht denken wollten. Ihre beiden Kinder, Junior, neunzehn Jahre alt, und Grace, zwei Jahre jünger, waren im Laufe des Tages eingetroffen, um die Weihnachtsferien zu Hause zu verbringen. Junior war an der Universität, im ersten Semester, und Grace besuchte eine höhere Internatsschule.

Junior und Grace waren zwar ihre Taufnamen, aber sie hatten sich umgetauft; Junior hieß jetzt Ted, und Grace hieß Caroline, und sie bestanden darauf, so genannt zu werden, auch von ihren Eltern. Das gehörte zu den Dingen, an die Tom und Grace die Ältere dachten, als sie am Heiligen Abend in der Stube saßen.

Andere junge Semester aus der Gegend waren am einundzwanzigsten nach Hause gekommen, an dem Tag, wo die Ferien eigentlich begannen. Ted hatte telegraphiert, er komme drei Tage später, es sei da noch eine Sonderprüfung, und wenn er die bestehe, habe er es nächstes Semester bedeutend leichter. Er war dann so bleich, übernächtig und fahrig, als er nach Hause kam, daß seine Mutter sich fragte, ob es von gutem sei, sich geistig so anzustrengen, während der Vater insgeheim hoffte, das Zeug sei nicht gesundheitsschädlich gewesen. Caroline war ebenfalls verspätet eingetroffen mit der Erklärung, ihre Wäsche sei ihr abhanden gekommen und sie habe die Nachforschung danach unmöglich andern übertragen können.

Tom und Grace hatten sich Mühe gegeben, ihre Enttäuschung über die verspätete Heimkehr zu verbergen, und hatten weiterhin ihre Vorkehrungen für ein Weihnachtsfest getroffen, das den Kindern und damit auch ihnen selbst zum Erlebnis werden sollte. Sie hatten eine Menge Geschenke gekauft, die zwei- oder dreimal so viel gekostet hatten, wie das Jahreseinkommen von Toms Vater seinerzeit betragen hatte, oder wie sein eigenes Einkommen noch vor einem Jahr, bevor General Motors seine wetterfeste Farbe erworben hatte, was ihm zu diesem Haus in der Vorstadt und anderen Annehmlichkeiten verhalf, wie seine eigenen Eltern und die seiner Frau sich nie hätten träumen lassen. Auch hatte er damit Ted und Caroline Erleichterungen verschaffen können, auf die er und seine Frau hatten verzichten müssen.

Hinter der verschlossenen Tür des Musikzimmers stand der kunstvoll geschmückte Baum. Das Klavier, die Klavierbank und der Boden um den Baum herum waren mit hübsch verschnürten Paketen von jeder Größe und Form bedeckt, eines davon angeschrieben mit Tom, ein anderes mit Grace, ein paar für die Hausangestellten, und alle andern für Ted und Caroline. Eine mächtige Schachtel enthielt einen Mantel aus Seehundfell für Caroline, einen Mantel, der so viel gekostet hatte, wie die Carters früher im Jahr Miete gezahlt hatten. Noch kostbarer war eine ›Garnitur‹ von Schmuckstücken, die aus einer Opalbrosche, einer Spange mit Opalen und Goldfiligran und einem mit Brillanten besetzten Opalring bestand.

Grace hatte immer eine Vorliebe für Opale gehabt, doch jetzt, wo sie sich welche hätte leisten können, hinderte sie etwas daran, sie für sich selber zu kaufen; es bereitete ihr mehr Freude, sie an ihrer hübschen Tochter zu sehen. Dann waren da Schachteln mit Seidenstrümpfen, Wäsche, Handschuhen und Taschentüchern. Und für Ted eine Uhr zu dreihundert Dollar, eine Luxusausgabe der Werke von Balzac, ein kostbarer Köcher mit funkelnagelneuen Golfschlägern, und das letzte, was es an Plattenspielern gab.

Aber die große Überraschung für den Jungen stand in der Garage eingeschlossen, eine schwarze Limousine, ein neueres Modell und viel gefälliger als Toms Wagen vom vorigen Jahr, der daneben stand. Ted konnte den Wagen in den Ferien einfahren, wenn der Winter weiterhin mild blieb, und freute sich sicher, in den Frühjahrs- und Sommerferien damit herumzufahren, an der Universität bestand nämlich ein Verbot für Studenten, ein eignes Auto zu besitzen oder zu fahren.

Seit sechzehn Jahren, das heißt, seit Ted dreijährig und Caroline einjährig war, hatten die Carters an dem alten Brauch festgehalten, am Heiligen Abend die Strümpfe der Kinder aufzuhängen, gefüllt mit wohlfeilem Krimskrams. Tom und Grace hatten sich gesagt, es wäre lustig, diesen Brauch auch weiterhin zu pflegen; der Inhalt der Strümpfe – ein Neger-Tanzpüppchen zum Aufziehen, Musikdosen, ein Kätzchen, das miaute, wenn man an einer bestimmten Stelle drückte, und so weiter – das würde den ›Kindern‹ sicher Spaß machen. So ermahnte denn Grace die beiden gleich nach ihrer Ankunft, sie sollten früh zu Bett gehen, um den Weihnachtsmann nicht zu verscheuchen.

Aber es stellte sich heraus, daß sie nicht versprechen konnten, so furchtbar früh zu Bett zu gehen. Beide hatten sie Verabredungen außer Hause, die schon vor längerer Zeit getroffen worden waren. Bei Caroline war es ein Abendessen und Theaterbesuch mit Beatrice Murdock und deren neunzehnjährigem Bruder Paul, der sie um halb sieben mit seinem Wagen abholen würde. Ted war eingeladen, mit zwei Kameraden, Herb Castle und Bernard King, den Hockeymatch zu besuchen. Er wollte dazu den Wagen seines Vaters haben, aber Tom schützte vor, die Bremsen seien nicht in Ordnung; Ted durfte doch bis morgen nicht in die Garage.

Am Nachmittag hatten Ted und Caroline sich etwas hingelegt und waren dann miteinander in Paul Murdocks schnittigem Sportwagen weggefahren, nachdem sie versprochen hatten, bis Mitternacht oder etwas später zurück zu sein und den Weihnachtsabend dann zu Hause zu verbringen.

Und jetzt saßen Vater und Mutter also da und warteten auf sie, weil die Strümpfe nicht gefüllt und aufgehängt werden konnten, bis die Kinder richtig im Bett waren, und dann auch, weil man unmöglich einschlafen kann, wenn man aufgeregt ist. »Wie spät ist es denn?« fragte Grace und schaute auf von der Seite drei eines Buches, das sie nach dem Essen angefangen hatte.

»Halb drei«, erwiderte ihr Gatte. (Er hatte dieselbe Frage seit Mitternacht alle fünfzehn oder zwanzig Minuten beantwortet.)

»Es wird doch nichts passiert sein«, bemerkte Grace.

»Wenn etwas passiert wäre, hätten wir es erfahren«, beschwichtigte sie Tom.

»Es ist ja nicht wahrscheinlich«, meinte Grace, »aber sie könnten doch irgendwo einen Unfall gehabt haben, wo niemand in der Nähe war, um zu telephonieren oder so. Wir wissen ja nicht, wie dieser junge Murdock fährt.«

»Er ist gleich alt wie Ted. Junge Leute in diesem Alter fahren vielleicht etwas schnell, aber meistens nicht schlecht.«

»Woher weißt du das?«

»Ach, ich hab schon welchen zugesehen.«

»Ja, aber nicht allen.«

»Ich glaube nicht, daß es jemand gibt, der schon jeden neunzehnjährigen Autofahrer gesehen hat.«

»Die Jungen haben heutzutage gar keinen Sinn für Verantwortung mehr.«

»Ach, mach dir keine Sorgen! Wahrscheinlich haben sie ein paar Freunde getroffen und sind noch etwas essen gegangen oder so.« Tom erhob sich und trat mit gespielter Gleichgültigkeit ans Fenster. »Es ist schön draußen«, bemerkte er. »Man sieht jeden Stern am Himmel.«

Aber er sah nicht nach den Sternen. Er suchte die Straße nach dem Licht von Scheinwerfern ab. Es waren aber keine zu sehen, und nach einer Weile kehrte er wieder zu seinem Sessel zurück.

»Wie spät ist es jetzt?« fragte Grace.

»Zweiundzwanzig vor«, sagte er.

»Vor was?«

»Vor drei.«

»Deine Uhr ist wohl stehengeblieben. Vor fast einer Stunde hast du gesagt, es sei halb drei.«

»Meine Uhr geht richtig. Du wirst eingenickt sein.«

»Ich habe kein Auge zugetan.«

»Es wäre aber an der Zeit. Warum gehst du nicht schlafen?«

»Warum gehst *du* nicht?«

»Ich bin nicht müde.«

»Ich auch nicht. Aber wirklich, Tom, es hat keinen Sinn, daß du aufbleibst. Ich bleibe ja bloß auf, damit ich die Strümpfe richten kann und weil ich so wach bin. Aber du brauchst deswegen nicht um deinen Schlaf zu kommen.«

»Ich könnte auf keinen Fall einschlafen, bevor sie da sind.«

»Das ist doch Unsinn. Es besteht kein Grund, sich aufzuregen. Sie machen sich eben einen vergnügten Abend. Du warst auch einmal jung.«

»Das ist es ja gerade. Als ich jung war, da war ich jung.« Er nahm die Zeitung zur Hand und suchte den Schiffsnachrichten etwas abzugewinnen.

»Wie spät ist es?« fragte Grace.

»Fünf Minuten vor drei.«

»Vielleicht übernachten sie bei den Murdocks.«

»Dann hätten sie uns benachrichtigt.«

»Sie wollten uns nicht stören mit dem Telefon.«

Um zwanzig nach drei fuhr ein Wagen vor dem Haus vor.

»Das sind sie!«

»Ich hab dir ja gesagt, wir brauchen uns keine Sorgen zu machen.«

Tom trat ans Fenster. Er konnte Murdocks Sportwagen knapp erkennen, aber das Licht schien nicht zu funktionieren.

»Er hat keine Beleuchtung«, sagte Tom. »Vielleicht geh ich mal raus, um zu sehen, ob ich es reparieren kann.«

»Du bleibst da«, bedeutete ihm Grace. »Er kann sie selber reparieren. Wahrscheinlich will er nur die Batterie schonen.«

»Warum kommen sie denn nicht herein?«

»Wahrscheinlich machen sie noch Pläne.«

»Das können sie auch hier drin. Ich geh hinaus und sag ihnen, daß wir noch auf sind.«

»Du bleibst da«, sagte Grace nochmals scharf, und Tom blieb folgsam am Fenster stehen.

Es war beinahe vier, als die Scheinwerfer aufleuchteten und der Wagen wegfuhr. Caroline kam herein; vom Licht geblendet, blinzelte sie die Eltern an. »Du meine Güte, seid ihr noch auf?«

Tom wollte etwas sagen, aber Grace kam ihm zuvor.

»Wir sprachen davon, wie es früher an Weihnachten war«, erklärte sie. »Ist es schon sehr spät?«

»Keine Ahnung«, sagte Caroline.

»Wo ist Ted?«

»Ist er denn nicht da? Ich habe ihn nicht mehr gesehen, seit wir ihn am Sportplatz absetzten.«

»Also, dann leg dich schlafen«, sagte die Mutter. »Du bist sicher todmüde.«

»Ja, schon. Wir sind nach der Vorstellung noch tanzen gegangen. Wann wird gefrühstückt?«

»Um acht.«

»Ach Mutter, geht es nicht auch um neun?«

»Meinetwegen. Früher konntest du an Weihnachten nicht früh genug aufstehen.«

»Ich weiß, aber –«

»Wer hat dich nach Hause gebracht?« fragte Tom.

»Ach, Paul Murdock – und Beatrice.«

»Du siehst zerknittert aus.«

»Ich mußte im Notsitz fahren. Im Knittersitz.«

Sie lachte über ihr Wortspiel, wünschte gute Nacht und ging nach oben. Nicht einmal auf Handreichweite hatte sie sich ihren Eltern genähert.

»Feine junge Leute, die Murdocks«, bemerkte Tom, »daß sie einen Gast im Notsitz fahren lassen.«

Grace schwieg.

»Geh doch auch zu Bett«, sagte Tom. »Ich warte auf Ted.«

»Du kommst mit den Strümpfen nicht zurecht.«

»Ich versuch's gar nicht erst. Dazu ist am Morgen immer noch Zeit. Ich meine, später heute morgen.«

»Ich geh erst schlafen, wenn du auch gehst.«

»Also, dann gehen wir eben beide. Es kann ja nicht mehr lange dauern, bis Ted kommt. Vermutlich bringen ihn seine Freunde nach Hause. Wir hören es dann schon, wenn er kommt.«

Es war gar nicht anders möglich, als ihn zu hören, als er zehn Minuten vor sechs nach Hause kam. Offenbar hatte er seine Weihnachtseinkäufe spät getätigt und hatte schief geladen.

Grace war um halb acht wieder unten, um den Hausangestellten mitzuteilen, das Frühstück sei auf neun Uhr verschoben. Sie nagelte die Strümpfe neben dem Kamin an, ging ins Musikzimmer, um zu sehen, ob noch alles in Ordnung sei, und hob im Flur Teds Hut und Mantel vom Boden auf, wo er sie sorgfältig hingehängt hatte.

Tom erschien kurz vor neun Uhr und meinte, die Kinder sollten geweckt werden.

»Ich geh sie wecken«, sagte Grace und begab sich nach oben. Sie machte bei Ted die Tür auf, schaute hinein und machte sie leise wieder zu. Dann trat sie ins Zimmer ihrer Tochter und fand diese im Dämmerzustand.

»Muß ich schon aufstehen? Ich möchte wirklich noch nichts essen. Sag doch Molla, sie möchte mir etwas Kaffee bringen. Ted und ich sind bei den Murdocks zum Frühstück eingeladen, auf halb eins, da könnte ich doch noch eine Stunde oder zwei schlafen.«

»Aber Liebling, weißt du denn nicht, wir haben um eins unser Weihnachtsmahl.«

»Schade, Mutter, aber ich dachte, das findet am Abend statt.«

»Willst du denn nicht deine Geschenke sehen?«

»Doch, sicher, aber das hat doch Zeit.«

Grace wollte schon in die Küche gehen, um der Köchin zu sagen, das Weihnachtsmahl finde um sieben Uhr statt, nicht um eins, aber dann fiel ihr ein, daß sie Signe den Nachmittag und den Abend freigegeben hatte, da ein einfaches, kaltes Essen nach dem schweren Weihnachtsmahl vollkommen genügte.

So frühstückten denn Tom und Grace allein und saßen dann wiederum in der Stube, mit einem Buch in der Hand, das sie nicht lasen.

»Du solltest mit Caroline sprechen«, meinte Tom.

»Ja, aber nicht heute. Nicht am Weihnachtstag.«

»Und ich habe im Sinn, Ted ins Gebet zu nehmen.«
»Ja, das mußt du. Aber nicht heute.«
»Heute abend sind sie wahrscheinlich wieder fort.«
»Nein, sie haben versprochen, zu Hause zu bleiben. Es wird ein netter, gemütlicher Abend werden.«
»Damit würde ich lieber nicht rechnen«, meinte Tom.
Um die Mittagszeit traten die ›Kinder‹ in Erscheinung und erwiderten den Gruß ihrer Eltern fast mit der gebührenden Wärme. Ted lehnte eine Tasse Kaffee ab, und beide, Ted und Caroline, entschuldigten sich, daß sie mit den Murdocks eine Verabredung zum ›Frühstück‹ getroffen hatten.
»Wir dachten beide«, erklärte Ted, »das Essen sei um sieben, wie üblich.«
»An Weihnachten war es noch immer um eins«, sagte Tom.
»Ich hatte vergessen, daß Weihnachten ist.«
»Die Strümpfe da dürften deinem Gedächtnis nachhelfen.«
Ted und Caroline warfen einen Blick auf die vollgestopften Strümpfe.
»Haben wir denn keinen Baum?« fragte Caroline.
»Doch, natürlich«, sagte die Mutter. »Aber zuerst kommen die Strümpfe.«
»Wir haben nicht viel Zeit«, drängte Caroline. »Wir kommen sowieso schon viel zu spät. Können wir den Baum nicht jetzt sehen?«
»Meinetwegen«, sagte Grace und ging voran ins Musikzimmer. Die Hausangestellten wurden herbeigerufen, der Baum wurde betrachtet und angestaunt.
»Du mußt deine Geschenke aufmachen«, forderte Grace ihre Tochter auf.
»Alle kann ich jetzt nicht aufmachen«, erklärte Caroline. »Sag mir, wo was Besonderes drin ist.«
Das Papier wurde von der mächtigen Schachtel entfernt, und Grace hielt den Mantel in die Höhe.

»Ach, Mutter!« sagte Caroline. »Seehundsfell!«

»Zieh ihn mal an«, meinte der Vater.

»Nicht jetzt. Wir haben keine Zeit.«

»Dann schau dir noch das an«, sagte Grace und klappte das Schmuckkästchen auf.

»Ach, Mutter! Opal!« sagte Caroline.

»Mein Lieblingsstein«, bemerkte die Mutter bedächtig.

»Wenn niemand was dagegen hat«, erklärte Ted, »dann verschiebe ich meine Bescherung, bis wir zurück sind. Ich bin sicher, mir gefällt alles, was ihr mir geschenkt habt. Aber wenn wir keinen Wagen haben, der in Ordnung ist, muß ich ein Taxi bestellen, um zur Bahn zu kommen.«

»Du kannst den Wagen nehmen«, sagte der Vater.

»Funktionieren die Bremsen wieder?«

»Ich glaube. Komm in die Garage, da werden wir's sehen.«

Ted nahm Hut und Mantel und gab der Mutter einen Abschiedskuß.

»Mutter«, sagte er, »du verzeihst mir doch, daß ich für dich und Vater keine Geschenke habe. Ich hatte ja die letzten drei Tage so'n Betrieb! Und ich dachte, ich könnte nach der Ankunft gestern noch was kaufen, aber da wollte ich möglichst schnell nach Hause. Gestern abend war schon alles zu.«

»Schadet nichts«, meinte Grace. »Weihnachten ist für die Jugend. Dein Vater und ich, wir haben alles, was wir brauchen.« Die Hausangestellten hatten ihre Geschenke gefunden und entfernten sich, überströmend von Dankbarkeit.

Caroline und ihre Mutter blieben allein übrig.

»Mutter, wo hast du den Mantel her?«

»Lloyd und Henry.«

»Die haben doch alle möglichen Pelzwaren, nicht?«

»Gewiß.«

»Wäre es dir schrecklich, wenn ich das hier umtauschen würde?«

»Ach, wo. Such dir irgend etwas aus, und wenn es etwas mehr kostet, das spielt keine Rolle. Wir können ja morgen oder übermorgen in die Stadt gehen. Aber willst du denn die Opale nicht tragen, zum Besuch bei den Murdocks?«

»Nein, lieber nicht. Ich könnte sie verlieren oder so. Und dann – weißt du, Opale sind nicht –«

»Sie können sicher auch umgetauscht werden«, sagte Grace. »Geh jetzt nur und mach dich bereit.«

Caroline ließ sich das nicht zweimal sagen, und Grace blieb eine Weile allein, was ihr nicht unlieb war.

Tom schob die Garagentür auf.

»Ach, du hast ja zwei Wagen!« rief Ted überrascht.

»Der neue gehört nicht mir.«

»Wem denn?«

»Dir. Es ist das neue Modell.«

»Das ist ja wunderbar, Vater. Aber er sieht ganz wie der alte aus.«

»Nun, dem alten fehlt eigentlich nichts. Aber deiner ist noch besser. Du wirst das beim Fahren schon merken. Setz dich rein und fahr los. Den Tank habe ich füllen lassen.«

»Ich glaube, ich möchte lieber mit dem alten fahren.«

»Warum?«

»Ja, weißt du, was ich eigentlich wollte, das ist ein Sportwagen, so ein Roadster, wie der von Paul Murdock, nur anders in den Farben. Und wenn die Limousine da noch ungefahren ist, wird sie vielleicht zurückgenommen –«

Tom schwieg, bis er seiner Stimme sicher war. Dann sagte er: »Gut, mein Sohn. Nimm meinen Wagen, und ich werde sehen, was sich mit dem andern machen läßt.«

Während Caroline auf Ted wartete, kam ihr etwas in den Sinn. »Mutter«, rief sie, »hier ist, was ich für dich und Vater besorgt habe. Es sind zwei Karten für ›Die lustige Lola‹, das Stück, das ich gestern sah. Es gefällt dir bestimmt!«

»Für wann sind die Karten?« erkundigte sich Grace.

»Heute abend.«

»Aber, Liebling«, bemerkte die Mutter, »heute gehen wir doch nicht aus, wo du versprochen hast, zu Hause zu sein.«

»Das Versprechen wird gehalten«, erklärte Caroline, »nur – vielleicht kommen die Murdocks und bringen noch ein paar Freunde mit, und dann tanzen wir und spielen Platten. Ted und ich, wir dachten beide, ihr möchtet vielleicht lieber nicht dabei sein, damit euch der Lärm nicht stört.«

»Das war sehr nett von euch«, versicherte Grace, »aber dein Vater und ich, wir haben beide nichts gegen Lärm, solange es euch Spaß macht.«

»Es ist sowieso an der Zeit, daß ihr auch einmal etwas Schönes seht.«

»Das schönste wäre ein gemütlicher Abend mit euch beiden.«

»Die Murdocks haben sich gewissermaßen selber eingeladen, und ich konnte sie nicht abwimmeln, nachdem sie so nett zu uns gewesen waren. Und ich bin sicher, Mutter, das Stück wird dir gefallen!«

»Seid ihr wenigstens zum Abendessen da?«

»Ziemlich sicher, aber wenn wir uns verspäten sollten, wartet lieber nicht auf uns. Nehmt den Sieben-Uhr-zwanzig, damit ihr nichts verpaßt. Der erste Akt ist eigentlich der beste. Hungrig werden wir wahrscheinlich nicht sein, aber sag der Köchin, sie soll uns etwas bereitstellen, falls wir doch Hunger haben.«

Tom und Grace setzten sich an die reichhaltige Weihnachtstafel, taten ihr aber keinen großen Abbruch. Selbst wenn sie Eßlust verspürt hätten, wäre dem sechzehnpfündigen Truthahn nicht viel anzumerken gewesen, nachdem sie sich daran sattgegessen hatten. Die Unterhaltung war sporadisch und bezog sich hauptsächlich auf die Tüchtigkeit der Köchin und die Milde des Winters. Von den Kindern und von Weihnachten war kaum je die Rede.

Tom machte den Vorschlag, da es ein Feiertag sei und sie Theaterkarten hätten, sollten sie den Sechs-Uhr-zehn nehmen und im Metropol essen. Seine Frau sagte nein, Ted und Caroline könnten nach Hause kommen und enttäuscht sein, die Eltern nicht vorzufinden. Tom schien etwas bemerken zu wollen, besann sich aber eines andern.

Dieser Nachmittag war der längste, den Grace je erlebt hatte. Um sieben waren die Kinder noch immer nicht da, und die Eltern fuhren mit dem Taxi zur Bahn. Während der Fahrt wurde nicht viel gesprochen. Was das Stück betraf, von dem Caroline gesagt hatte, es werde ihrer Mutter bestimmt gefallen, das stellte sich als ein Mischmasch aus zwei früheren Reißern heraus, von denen es das Schlechteste übernommen hatte.

Als es aus war, sagte Tom: »Und jetzt lade ich dich ein in den Cove-Klub. Du hast kein Frühstück gehabt und auch kein Mittagessen und kein Abendessen, und ich kann dich doch an einem Festtag nicht verhungern lassen. Zudem habe ich außer Hunger auch einen Durst.«

Sie bestellten das Feiertagsessen und gaben sich alle Mühe, damit zu Rande zu kommen. Tom genehmigte sechs Glas Whisky-Soda, aber die übliche Wirkung wollte sich nicht einstellen. Grace nahm einen Whisky und einen Likör zu sich, die sie eine Weile mit einer behaglichen Wärme erfüllten. Leider verflüchtigten sich Behagen und Wärme, noch bevor der Zug halbwegs angelangt war.

In der Stube sah es aus, als wären die Russen dagewesen. Ted und Caroline hatten ihr Versprechen bis zu einem gewissen Punkt eingehalten. Sie hatten einen Teil des Abends zu Hause verbracht, und die Murdocks hatten offenbar alle ihre eigenen Freunde und dann noch die aller andern mitgebracht, nach dem Ergebnis zu urteilen. Auf den Tischen und auf dem Boden lagen leere Gläser, Asche und Zigarettenstummel umher. Die Strümpfe waren von den Nägeln heruntergerissen und ihr Inhalt, mehr oder weniger beschädigt, überall verstreut. In den Teppich, für den Grace eine Vorliebe hatte, waren zwei beträchtliche Löcher gebrannt worden.

Tom nahm seine Frau am Arm und geleitete sie ins Musikzimmer.

»Du bist ja nicht einmal dazugekommen, dein eigenes Geschenk aufzumachen«, sagte er.

»Und für dich ist auch eins da«, bemerkte Grace. »Sie waren gar nicht hier drin«, setzte sie hinzu. »Offenbar ist nicht viel getanzt oder Musik gemacht worden.«

Tom fand, was ihm Grace zugedacht hatte – ein Paar Manschettenknöpfe, mit Brillanten besetzt, für festliche Gelegenheiten. Er seinerseits hatte Grace einen Opalring gekauft.

»Ach Tom!« sagte sie.

»Wir müssen morgen ausgehen, damit ich diese da einweihen kann«, erklärte ihr Gatte.

»Dann wollen wir aber gleich zu Bett, damit wir morgen ausgeschlafen sind.«

»Mal sehen, wer zuerst oben ist«, sagte Tom.

W. Somerset Maugham
Winter-Kreuzfahrt

Kapitän Erdmann kannte Miss Reid nur flüchtig, bis die ›Friedrich Weber‹ Haiti erreichte. Sie war in Plymouth an Bord gekommen, aber da hatte er bereits eine Anzahl von Passagieren aufgenommen, Franzosen, Belgier und Leute aus Haiti, von denen viele schon früher mit ihm gereist waren, und sie erhielt einen Platz am Tisch des Ersten Ingenieurs. Die ›Friedrich Weber‹ war ein Frachter, der regelmäßig von Hamburg nach Cartagena an der kolumbianischen Küste fuhr und auf dem Weg einige westindische Inseln anlief. Sie brachte Phosphate und Zement aus Deutschland und nahm Kaffee und Bauholz mit zurück, aber ihre Besitzer, die Gebrüder Weber, waren jederzeit bereit, sie einen Umweg machen zu lassen, wenn es sich für eine Ladung irgendwelcher Art lohnte. Die ›Friedrich Weber‹ war darauf eingestellt, Vieh, Maultiere, Kartoffeln oder sonst etwas aufzunehmen, wenn dabei nur die Möglichkeit bestand, einen Pfennig ehrlich zu verdienen. Sie nahm auch Passagiere auf. Sechs Kajüten waren auf dem Oberdeck und sechs unten. Die Einrichtung war nicht luxuriös, aber das Essen war gut, einfach und reichlich und das Fahrgeld niedrig. Die Rundreise nahm neun Wochen in Anspruch und kostete Miss Reid nicht mehr als fünfundvierzig Pfund. Sie freute sich nicht nur darauf, viele interessante Gegenden von historischer Bedeutung kennenzulernen, sondern sich auch viel Wissenswertes anzueignen, das ihren Geist bereichern konnte.

Der Agent hatte sie darauf vorbereitet, daß sie bis zur

Ankunft in Port-au-Prince in Haiti die Kajüte mit einer anderen Dame teilen müsse. Miss Reid störte das nicht; sie hatte Gesellschaft gern, und als der Steward ihr sagte, daß Madame Bollin ihre Reisegefährtin sei, dachte sie sofort, dies würde eine willkommene Gelegenheit sein, ihr Französisch aufzufrischen. Sie geriet nur leicht aus der Fassung, als sie entdeckte, daß Madame Bollin kohlschwarz war. Sie sagte sich, daß man das Gute und Schlechte ineinanderrechnen müsse und daß allerlei Sorten nötig seien, um eine Welt zu bilden. Miss Reid war seefest, wie es nicht anders erwartet werden konnte, da ihr Großvater Marineoffizier gewesen war, aber nach einigen stürmischen Tagen wurde das Wetter gut, und bald kannte sie ihre sämtlichen Reisegefährten. Sie fand leicht Kontakt mit den Leuten. Das war eine der Ursachen, daß sie in ihrem Geschäft erfolgreich gewesen war: sie besaß eine Teestube in einem berühmten Erholungsort im Westen Englands, und sie hatte für jeden Gast, der hereinkam, ein Lächeln und ein freundliches Wort. Im Winter schloß sie, und die letzten vier Jahre hatte sie immer eine Kreuzfahrt unternommen. Man treffe dabei so interessante Menschen, meinte sie, und man lerne immer etwas. Die Passagiere auf der ›Friedrich Weber‹ waren zwar nicht von so guter Klasse wie jene, die sie im Jahr zuvor auf ihrer Mittelmeerfahrt getroffen hatte, aber Miss Reid war kein Snob, und obwohl die Tischmanieren von einigen Leuten sie schockierten, war sie doch entschlossen, die gute Seite von allem zu sehen und sich mit ihnen abzufinden. Sie las sehr gern und freute sich, als sie bei der Durchsicht der Schiffsbücherei viele Bücher von Philip Oppenheim, Edgar Wallace und Agatha Christie entdeckte. Aber da es so viele Leute zum Plaudern gab, fand sie gar keine Zeit zum Lesen und beschloß, damit zu warten, bis sich das Schiff in Haiti leeren würde.

»Schließlich«, sagte sie, »ist die menschliche Natur wichtiger als die Literatur.«

Miss Reid hatte immer im Ruf gestanden, gute Konversation zu machen, und während der vielen Tage auf See stellte sie mit Genugtuung fest, daß die Tischgespräche dank ihrer Bemühungen kein einziges Mal stockten. Sie verstand die Leute auszufragen, und jedesmal, wenn ein Thema erschöpft schien, hatte sie eine Bemerkung bereit, um es wieder zu beleben, oder ein neues Thema lag ihr schon auf der Zungenspitze, um die Konversation wieder in Gang zu bringen. Ihre Freundin, Miss Price, Tochter des verstorbenen Vikars von Campden, die sie in Plymouth ans Schiff begleitet hatte – denn sie wohnte dort –, hatte oft zu ihr gesagt:

»Weißt du, Venetia, du hast einen männlichen Geist. Du bist nie in Verlegenheit, was du sagen sollst.«

»Nun, ich glaube, wenn du dich für jedermann interessierst, wird sich auch jedermann für dich interessieren«, erwiderte Miss Reid bescheiden. »Übung macht den Meister, und ich habe die unendliche Fähigkeit, mich zu bemühen, von der Dickens sagte, daß sie Genie bedeutet.«

Miss Reid hieß nicht wirklich Venetia; ihr Name war Alice, aber da er ihr nicht gefiel, hatte sie schon als junges Mädchen den poetischen Namen angenommen, der ihrer Meinung nach so viel besser zu ihrer Persönlichkeit paßte.

Miss Reid hatte viele interessante Gespräche mit ihren Mitreisenden, und sie bedauerte es aufrichtig, als das Schiff endlich Port-au-Prince anlief und die letzten von ihnen an Land gingen. Die ›Friedrich Weber‹ lag zwei Tage dort, so daß Miss Reid die Stadt und die Umgebung besichtigen konnte. Als sie wieder abfuhren, war sie der einzige Passagier. Das Schiff fuhr an der Küste der Insel entlang und legte in verschiedenen Häfen an, um Ladung zu löschen oder an Bord zu nehmen.

»Hoffentlich geraten Sie allein mit so vielen Männern nicht in Verlegenheit, Miss Reid«, sagte der Kapitän scherzhaft, als sie sich zum Mittagessen niederließen.

Sie hatte ihren Platz zu seiner Rechten, und am Tisch saßen außerdem noch der Erste Maat, der Erste Ingenieur und der Arzt.

»Ich bin eine Frau von Welt, Kapitän. Ich habe immer gefunden, wenn eine Dame wirklich eine Dame ist, dann benehmen sich Herren auch wie Herren.«

»Wir sind nur rauhe Seemänner, Madam, Sie dürfen nicht zuviel erwarten.«

»Gütige Herzen sind mehr als Adelskronen und schlichter Glaube mehr als Normannenblut, Kapitän«, erwiderte Miss Reid.

Er war ein kleiner, untersetzter Mann mit glattrasiertem Kopf und einem roten, glattrasierten Gesicht. Er trug ein weißes Trikothemd, das aber außer bei den Mahlzeiten aufgeknöpft war und seine behaarte Brust zeigte. Er war ein jovialer Bursche. Er konnte nur polternd reden. Miss Reid hielt ihn für ein Original, aber sie hatte einen ausgesprochenen Sinn für Humor und war bereit, ihm dies zugute zu halten. Sie nahm die Konversation in die Hand. Sie hatte auf der Hinreise sehr viel über Haiti erfahren und noch mehr während der zwei Tage, die sie dort verbracht hatte, aber sie wußte, daß Männer lieber sprechen als zuhören, und darum stellte sie ihnen eine Reihe von Fragen, zu denen sie die Antworten schon kannte; seltsamerweise aber kannten sie sie nicht. Zuletzt sah sie sich gezwungen, einen richtigen kleinen Vortrag zu halten, und bevor das Mittagessen zu Ende war, hatte sie ihnen eine Menge interessanter Informationen übermittelt: über die Geschichte und die wirtschaftliche Lage der Republik, die Probleme, denen die Regierung zu begegnen hatte, und ihre Zukunftsaussichten. Sie sprach ziemlich langsam, mit vornehmer Stimme, und ihr Wortschatz war reich.

Bei Einbruch der Nacht gingen sie in einem kleinen Hafen vor Anker, wo sie dreihundert Säcke Kaffee laden sollten, und der Agent kam an Bord. Der Kapitän forderte ihn auf, zum Abendessen dazubleiben, und bestellte Cocktails. Als der Steward damit kam, glitt Miss Reid in den Salon. Ihre Bewegungen waren gelassen, elegant und selbstsicher. Sie behauptete immer, daß man am Gang einer Frau sofort erkennen könne, ob sie eine Dame sei. Der Kapitän stellte ihr den Agenten vor, und sie setzte sich.

»Was trinken denn die Herren?« fragte sie.

»Einen Cocktail. Wollen Sie einen haben, Miss Reid?«

»Das wäre gar nicht übel.«

Sie trank ihn, und der Kapitän fragte sie etwas zögernd, ob sie noch einen haben wolle.

»Noch einen? Nun, der Kameradschaft wegen – ja.«

Der Agent, der viel weißer war als manche andere, aber zugleich auch sehr viel dunkler als viele andere, war der Sohn eines früheren Gesandten von Haiti am deutschen Hof, und da er lange Jahre in Berlin gelebt hatte, sprach er gut Deutsch. Er hatte tatsächlich aus diesem Grund den Posten bei einer deutschen Schiffahrtsgesellschaft bekommen. Dies veranlaßte Miss Reid, ihnen beim Abendessen die ganze Geschichte einer Rheinreise zu erzählen, die sie einmal gemacht hatte. Nachher saß sie mit dem Agenten, dem Kapitän, dem Arzt und dem Maat um einen Tisch herum, und alle tranken Bier. Miss Reid hielt es für ihre Aufgabe, den Agenten auszuholen. Die Tatsache, daß sie Kaffee luden, erweckte in ihr den Gedanken, es müsse interessant für ihn sein, wie der Tee auf Ceylon angebaut wurde; ja, sie war auf einer Kreuzfahrt in Ceylon gewesen, und die Tatsache, daß sein Vater Diplomat war, machte sein Interesse für die königliche

Familie von England zur Gewißheit. Sie verbrachte einen äußerst angenehmen Abend. Als sie sich endlich zur Ruhe begab, denn es wäre ihr nie eingefallen zu sagen, daß sie ins Bett gehen wolle, sagte sie zu sich selber:

»Es besteht kein Zweifel darüber, daß Reisen eine große erzieherische Wirkung hat.«

Es war wirklich ein Erlebnis, mit all diesen Männern alleine zu sein. Wie sie zu Hause lachen würden, wenn sie nach ihrer Heimkehr alles darüber erzählte! Sie würden sagen, daß so etwas nur Venetia passieren könne. Sie lächelte, als sie den Kapitän auf Deck mit seiner starken, dröhnenden Stimme singen hörte. Die Deutschen waren so musikalisch. Er hatte eine drollige Art, mit seinen kurzen Beinen auf und ab zu stolzieren, während er Wagnersche Melodien zu Worten eigener Erfindung sang. Es war aus ›Tannhäuser‹, was er jetzt sang (dieses entzückende Lied vom Abendstern); doch da Miss Reid kein Deutsch verstand, konnte sie sich nur wundern, was für seltsame Worte er dazu fand. Das war auch gut.

»Oh, welche Pest ist dieses Weib, ich bringe es um, wenn das so bleibt!« Dann ging er zu Siegfrieds Schwertlied über. »Furchtbar, furchtbar, furchtbar ist sie! Ich werfe sie in die See!«

Und das traf natürlich auf Miss Reid zu. Sie war entsetzlich, geradezu erstaunlich und qualvoll langweilig. Sie redete mit steter Eintönigkeit, und es hatte keinen Zweck, sie zu unterbrechen, denn dann fing sie nur wieder von vorn an. Sie hatte einen unstillbaren Durst nach Belehrung, und keine flüchtige Bemerkung konnte über den Tisch hinüber gemacht werden, ohne daß sie unzählige Fragen daran knüpfte. Sie träumte sehr lebhaft, und sie berichtete diese Träume mit unerträglicher Langatmigkeit. Es gab keinen Gegenstand, über den sie nicht etwas Banales zu sagen wußte. Sie hatte einen Gemeinplatz für jede Gelegenheit bereit. Sie zielte auf das Abgedroschene, wie ein Hammer den Nagel in die Wand hineintreibt. Sie tauchte im Augenfälligen unter, wie ein Zirkusclown durch den Reifen springt. Schweigen konnte sie nicht beschämen. Diese armen Männer, so weit von ihren Heimen und dem Trippeln kleiner Füße entfernt, und Weihnachten vor der Türe, kein Wunder, daß sie in gedämpfter Stimmung waren; sie verdoppelte ihre Bemühungen, ihr Interesse zu erwecken und sie zu unterhalten. Sie war entschlossen, ein wenig Frohsinn in ihr trübes Dasein zu bringen. Denn das war das Schreckliche an der Sache: Miss Reids Absichten waren gut. Sie unterhielt sich nicht nur selber gut, sie wollte, daß alle sich gut unterhielten. Sie war überzeugt, daß alle sie so gern hatten, wie sie selber sie gern hatte. Sie fühlte, daß sie ihr Teil dazu beitrug, der Gesellschaft zum Erfolg zu verhelfen, und sie war naiv glücklich bei dem Gedanken, daß ihr dies gelang. Sie erzählte ihnen alles von ihrer Freundin, Miss Price, und wie oft diese zu ihr gesagt hatte: »Venetia, niemand hat eine langweilige Minute in deiner Gegenwart.« Es war die Pflicht des Kapitäns, einem Passagier gegenüber höflich zu sein, und wenn er ihr auch noch so gern gesagt hätte, sie solle ihren törichten Mund halten – er konnte es nicht. Selbst wenn er seine Meinung frei hätte äußern dürfen, wußte er doch, daß er sie niemals so hätte kränken können. Nichts hemmte ihren Redestrom. Er war so unwiderstehlich wie eine Naturgewalt. Einmal begannen sie, in ihrer Verzweiflung deutsch zu sprechen, aber Miss Reid machte dem sofort ein Ende.

»Nein, das kann ich nicht dulden, daß Sie etwas sagen, das ich nicht verstehe. Sie sollten alle Nutzen daraus ziehen, daß Sie mich alleine für sich haben und sich im Englischen üben können.«

»Wir sprachen von technischen Sachen, die Sie nur langweilen würden, Miss Reid«, sagte der Kapitän.

»Ich langweile mich nie. Und darum, auch wenn Sie mich für ein klein wenig eingebildet halten mögen, bin ich nie langweilig. Sehen Sie, ich weiß gerne Bescheid. Alles interessiert mich, und man kann nie wissen, wann ein bißchen Kenntnis einem von Nutzen sein könnte.«

Der Doktor lächelte trocken. »Der Kapitän hat das nur gesagt, weil er verlegen war. Er hat eine Geschichte erzählt, die für die Ohren einer unverheirateten Dame nicht geeignet war.«

»Ich bin zwar eine unverheiratete Dame, aber ich bin auch eine Frau von Welt; ich erwarte nicht, daß Seeleute Heilige sind. Sie brauchen nie ängstlich zu sein, was Sie vor mir sagen, Kapitän, ich werde nicht entsetzt sein. Ich möchte Ihre Geschichte sehr gerne hören.«

Der Doktor war ein Mann von sechzig Jahren, mit dünnem grauem Haar, einem grauen Schnurrbart und kleinen, scharfen blauen Augen. Er war ein schweigsamer, verbitterter Mann, und so sehr sich Miss Reid auch bemühte, ihn ins Gespräch zu ziehen, war es doch fast unmöglich, ein Wort aus ihm herauszubekommen. Aber sie war nicht die Frau, die ohne Kampf nachgab, und eines Morgens auf offener See, als sie ihn mit einem Buch auf Deck sitzen sah, zog sie ihren Stuhl neben den seinen und ließ sich neben ihm nieder.

»Lesen Sie gerne, Doktor?« fragte sie munter.

»Ja.«

»Ich auch. Und ich vermute, daß Sie wie alle Deutschen musikalisch sind.«

»Ich höre Musik gern.«

»Ich auch. Als ich Sie zum erstenmal sah, dachte ich sofort, daß Sie klug aussehen.«

Er warf ihr einen kurzen Blick zu, verzog die Lippen und las weiter. Dies schreckte Miss Reid nicht ab.

»Aber lesen kann man natürlich jederzeit. Ich ziehe immer ein gutes Gespräch einem guten Buch vor. Sie nicht?«

»Nein.«

»Das ist sehr interessant. Sagen Sie mir nur, warum?«

»Ich kann Ihnen keinen Grund nennen.«

»Das ist sehr merkwürdig, nicht? Aber ich finde die menschliche Natur überhaupt sehr merkwürdig. Ich interessiere mich schrecklich für Menschen, wissen Sie. Ärzte habe ich immer gern, sie wissen so viel über die menschliche Natur, aber ich könnte Ihnen einige Dinge erzählen, die sogar Sie erstaunen würden. Man erfährt viel über die Leute, wenn man wie ich eine Teestube leitet, das heißt, wenn man die Augen offenhält.«

Der Doktor erhob sich.

»Ich muß Sie bitten, mich zu entschuldigen, Miss Reid. Ich muß jetzt einen Patienten besuchen.«

»Jedenfalls ist es mir gelungen, das Eis zu brechen«, dachte sie, während er sich entfernte. »Ich glaube, er war nur schüchtern.«

Ein paar Tage später fühlte sich der Doktor gar nicht wohl. Er hatte ein inneres Leiden, das ihn von Zeit zu Zeit plagte, aber er war daran gewöhnt und nicht geneigt, darüber zu reden. Wenn er einen seiner Anfälle hatte, wollte er nur allein gelassen werden. Seine Kajüte war klein und dumpf; darum legte er sich auf Deck in einen Liegestuhl und schloß die Augen. Miss Reid spazierte gerade auf und ab, um sich wie jeden Morgen und Abend eine halbe Stunde Bewegung zu machen. Er dachte, wenn er sich schlafend stellte, würde sie ihn nicht stören. Als sie aber ein halbes Dutzend Mal an ihm vorbeigekommen war, blieb sie vor ihm stehen. Obwohl er die Augen geschlossen hatte, wußte er, daß sie ihn betrachtete.

»Kann ich etwas für Sie tun, Doktor?« fragte sie.

Er zuckte zusammen.

»Warum, was denn?«

Er schaute sie an und bemerkte ihren tiefbekümmerten Blick.

»Sie sehen schrecklich krank aus«, sagte sie.

»Ich habe große Schmerzen.«

»Ich weiß. Das kann ich sehen. Kann man nichts dagegen tun?«

»Nein, es geht nach einiger Zeit vorbei.«

Sie zögerte einen Augenblick und ging dann fort. Nach einer Weile kam sie zurück.

»Sie sehen so unbehaglich aus, ohne Kissen oder irgend etwas. Ich habe Ihnen mein Reisekissen gebracht, das ich immer mitnehme. Lassen Sie es mich Ihnen doch unter den Kopf schieben.«

Er fühlte sich im Augenblick zu elend, um zu protestieren. Sie hob seinen Kopf sanft auf und schob das weiche Kissen darunter. Es war wirklich bequemer für ihn. Sie strich ihm mit der Hand, die kühl und weich war, über die Stirn.

»Armer Mann«, sagte sie. »Ich weiß, wie Ärzte sind. Ärzte haben keine Ahnung, wie sie sich selber behandeln sollten.«

Sie verließ ihn, kam aber nach wenigen Minuten mit einem Stuhl und einem Beutel zurück. Als der Doktor sie bemerkte, zuckte er gequält zusammen.

»Nun werde ich Ihnen nicht erlauben zu sprechen; ich werde nur neben Ihnen sitzen und stricken. Ich finde, es ist immer tröstlich, wenn man sich nicht wohl fühlt, jemand in der Nähe zu haben.«

Sie setzte sich, zog einen angefangenen Schal aus ihrem Beutel und begann emsig die Nadeln zu handhaben. Sie sprach kein Wort. Und merkwürdigerweise empfand der Doktor ihre Gegenwart als Trost. Niemand an Bord hatte überhaupt bemerkt, daß er krank war; er hatte sich einsam gefühlt, und die Teilnahme dieser hoffnungslos langweiligen Person war wohltuend für ihn. Es beruhigte ihn, sie da schweigend arbeiten zu sehen, und bald schlief er ein. Als er wieder aufwachte, arbeitete sie noch. Sie sah ihn mit einem leichten Lächeln an, sagte aber nichts. Der Schmerz war vergangen, und er fühlte sich viel wohler.

Er ging erst am Spätnachmittag in den Salon. Dort fand er den Kapitän und Hans Krause, den Maat, die zusammen Bier tranken.

»Setzen Sie sich, Doktor«, sagte der Kapitän. »Wir halten eben Kriegsrat. Sie wissen, daß übermorgen Heiliger Abend ist.«

»Natürlich.«

Der Weihnachtsabend bedeutet den Deutschen viel, und sie hatten sich schon alle darauf gefreut. Sie hatten den ganzen Weg von Deutschland her einen Weihnachtsbaum mitgebracht.

»Beim Essen heute war Miss Reid gesprächiger denn je. Hans und ich haben beschlossen, daß etwas dagegen geschehen muß.«

»Sie hat heute vormittag zwei Stunden schweigend neben mir gesessen. Da hat sie wohl das Versäumte nachholen wollen.«

»Es ist schlimm genug, gerade jetzt von zu Hause weg zu sein, und es bleibt uns nichts anderes übrig, als das Beste draus zu machen. Wir wollen unseren Heiligen Abend genießen, und wenn wir wegen Miss Reid nichts unternehmen, ist das ausgeschlossen.«

»Wir können es nicht gemütlich haben, wenn sie dabei ist«, sagte der Maat. »Sie würde todsicher alles verderben.«

»Was schlagen Sie vor, um sie loszuwerden, wenn wir sie nicht über Bord werfen können?« sagte der Doktor lächelnd. »Sie ist keine üble Seele; alles, was ihr fehlt, ist ein Liebhaber.«

»In ihrem Alter?« rief Hans Krause.

»Gerade in ihrem Alter. Diese ausschweifende Redseligkeit, diese Sucht nach Auskünften, die zahllosen Fragen, die sie stellt, ihre Banalitäten, die Art, wie sie kein Ende findet – das ist alles ein Zeichen ihrer rebellierenden Jungfräulichkeit. Ein Liebhaber würde ihr Frieden bringen. Ihre überreizten Nerven würden sich entspannen. Sie hätte dann wenigstens eine Stunde lang gelebt. Die tiefe Befriedigung, die ihr Wesen verlangt, würde durch diese gereizten Sprachzentren fließen, und wir hätten Ruhe.«

Es war immer etwas schwer, festzustellen, wieviel der Doktor von dem, was er sagte, wirklich meinte und wann er sich lustig machte. Aber die blauen Augen des Kapitäns funkelten übermütig.

»Na, Doktor, ich setze großes Vertrauen in Ihre Diagnosen. Das Rezept, das Sie vorschlagen, ist sicher einen Versuch wert, und da Sie Junggeselle sind, ist es klar, daß seine Anwendung Ihnen obliegt.«

»Verzeihen Sie, Kapitän, es ist meine berufliche Pflicht, den Patienten, die mir auf diesem Schiff anvertraut sind, Arzneien zu verordnen, aber nicht, sie ihnen persönlich zu verabreichen. Außerdem bin ich sechzig.«

»Ich bin ein verheirateter Mann mit erwachsenen Kindern«, sagte der Kapitän. »Ich bin alt und dick und asthmatisch; es ist klar, daß mir eine solche Aufgabe nicht zugemutet werden kann. Die Natur hat mich für die Rolle eines Ehemannes und Vaters bestimmt, nicht für die eines Liebhabers.«

»In diesen Dingen ist Jugend eine Voraussetzung und gutes Aussehen von Vorteil«, sagte der Doktor ernst.

Der Kapitän schlug mit der Faust krachend auf den Tisch.

»Sie denken an Hans. Sie haben ganz recht. Hans muß es sein.« Der Maat sprang auf die Füße.

»Ich? Niemals.«

»Hans, du bist groß, hübsch, stark wie ein Löwe, tapfer

und jung. Wir werden noch dreiundzwanzig Tage auf See sein, bevor wir nach Hamburg kommen. Du willst doch deinen vertrauten alten Kapitän in solcher Notlage nicht im Stich lassen, oder deinen guten Freund, den Doktor?«

»Nein, Kapitän, das ist zuviel von mir verlangt. Ich bin noch kein ganzes Jahr verheiratet, und ich liebe meine Frau. Ich kann es kaum erwarten, nach Hamburg zurückzukommen. Sie sehnt sich ebenso nach mir wie ich mich nach ihr. Ich will ihr nicht untreu werden – vor allem nicht mit Miss Reid.«

»Miss Reid ist gar nicht so übel«, sagte der Doktor.

»Manche Leute würden sie sogar hübsch finden«, sagte der Kapitän.

Und wirklich, wenn man Miss Reids Züge einzeln betrachtete, war sie keineswegs unschön. Wohl hatte sie ein langes, dummes Gesicht, aber ihre braunen Augen waren groß, sie hatte sehr dichte Wimpern; ihr braunes Haar war kurz geschnitten und lockte sich recht gefällig im Nacken; ihre Haut war nicht schlecht, und sie war weder zu dick noch zu dünn. Sie war nach heutigen Begriffen nicht alt, und wenn sie gesagt hätte, sie sei vierzig, so hätte man das ohne weiteres geglaubt. Das einzige, was an ihr auszusetzen blieb, war, daß sie hausbacken und langweilig war.

»Muß ich also weitere dreiundzwanzig Tage die Weitschweifigkeit dieser lästigen Person ertragen? Muß ich noch geschlagene dreiundzwanzig Tage ihre törichten Fragen beantworten und ihre albernen Bemerkungen anhören? Muß ich alter Mann mir meinen Heiligen Abend, den schönen Abend, auf den ich mich gefreut hatte, durch die Gesellschaft dieser unerträglichen Jungfer verderben lassen? Und nur, weil niemand gefunden werden kann, der ein wenig Galanterie, ein wenig menschliche Güte, einen Beweis von Mildtätigkeit einer einsamen Frau gegenüber aufbringen kann! Ich werde das Schiff auflaufen lassen.«

»Es bleibt immer noch der Funker«, sagte Hans.

Der Kapitän stieß einen lauten Schrei aus.

»Hans, mögen die zehntausend Jungfrauen von Köln sich erheben und dich segnen. Steward«, donnerte er, »sag dem Funker, daß ich ihn sprechen will.«

Der Funker kam in den Salon und stand stramm. Die drei Männer betrachteten ihn schweigend. Er überlegte beunruhigt, ob er etwas angestellt habe, wofür er nun zur Rechenschaft gezogen werden sollte. Er war mehr als mittelgroß, mit breiten Schultern und schmalen Hüften, kerzengerade und schlank; seine gebräunte, glatte Haut sah aus, als habe ein Rasiermesser sie nie berührt, er hatte große, auffallend blaue Augen und eine Mähne von lockigem, goldblondem Haar. Er war ein Prachtexemplar junger teutonischer Männlichkeit. Er war so gesund, so kräftig und voller Leben, daß man selbst auf eine gewisse Entfernung die Vitalität spürte, die von ihm ausstrahlte.

»Wie alt bist du, mein Junge?« sagte der Kapitän.

»Einundzwanzig, Herr Kapitän.«

»Verheiratet?«

»Nein, Herr Kapitän.«

»Verlobt?«

Der Funker kicherte. Es lag etwas anziehend Knabenhaftes in seinem Lachen.

»Nein, Herr Kapitän.«

»Du weißt, daß wir einen weiblichen Passagier an Bord haben?«

»Ja, Herr Kapitän.«

»Kennst du sie?«

»Wenn ich sie auf Deck treffe, sage ich ihr guten Morgen.«

Der Kapitän nahm seine offiziellste Haltung an. Seine Augen, die meistens vor Humor zwinkerten, waren jetzt streng, und er legte einen bellenden Ton in seine tiefe, volle Stimme.

»Obwohl dies ein Frachtdampfer ist und wir wertvolle Ladung mitführen, nehmen wir auch die Passagiere auf, die wir kriegen können, und das ist eine Abteilung unseres Geschäftes, an deren Entwicklung der Gesellschaft sehr viel liegt. Die Weisungen an mich lauten dahin, alles nur Mögliche für die Zufriedenheit und das Behagen der Passagiere zu tun. Miss Reid benötigt einen Liebhaber. Der Doktor und ich sind zu der Überzeugung gekommen, daß du geeignet bist, den Anforderungen von Miss Reid zu entsprechen.«

»Ich, Herr Kapitän?« Der Funker wurde feuerrot und begann dann zu kichern, beherrschte sich aber gleich wieder, als er die entschlossenen Mienen der drei Männer ihm gegenüber sah.

»Aber sie ist alt genug, um meine Mutter zu sein.«

»In deinem Alter hat das gar nichts zu sagen. Sie ist eine vornehme Dame und mit allen großen Familien in England verwandt. Wenn sie Deutsche wäre, so wäre sie mindestens eine Gräfin. Daß du für diesen verantwortungsvollen Posten auserwählt worden bist, bedeutet eine Ehre, die du hoch einschätzen solltest. Außerdem ist dein Englisch mangelhaft, und hierdurch wirst du eine glänzende Gelegenheit haben, es zu verbessern.«

»Das ist allerdings wahr«, sagte der Funker. »Ich weiß, daß es mir an Übung fehlt.«

»Es kommt im Leben nicht so oft vor, daß man Vergnügen mit geistiger Entwicklung verbinden kann, und du darfst dir zu diesem Glücksfall gratulieren.«

»Aber wenn ich diese Frage stellen darf, Herr Kapitän: warum benötigt Miss Reid einen Liebhaber?«

»Es scheint eine alte englische Sitte zu sein, daß unverheiratete Frauen von hohem Rang sich zu dieser Jahreszeit den

Umarmungen eines Liebhabers hingeben. Die Gesellschaft wünscht dringend, daß Miss Reid genauso behandelt wird, wie das auf einem englischen Schiff der Fall gewesen wäre, und wenn sie zufrieden ist, dürfen wir damit rechnen, daß sie bei ihren aristokratischen Beziehungen vielen ihrer Freunde die Schiffahrtslinie empfehlen wird.«

»Herr Kapitän, ich bitte, mich zu entschuldigen.«

»Dies ist keine Bitte, die ich ausspreche, sondern ein Befehl. Du wirst dich heute abend um elf Uhr bei Miss Reid in ihrer Kajüte melden.«

»Was soll ich tun, wenn ich dort bin?«

»Tun?« donnerte der Kapitän. »Tun? Dich natürlich benehmen.«

Er winkte mit der Hand und entließ ihn. Der Funker schlug die Hacken zusammen, salutierte und ging hinaus.

»Jetzt trinken wir noch ein Bier«, sagte der Kapitän.

Beim Abendessen war Miss Reid ganz auf der Höhe. Sie war wortreich. Sie war neckisch. Sie war vornehm. Es gab keinen Gemeinplatz, den sie nicht ausgesprochen hätte. Es gab keine abgedroschene Redensart, die sie vermieden hätte. Sie bombardierte alle mit törichten Fragen. Das Gesicht des Kapitäns wurde immer röter bei der Bemühung, seine Wut zu unterdrücken; er fühlte, daß er ihr nicht länger mit Höflichkeit begegnen konnte, und wenn das Rezept des Doktors nicht half, würde er sich eines Tages vergessen und ihr nicht nur ein wenig, sondern restlos die Meinung sagen.

»Ich werde meinen Posten verlieren«, dachte er dabei, »aber ich glaube fest, daß es sich lohnen würde.«

Am nächsten Tag saßen sie schon alle am Tisch, als sie zum Mittagessen hereinkam.

»Morgen ist Weihnachtsabend«, sagte sie munter. Dieser Hinweis entsprach ihr durchaus. Sie fuhr fort: »Nun, was haben Sie alle heute vormittag getrieben?«

Da sie jeden Tag genau das gleiche taten und sie genau wußte, was das war, wirkte diese Frage aufreizend. Der Kapitän verlor den Mut. Er sagte dem Doktor kurz, was er von ihm hielt.

»Jetzt aber bitte kein Deutsch«, sagte Miss Reid schalkhaft. »Sie wissen, daß ich das nicht gestatte, und warum, Kapitän, haben Sie den armen Doktor so verdrießlich angesehen? Es ist doch Weihnachten, bedenken Sie, Frieden auf Erden und den Menschen ein Wohlgefallen. Ich bin schon ganz aufgeregt im Gedanken an morgen. Werden an dem Weihnachtsbaum Kerzen sein?«

»Natürlich!«

»Wie wunderbar! Ich finde immer, daß ein Weihnachtsbaum ohne Kerzen kein Weihnachtsbaum ist. Ach, übrigens, denken Sie nur: ich hatte gestern abend ein so komisches Erlebnis. Ich kann es gar nicht verstehen.«

Eine betroffene Stille trat ein. Alle blickten gespannt auf Miss Reid. Ausnahmsweise hingen sie einmal an ihren Lippen.

»Ja«, fuhr sie in dem ihr eigenen monotonen und gezierten Ton fort, »ich wollte mich gestern abend gerade zur Ruhe begeben, als es an meine Tür klopfte. ›Wer ist da?‹ sagte ich. ›Der Funker‹, war die Antwort. ›Was gibt es?‹ fragte ich. ›Kann ich Sie sprechen?‹ sagte er.«

Sie hörten mit atemloser Aufmerksamkeit zu.

»›Nun, ich will schnell einen Morgenrock anziehen‹, sagte ich, ›und die Tür aufmachen.‹ Also zog ich den Morgenrock an und öffnete die Tür. Der Funker sagte: ›Entschuldigen Sie, Miss, aber wollen Sie nicht vielleicht eine Funkbotschaft senden?‹ Nun, ich fand es schon sehr komisch, daß er um diese Stunde kam, um mich zu fragen, ob ich eine Funkbotschaft senden möchte; ich lachte ihm gerade ins Gesicht, denn es regte meinen Sinn für Humor an, wenn Sie verstehen, was ich damit meine, aber ich wollte ihn nicht kränken, darum sagte ich: ›Vielen Dank, aber ich glaube nicht, daß ich eine Funkbotschaft senden will.‹ Er stand da und sah so komisch aus, als sei er ganz verlegen, darum sagte ich: ›Vielen Dank trotzdem für das Angebot‹, und dann sagte ich: ›Gute Nacht und angenehme Träume‹ und schloß die Tür.«

»Der verdammte Narr«, rief der Kapitän aus.

»Er ist noch jung, Miss Reid«, warf der Doktor ein. »Das war übertriebener Eifer. Wahrscheinlich dachte er, daß Sie gern Ihren Freunden Glückwünsche schicken möchten, und da wollte er Ihnen den Vorteil einer verbilligten Gebühr vermitteln.«

»Ach, es hat mir gar nichts ausgemacht. Ich habe diese komischen kleinen Erlebnisse auf Reisen gern. Ich lache nur herzlich darüber.«

Sobald das Essen vorüber war und Miss Reid sie verlassen hatte, ließ der Kapitän den Funker kommen.

»Du Esel, warum in aller Welt hast du Miss Reid gestern abend gefragt, ob sie einen Funkspruch senden wolle?«

»Herr Kapitän, Sie haben mir gesagt, ich solle mich natürlich benehmen. Ich bin Funker. Ich dachte, es sei natürlich, wenn ich sie frage, ob sie einen Funkspruch senden wolle. Ich wußte nicht, was ich sonst sagen sollte.«

»Gott im Himmel!« schrie der Kapitän. »Als Siegfried Brünhilde auf dem Felsen liegen sah und ausrief: ›Das ist kein Mann!‹« (der Kapitän sang die Worte zwei- oder dreimal, weil er seine Stimme gern hörte, bevor er fortfuhr), »hat Siegfried sie dann, nachdem sie erwachte, gefragt, ob sie einen Funkspruch senden möchte, um vielleicht ihrem Papa mitzuteilen, daß sie sich von ihrem langen Schlaf erhoben habe und jetzt wach sei?«

»Ich möchte Sie respektvoll darauf hinweisen, daß Brünhilde Siegfrieds Tante war. Miss Reid ist mir völlig fremd.«

»Er hat nicht darüber nachgedacht, daß sie seine Tante war. Er wußte nur, daß sie eine schöne und wehrlose Frau war, allem Anschein nach aus guter Familie, und er benahm sich so, wie jeder Gentleman es getan hätte. Du bist jung und hübsch, die Ehre Deutschlands liegt in deiner Hand.«

»Zu Befehl, Herr Kapitän. Ich werde mir Mühe geben.«

An diesem Abend wurde wieder an Miss Reids Tür geklopft.

»Wer ist da?«

»Der Funker. Ich habe eine Funknachricht für Sie, Miss Reid.«

»Für mich?« Sie war erstaunt, aber es fiel ihr sofort ein, daß einer ihrer Mitreisenden, der in Haiti an Land gegangen war, ihr einen Weihnachtsgruß geschickt haben konnte. »Wie freundlich sind doch die Menschen«, dachte sie. »Ich bin zu Bett. Legen Sie es vor die Tür.«

»Es ist mit Rückantwort. Zehn Worte vorausbezahlt.«

Dann konnte es kein Festgruß sein. Ihr Herzschlag stockte.

Es konnte nur eins bedeuten: ihr Geschäft war bis auf den Boden niedergebrannt. Sie sprang aus dem Bett.

»Schieben Sie es unter der Türe durch, dann schreibe ich die Antwort und schiebe es Ihnen zurück!«

Der Umschlag wurde unter der Türe durchgeschoben, und als er auf dem Teppich erschien, hatte er wirklich ein unheilvolles Aussehen. Miss Reid nahm ihn rasch und riß ihn auf. Die Worte schwammen ihr vor den Augen, und sie konnte ihre Brille nicht gleich finden. Dies war es, was sie las:

Fröhliche Weihnachten stop Frieden auf Erden und den Menschen ein Wohlgefallen stop Sie sind sehr schön stop Ich liebe Sie stop Ich muß mit Ihnen sprechen stop Unterzeichnet: der Funker.

Miss Reid las es zweimal durch. Dann nahm sie langsam ihre Brille ab und versteckte sie unter einem Schal. Sie öffnete die Tür.

»Kommen Sie herein«, sagte sie.

Am nächsten Tag war Weihnachtsabend. Die Offiziere waren heiter und ein wenig sentimental, als sie sich zum Mittagessen setzten. Die Stewards hatten den Salon mit tropischen Schlingpflanzen geschmückt, als Ersatz für Stechpalme und Misteln, und der Weihnachtsbaum stand auf dem Tisch; seine Kerzen sollten beim Abendessen angezündet werden. Miss Reid kam erst herein, als die Offiziere schon saßen, und als sie ihr guten Morgen wünschten, neigte sie nur schweigend den Kopf. Alle schauten sie neugierig an. Sie sprach dem Essen mit gutem Appetit zu, sagte aber kein Wort. Ihr Schweigen war unheimlich. Endlich konnte der Kapitän es nicht mehr aushalten und sagte:

»Sie sind heute sehr still, Miss Reid.«

»Ich denke nach«, erwiderte sie.

»Und wollen Sie uns Ihre Gedanken nicht mitteilen, Miss Reid?« fragte der Doktor scherzend.

Sie warf ihm einen kühlen, beinahe hochmütigen Blick zu.

»Ich ziehe vor, sie für mich zu behalten, Doktor. Ich hätte aber gerne noch etwas von dem Ragout, ich habe einen sehr guten Appetit.«

Sie beendeten das Mahl unter wohltuendem Schweigen. Der Kapitän stieß einen Seufzer der Erleichterung aus. Dazu war eine Mahlzeit da: zum Essen, nicht zum Schwatzen. Als sie fertig waren, ging er auf den Arzt zu und drückte ihm die Hand.

»Es ist etwas geschehen, Doktor.«

»Es ist geschehen. Sie ist wie verwandelt.«

»Aber wird es andauern?«

»Man kann nur das Beste hoffen.«

Miss Reid zog für die Feier ein Abendkleid an, ein ganz schlichtes schwarzes Kleid mit künstlichen Rosen an ihrem Busen und einer langen imitierten Jadekette um den Hals. Das Licht war gedämpft, und an dem Weihnachtsbaum brannten die Kerzen. Es war ein wenig wie in der Kirche. Die jüngeren Offiziere speisten an diesem Abend auch im Salon, und sie sahen sehr flott aus in ihren weißen Uniformen. Es gab Sekt auf Kosten der Schiffahrtsgesellschaft und nach dem Abendessen Punsch. Sie zogen an Knallbonbons. Sie sangen Lieder zur Grammophonbegleitung: ›Deutschland, Deutschland über alles‹, ›Alt-Heidelberg‹ und ›Lang, lang ist's her‹. Sie schmetterten die Melodien kräftig hinaus, die Stimme des Kapitäns übertönte alle andern, und Miss Reid fiel mit einer angenehmen Altstimme ein. Der Doktor beobachtete, daß Miss Reids Augen von Zeit zu Zeit auf dem Funker ruhten, und er las in ihnen den Ausdruck einer leichten Verwirrung.

»Ein hübscher Bursche, nicht wahr?« sagte der Doktor.

Miss Reid drehte sich um und schaute ihn kühl an.

»Wer?«

»Der Funker! Ich dachte, Sie hätten ihn eben betrachtet.«

»Welcher ist es?«

»Die Doppelbödigkeit der Frauen«, brummte der Doktor vor sich hin, erwiderte aber mit einem Lächeln: »Er sitzt neben dem Ersten Ingenieur.«

»Ach, natürlich, jetzt erkenne ich ihn wieder. Wissen Sie, ich finde nie, daß es so wichtig ist, wie ein Mann aussieht. Ich interessiere mich so viel mehr für den Geist eines Mannes als für sein Äußeres.«

»Oh«, sagte der Doktor.

Sie hatten alle einen kleinen Schwips, auch Miss Reid, aber sie verlor dabei nichts von ihrer Würde, und als sie ihnen gute Nacht sagte, geschah es in ihrer allerbesten Form.

»Ich habe einen ganz reizenden Abend verbracht. Ich werde niemals meinen Weihnachtsabend auf einem deutschen Schiff vergessen. Es war sehr interessant. Ein richtiges Erlebnis.«

Sie ging aufrecht zur Türe, und das war ein gewisser Triumph, denn sie hatte den ganzen Abend hindurch Zug um Zug mit ihnen ihr Glas geleert.

Sie waren am nächsten Tag alle ein wenig mitgenommen. Als der Kapitän, der Doktor und der Erste Ingenieur zum Mittagessen herunterkamen, saß Miss Reid schon am Tisch. Vor jedem Gedeck lag ein kleines, mit rosa Band umwickeltes Päckchen. Auf jedem stand geschrieben: ›Fröhliche Weihnachten‹.

Sie schauten Miss Reid fragend an.

»Sie sind alle so freundlich zu mir gewesen, deshalb wollte ich jedem von Ihnen ein kleines Geschenk machen. Es gab nicht viel Auswahl in Port-au-Prince, Sie dürfen nicht zu viel erwarten.«

Für den Kapitän waren es zwei Pfeifen aus Rosenholz, für den Doktor sechs seidene Taschentücher, ein Zigarettenetui für den Maat und zwei Krawatten für den Ersten Ingenieur. Sie nahmen die Mahlzeit ein, und Miss Reid zog sich in ihre Kajüte zurück, um auszuruhen. Die Offiziere schauten einander unbehaglich an. Der Maat spielte mit dem Zigarettenetui, das sie ihm gegeben hatte.

»Ich schäme mich ein bißchen«, sagte er endlich.

Der Kapitän war nachdenklich; offenbar fühlte auch er sich etwas unsicher.

»Ich frage mich, ob wir Miss Reid diesen Streich hätten spielen dürfen«, sagte er. »Sie ist eine gute Seele und nicht reich; sie ist eine Frau, die sich ihren Unterhalt verdient. Sie hat sicher annähernd hundert Mark für diese Geschenke ausgegeben. Ich wollte beinahe, wir hätten sie in Ruhe gelassen.«

Der Doktor zuckte die Achseln.

»Sie wollten, daß sie verstummen sollte, und ich habe sie zum Schweigen gebracht.«

»Wenn man es näher überlegt, hätte es uns nichts geschadet, ihrem Geschwätz noch weitere drei Wochen zuzuhören«, sagte der Maat.

»Ich bin ihretwegen nicht ganz glücklich«, fügte der Kapitän hinzu. »Ich finde ihr Schweigen unheimlich.«

Sie hatte während der ganzen Mahlzeit kaum ein Wort gesagt. Sie schien kaum darauf zu hören, was sie sprachen.

»Meinen Sie nicht, daß Sie sich bei ihr erkundigen sollten, ob sie sich ganz wohl fühlt, Doktor?« schlug der Kapitän vor.

»Natürlich fühlt sie sich wohl. Sie hat einen Wolfsappetit. Wenn Sie Erkundigungen einholen wollen, sollten Sie sich lieber an den Funker wenden.«

»Vielleicht haben Sie es noch nicht bemerkt, Doktor, aber ich bin ein Mann von großem Zartgefühl.«

»Ich habe selber auch ein Herz«, sagte der Doktor.

Während der restlichen Fahrt verwöhnten diese Männer Miss Reid in ganz übertriebener Weise. Sie behandelten sie mit der Rücksicht, die sie einer von langer gefährlicher Krankheit Genesenden entgegengebracht hätten. Obwohl ihr Appetit glänzend war, bemühten sie sich, sie mit neuen Gerichten zu verlocken. Der Doktor bestellte Wein und bestand darauf, daß sie die Flasche mit ihm teilte. Sie spielten Domino mit ihr. Sie spielten Schach mit ihr. Sie spielten Bridge mit ihr. Sie zogen sie ins Gespräch. Aber es unterlag keinem Zweifel, daß sie, obwohl sie dem Entgegenkommen höflich begegnete, innerlich für sich blieb. In ihrem Blick lag beinahe etwas wie Verachtung; man hätte fast denken können, daß diese Männer und ihre liebenswürdigen Bemühungen ihr angenehm lächerlich erschienen. Sie sprach selten, wenn sie nicht angeredet wurde. Sie las Detektivromane und saß abends auf Deck und betrachtete die Sterne. Sie lebte ein Leben für sich.

Endlich nahte das Ende der Reise. Sie dampften an einem ruhigen, grauen Tag den Ärmelkanal hinauf; sie erblickten Land. Miss Reid packte ihre Koffer. Um zwei Uhr nachmittags legten sie im Dock von Plymouth an. Der Kapitän, der Maat und der Doktor kamen herbei, um sich von ihr zu verabschieden.

»Nun, Miss Reid«, sagte der Kapitän in seiner herzhaften Weise, »es tut uns leid, Sie zu verlieren, aber wahrscheinlich freuen Sie sich, nach Hause zu kommen.«

»Sie sind sehr freundlich zu mir gewesen, Sie alle sind sehr freundlich gewesen. Ich weiß gar nicht, wodurch ich das verdient habe. Ich war sehr glücklich bei Ihnen. Ich werde Sie nie vergessen.«

Sie sprach ein wenig zittrig, sie versuchte zu lächeln, aber ihre Lippen bebten, und Tränen liefen ihr über die Wangen. Der Kapitän wurde dunkelrot. Er lächelte verlegen.

»Darf ich Ihnen einen Kuß geben, Miss Reid?«

Sie war um einen halben Kopf größer als er. Sie beugte sich herunter, und er drückte ihr einen dicken Kuß auf die eine nasse Wange und einen weiteren dicken Kuß auf die andere. Sie wandte sich zu dem Doktor und dem Maat. Und beide küßten sie.

»Was für eine alte Närrin ich bin«, sagte sie. »Alle sind so gut.«

Sie trocknete sich die Augen und ging dann langsam, in ihrer graziösen, leicht komischen Art den Laufsteg hinunter. Der Kapitän hatte feuchte Augen. Als sie den Kai erreichte, blickte sie in die Höhe und winkte jemandem auf dem Bootsdeck.

»Wem winkt sie?« fragte der Kapitän.

»Dem Funker.«

Miss Price wartete am Kai, um sie willkommen zu heißen. Als sie den Zoll passiert hatten und Miss Reid ihr großes Gepäck losgeworden war, gingen sie zu Miss Price und tranken dort einen frühen Tee. Miss Reids Zug fuhr erst um fünf Uhr. Miss Price hatte Miss Reid viel zu berichten.

»Aber es ist schlimm von mir, so ins Reden zu geraten, wenn du gerade erst nach Hause gekommen bist. Ich habe mich schon so darauf gefreut, alles über deine Reise zu hören.«

»Ich fürchte, daß es gar nicht viel zu erzählen gibt.«

»Das kann ich nicht glauben. Deine Reise ist doch gelungen, oder nicht?«

»Sehr gelungen. Es war sehr nett.«

»Und war es dir nicht unangenehm, mit all diesen Deutschen zusammen zu sein?«

»Natürlich sind sie nicht wie Engländer. Man muß sich an ihre Art gewöhnen. Sie tun manches, was – nun, was Engländer nicht tun würden, weißt du. Aber ich finde immer, daß man die Dinge nehmen muß, wie sie kommen.«

»Was meinst du damit?«

Miss Reid blickte ihre Freundin gelassen an. Ihr langes, dummes Gesicht hatte einen milden Ausdruck, und Miss Price bemerkte das eigentümlich mutwillige Blinken in ihren Augen nicht.

»Eigentlich nur ganz bedeutungslose Ereignisse. Einfach komische, unerwartete, recht nette Erlebnisse. Zweifellos wirkt Reisen wunderbar bildend.«

André Maurois
Die Kuckucksuhr

General Bramble hatte mich gebeten, Weihnachten bei ihm auf dem Lande zu verbringen. »Ich lade heuer nur meinen Schwager, Lord Tullock, und meine Schwägerin dazu ein. Es wird also nicht besonders unterhaltsam werden. Aber wenn Sie weder die Einsamkeit noch den englischen Winter scheuen, würden wir uns sehr freuen, Sie bei uns zu sehen, um von der guten alten Zeit zu plaudern.«

Ich wußte, daß meine Freunde im Lauf des Jahres ihre Tochter von achtzehn Jahren verloren hatten. Sie taten mir sehr leid. Ich wollte sie gerne wiedersehen und nahm ihre Einladung an.

Frau Brambles Gesicht war von Tränen zerfurcht, aber sie sprach mit mir nicht von ihrem Verlust. Nur am ersten Abend blieb sie, als wir uns zum Schlafengehen zurückzogen, in dem Zimmer neben dem meinigen stehen und sagte: »Das war ihr Zimmer.«

Am Weihnachtsabend saßen wir in der Bibliothek. Im Kamin brannte ein großes Holzfeuer. Der General rauchte seine Pfeife, Frau Bramble beschäftigte sich mit einer Handarbeit. Lord Tullock sprach über die Christnacht: »Noch vor fünfzig Jahren«, erzählte er, »glaubten viele der alten Bauern in meiner Grafschaft, daß in dieser Nacht die Tiere mit Menschenstimmen reden.« – »Meine Vorstellung von der Heiligen Nacht«, sagte ich, »deckt sich eher mit der Shakespeares, der behauptet, daß in dieser Nacht kein Geist umgehe, daß Friede herrsche und keine Hexe Zaubermacht habe.«

»Wir wissen, daß Shakespeare da unrecht hat«, meinte Lady Tullock sehr ernst. »Edward, mein Lieber, möchtest du nicht unser Erlebnis von Schloß Tullock erzählen?«

»Ich würde es gerne hören«, sagte ich.

»Well«, begann Lord Tullock, »es ist genau fünf Jahre her, daß ich mir in der Christnacht, da ich Kopfschmerzen hatte, gegen Mitternacht ein wenig die Beine im Freien vertreten wollte. Vor dem Parktor schlug ich einen schmalen Weg ein, der von hohen Hecken eingerahmt ist und an diesem Abend durch die volle Flut des Mondlichts erhellt war. Nachdem ich eine halbe Meile gegangen war, nahm ich in einiger Entfernung auf dem Weg eine dunkle Spur wahr. Als ich näher kam, erkannte ich überrascht, daß es Blut war, und als ich suchte, von wo das dünne Rinnsal herkam, entdeckte ich, daß die Hecke an dieser Stelle eine rechteckige Einbuchtung bildete und in ihrem Schatten regungslos ein Körper lag. Ich trat näher heran: Es war eine Leiche. Ich lief zum Haus zurück und alarmierte die Dienstboten. Die einen schickte ich fort, um die Polizei zu benachrichtigen, den anderen befahl ich, Fackeln zu holen und mit mir zu kommen.

Wir schlugen den gleichen Weg ein und gingen lange – zu lange, wie es mir schien, aber nichts war zu sehen, und ich suchte vergeblich die Blutspur. Schließlich, nach wenigstens drei Kilometern, sagte ich: ›Ich war ganz bestimmt nicht so weit. Wir müssen an der Stelle vorbeigelaufen sein. Gehen wir zurück!‹ Das taten wir denn auch. ›Komisch‹, sagte ich, ›dabei ist die Stelle doch leicht zu finden. Es ist genau dort, wo die Hecke eine Einbuchtung bildet.‹ Niemand konnte sich erinnern, die von mir beschriebene Stelle gesehen zu haben. Wir folgten erneut der Hecke, aber so weit wir auch gehen mochten, fanden wir sie vollkommen gerade.«

Lord Tullock schwieg einen Augenblick. Nichts war im

Zimmer zu hören, als das leise Knistern des Feuers. »Sie hatten wohl eine Halluzination?« fragte ich.

»Ich glaubte es lange Zeit«, erwiderte Lord Tullock. »Dann befragte ich vergeblich die Polizei und die Nachbarn. Keinerlei Verbrechen war in dieser Nacht auf dem Weg von Tullock begangen worden. Kein Unfall war geschehen...

Vier Jahre vergingen, und ich hatte mich seit langem damit abgefunden, in jener Nacht das Opfer einer Sinnestäuschung gewesen zu sein, als ich von einem alten Freund, einem Archäologen, einen Brief erhielt, der mir große Freude bereitete. ›Heute morgen‹, so hieß es darin, ›entdeckte ich im Verlauf von Nachforschungen, die ich im Britischen Museum mache, eine merkwürdige Tatsache, die offenbar mit der seltsamen Geschichte zusammenhängt, die Sie mir das letzte Mal erzählt haben. Als ich auf Grund meiner Nachforschungen alte Zeitungen aus Ihrer Grafschaft durchstöberte, las ich, daß am 24. Dezember 1860, sechshundert Meter von Schloß Tullock entfernt, der katholische Adelige Sir John Lacy, der allein zur Mitternachtsmesse gegangen war, von Straßenräubern überfallen wurde. Die Wegelagerer hatten sich, um dem Vorüberkommenden aufzulauern, hinter der Hecke versteckt, die zu jener Zeit an verschiedenen Stellen zurückspringende Einbuchtungen bildete. Dort versteckten sie die Leiche, nachdem sie ihr Opfer ausgeplündert hatten. Auf Grund dieses Vorkommnisses ordnete der Oberrichter der Grafschaft die Entfernung dieser Einbuchtungen an. Seitdem verläuft die Hecke längs der Straße gerade.«

»Glauben Sie, daß der Tote am hundertsten Jahrestag seiner Ermordung wieder auf diese Erde zurückgekehrt war?« warf ich ein.

»Glauben Sie es denn nicht?« erwiderte Lord Tullock gekränkt.

Der General und Frau Bramble sahen mich so vorwurfsvoll

an, daß ich verstummte. Ich stand auf und bat um die Erlaubnis, mich zurückziehen zu dürfen. In meinem Zimmer brannte ein großes Tannenholzfeuer. Als ich das Licht ausgelöscht hatte, tanzte der Widerschein der Flammen im Kamin an den Wänden. Ich konnte nicht einschlafen. Plötzlich schlug im Nebenzimmer eine Kuckucksuhr zwölf. Ich hörte den Kuckuck bis zum Morgengrauen alle Stunden melden, bis ich endlich einschlief.

Als ich am Morgen etwas verspätet zum Frühstück hinunterkam, fragte mich Frau Bramble, wie ich die Nacht verbracht hätte. »Um ehrlich zu sein«, sagte ich, »habe ich wenig geschlafen. Aber es war nicht weiter schlimm, und der Kuckuck hat mir Gesellschaft geleistet.«

»Wie?« meinte der General betroffen. »Sie haben einen Kuckuck gehört? Was sagst du dazu, Edith?« fragte er mit Nachdruck, wobei er sich an seine Frau wandte.

»Aber ... bestimmt«, sagte ich, erstaunt über den Ton, mit dem er diesen Satz ausgesprochen hatte, den längsten, den ich jemals aus seinem Mund gehört hatte. Dann bemerkte ich, daß mich Frau Bramble mit gerührter Aufmerksamkeit anblickte, die Augen voll Tränen. »Ich schulde Ihnen eine Erklärung«, sagte sie. »In dem Zimmer neben dem Ihrigen gibt es tatsächlich eine Kuckucksuhr. Meine Tochter, die sie als Kind geschenkt bekam, hat sie auch später sehr geliebt und selbst jeden Abend das Uhrwerk aufgezogen. Seit dem Tode unseres Lieblings hat niemand mehr die Kuckucksuhr angerührt und niemand wird das mehr tun, so daß wir glaubten, sie wäre nun für immer stumm. Aber gestern abend, verstehen Sie, lieber Freund, gestern abend war die Weihnachtsnacht ...«

Muriel Spark
Der Seraph und der Sambesi

Vielleicht habt ihr mal von Samuel Cramer gehört, einem Dichter und Journalisten, der mit einer Tänzerin namens Fanfarlo zu tun hatte. Aber wenn ihr nicht von ihm gehört habt, dann schadet's auch nichts, wie ihr schon noch merken werdet. Zu Beginn des neunzehnten Jahrhunderts war er in Paris sehr auf der Höhe, und als ich ihn 1946 kennenlernte, war er immer noch auf der Höhe, doch diesmal auf andere Art. Es war der gleiche Mann, aber gemäßigter. Damals zum Beispiel, vor mehr als hundert Jahren, hatte Cramer mehrere Jahrzehnte hindurch in aller Harmlosigkeit darauf bestanden, daß er ungefähr fünfundzwanzig Jahre alt sei. Als ich ihn dagegen kennenlernte, befand er sich offensichtlich in seiner Zweiundvierzigerphase.

Zu jener Zeit besaß er eine Tankstelle, und zwar vier Meilen südlich vom Sambesi, wo der Fluß in den Viktoriafällen über Felsklippen stürzt. Cramer hatte ein paar Gastzimmer, in denen er, wenn das Hotel besetzt war, Touristen unterbrachte, die zu den Fällen wollten. Ich wurde an ihn verwiesen, weil ich im Hotel keinen Platz bekommen konnte, denn es war in der Woche vor Weihnachten.

Ich traf ihn draußen vor seiner Wellblechgarage an, wo er gerade am Anlasser eines großen, plumpen Mercedes herumprobierte, und auf den ersten Blick hielt ich ihn für einen Belgier aus dem Kongo. Er sah mir teils nördlich, teils südlich aus – hatte helles Haar und eine lederfarbene Haut. Später erzählte er mir, sein Vater sei Deutscher und seine Mutter

Chilenin. Dieser Bescheid war es – und nicht so sehr das ›S. Cramer‹ über der Gartentür –, der mich auf den Gedanken brachte, ich müßte schon von ihm gehört haben.

Die Regenzeit war sehr dürftig ausgefallen, und in jenem Dezember herrschte eine sengende Hitze. Am dritten Abend vor Weihnachten saß ich auf der Veranda vor meinem Zimmer und blickte durch das zerrissene Drahtnetz des Moskitofensters auf das ferne Wetterleuchten. Wenn die Atmosphäre längere Zeit eine übermäßig hohe Temperatur beibehält, scheint mit den natürlichen Umweltgeräuschen etwas vor sich zu gehen. Der Ton vermag seine übliche Fülle nicht mehr zu tragen, sondern er dringt wie eingezwängt und geknebelt an unser Ohr. An jenem Abend waren die Weihnachtskäfer, die sonst auf jeder Veranda mit lautem ›Teck-teck‹ auf den Rücken fallen, anscheinend mit Stoßdämpfern versehen. Ich sah einen hinfallen, und der leise Aufprall war erst um einen winzigen Zeitbruchteil später vernehmlich. Die Geräusche der kleineren wilden Tiere im Busch klangen auch alle wie vertuscht. Ja, als die Geräusche im Busch alle gleichzeitig abbrachen, wie es häufig der Fall ist, wenn ein Leopard sich nähert, merkte ich erst, daß vorher ein Geräusch dagewesen war.

Das allgemeine erstickte Gesumm wurde von Cramers Sonnenuntergangsgesellschaft übertönt, die am andern Ende der Veranda ihren Fortgang nahm. Die Hitze verzerrte jedes Wort. Die Gläser ließen ein Klimpern hören, das nicht mehr an Gläsernes erinnerte, sondern an in Seidenpapier gewikkelte Flaschen. Manchmal hing ein Schrei oder eine Lache stumpf in der Luft, doch es waren unwirkliche Laute, wie aus einem fernen Land projiziert – wie Taschenlampen im Londoner Nebel.

Cramer kam zu mir auf meinen Verandaanteil und forderte mich auf, bei seiner Gesellschaft mitzumachen. Ich sagte, ich würde gerne kommen, und meinte es ehrlich, obwohl ich auch gern allein gesessen hätte. Eine so beharrliche und heftige Hitze saugt jeden Willen auf.

Fünf Leute saßen in Korbstühlen da, tranken ihren Highball und knabberten gesalzene Erdnüsse. Ich erkannte einen rothaarigen Reiter aus Livingstone, der frisch aus England gekommen war, und zwei von Cramers Gästen, einen Tabakpflanzer und seine Frau aus Bulawayo. Wie es dortzulande Brauch ist, wurden die andern beiden mit ihrem Vornamen vorgestellt. Mannie, ein kleiner dunkler Mann von gedrungenem Wuchs und Gesicht, konnte meiner Ansicht nach ein Portugiese von der Ostküste sein. Fanny, die Frau, zupfte kleine Enden aus ihrem ausgefransten Korbstuhl, und als sie ihr Glas hob, zitterte ihre Hand ein wenig, so daß ihre Armbänder klirrten. Sie mochte etwa fünfzig sein, eine gepflegte Frau und sehr adrett. Ihr graues, leicht blau getöntes Haar säumte als Franse ein Gesicht, das von Malaria zerfurcht war.

Wie man so mit Fremden in jener Gegend die Zeit zu verbringen pflegt, tauschte ich mit den Tabakleuten die Namen von Bekannten aus, die innerhalb von sechshundert Meilen im Umkreis wohnten, wobei wir die Liste auf gemeinsam bekannte Namen beschränkten. Der Reiter seinerseits steuerte Neuigkeiten aus der Gegend zwischen Lusaka und Livingstone bei. Unterdessen war eine Diskussion zwischen Cramer, Fanny und Mannie im Gange, und Fanny schien den Sieg davonzutragen. Wie es den Anschein hatte, sollte am Heiligen Abend ein Spiel oder ein Konzert aufgeführt werden, an dem die drei teilnahmen. Ein paarmal hörte ich Worte wie »Engelschar«, »Hirten«, »lächerlicher Preis« und »meine jungen Mädchen« – Worte, um die es sich bei der Auseinandersetzung hauptsächlich zu drehen schien. Plötzlich unterbrach sich Fanny mitten im Sprechen, da sie einen vom Reiter erwähnten Namen aufgefangen hatte, und wandte sich an uns.

»Sie gehörte zu meinen jungen Mädchen«, sagte sie. »Ich habe ihr drei Jahre lang Unterricht gegeben.«

Mannie stand auf, um sich zu verabschieden, und bevor Fanny ihm folgte, holte sie eine Karte aus ihrer Handtasche und reichte sie mir mit spitzen Fingern.

»Falls sich eine Ihrer Bekannten dafür interessiert...« sagte Fanny obenhin.

Während sie mit ihrem Mann wegfuhr, betrachtete ich die Karte und las über einer Adresse etwa vier Meilen stromaufwärts das folgende:

Madame La Fanfarlo (Paris, London)
Tanzlehrerin. Ballett. Tanzsaal.
Auf Wunsch wird für Transportmöglichkeit gesorgt.

Am nächsten Tag stieß ich auf Cramer, der sich immer noch bemühte, die Ursache der Panne am Mercedes zu entdecken.

»Sind Sie der Mann, über den Baudelaire geschrieben hat?« fragte ich ihn.

Mit der Miene schwergeprüfter Geduld blickte er an mir vorbei auf das weite, öde Veldt.

»Ja«, erwiderte er. »Was hat Sie darauf gebracht?«

»Der Name Fanfarlo auf Fannys Karte«, sagte ich. »Sie kannten sie doch – damals in Paris?«

»Ach ja«, sagte Cramer, »aber die Zeiten sind vorbei. Sie hat Manuel de Montaverde geheiratet – also den Mannie. Vor etwa zwanzig Jahren haben sie sich hier angesiedelt. Er hat einen Kaffern-Laden.«

Nun fiel mir ein, daß es Cramer im Zeitalter der Romantik beliebt hatte, zwischen der Betätigung als Dichter und als Literat zu schwanken und solchen Betätigungen entsprechend zu leben.

Ich fragte ihn: »Haben Sie Ihre literarische Laufbahn aufgegeben?«

»Als Laufbahn, ja«, antwortete er. »Es war eine Besessenheit, und ich war froh, als ich sie los war.«

Er strich über die klobige Kühlerhaube des Mercedes und fuhr fort: »Die größte Dichtung ist Gelegenheitsdichtung: Einfall des Augenblicks.«

Wieder blickte er über das Veldt, wo ein unsichtbarer grauer Haubenpapagei »Go'way, go'way!« kreischte.

»Wichtig ist einzig das Leben«, schloß Cramer.

»Und verfassen Sie jetzt Gelegenheitsdichtung?« fragte ich.

»Wenn die Gelegenheit es verlangt«, sagte er. »So habe ich gerade ein Weihnachtsspiel geschrieben. Am Heiligen Abend wollen wir es dort drin aufführen.« Er deutete auf die Garage, wo ein paar Eingeborene schon dabei waren, Benzinkanister und Autoreifen umzustellen. Da sie weder zu den Schauspielern noch zu den Zuschauern gehörten, ließen sie sich Zeit. Nahebei war ein Stoß Faltstühle abgeladen worden.

Als ich am Vormittag des Heiligen Abends ziemlich spät von den Fällen zurückkehrte, sah ich draußen vor der Garage eine Schar streitender Eingeborener, und mitten unter ihnen Cramer, der laut und wüst fluchte. Er hielt einen zornigen Mann am Hemdsärmel gepackt, während er mit der andern Hand seine Schimpfworte in die heiße Luft malte. Ein paar Missionseingeborene waren hergeschickt worden, um beim Errichten der Bühne behilflich zu sein, und mit ihrem mittelmäßigen Schulenglisch, den gewaschenen Gesichtern und den weißen Drellshorts hatten sie, ohne es zu wollen, Cramers simple zerlumpte Boys gegen sich aufgebracht. Cramers Behandlungsart, die im Wort »Polizei« gipfelte, gelang es dann, sie wieder an die Arbeit zu schicken, wobei sie einander noch immer trommeldunkle Kehllaute zuriefen.

Die Bühne bestand aus Kisten mit darüber genagelten Brettern: sie befand sich im Hintergrund der Garage, und von dort führte ein Türchen zum Hof, zum Abort und zu den Eingeborenenhütten. Der Raum zwischen Tür und Bühne war durch mehrere an einer Leine aufgehängte schwarze Regierungsdecken abgetrennt worden und sollte das Ankleidezimmer sein. Ich willigte ein, am Abend herüberzukommen, um bei der Beleuchtung, beim Schminken und beim Anstecken der Engelsflügel zu helfen. Die Tanzschülerinnen der Fanfarlo sollten als Engelchor singen und tanzen, während sie selbst als Jungfrau Maria ein Ballettsolo vorführen wollte. Weil ihr Mann nur sehr gebrochen Englisch sprach, hatte er als Hirt eine stumme Rolle bekommen, und drei weitere Hirten waren ihm aus dem gleichen Grund zugeteilt worden. Cramers Rolle war die wichtigste, denn er hatte am meisten zu sprechen, da er der Erste Seraph war. Man war sich einig, daß er die langen Stellen am besten vortragen könne, weil er ja das Stück verfaßt hatte. Wie ich hörte, war es aber bei den Proben zu Reibereien gekommen, denn Fanny hatte einen zu großartigen Bühnenaufbau verlangt, den man ihren jungen Mädchen schuldig sei.

Die Vorstellung sollte um acht Uhr beginnen. Ich erschien Viertel nach sieben hinter der Bühne und fand dort die in Ballettröckchen gekleideten Engel mit Flügeln aus verschiedenfarbigem Kreppapier. Die Fanfarlo trug ein langes, durchsichtiges, weißes Gewand mit einem flitterbestickten Oberteil. Ich half gerade den Weisen aus dem Morgenland beim Befestigen der Bärte, als ich Cramer erblickte. Er trug eine Art Toga, ein Gewand aus mehreren Schichten Moskitotüll, die aber nicht dicht genug waren, sondern seine weißen Shorts sehen ließen. Er hatte schon sehr früh die Schminke aufgetragen, und in der zunehmenden Hitze begann sie zu schmelzen.

»Immer werd' ich nervös, wenn es soweit ist«, sagte er. »Ich muß noch mal meine Eröffnungsrede üben.«

Ich hörte, wie er auf die Bühne stieg und deklamierte. Lauter als die Stimmen der aufgeregten Kinder schlug mir der Rhythmus seiner Stimme ans Ohr. Voller Eifer half ich der Fanfarlo, Schminke auf die Gesichter der Mädchen aufzutragen. Es schien unmöglich. Sobald wir die Schminkstifte auch nur in die Hand nahmen, schmolzen sie schon. Es wurde wirklich ganz außergewöhnlich heiß.

»Macht doch die Tür auf!« schrie die Fanfarlo. Die Hoftür wurde geöffnet, und eine Schar neugieriger Eingeborener drängte sich um den Eingang. Ich überließ es der Fanfarlo, sie wegzuscheuchen, denn ich wollte irgendwie auf die Vorderseite gelangen, um Luft zu schöpfen. Ich stieg auf die Bühne und überquerte sie schon, als mir rechter Hand eine mächtige Hitzewelle entgegenschlug. Ich blickte mich um und sah Cramer, der offenbar jemanden anfauchte, ungefähr wie am Morgen, als er die Eingeborenen beschimpfte. Doch wegen des Hitzestroms konnte er nicht näher vordringen. Und wegen der Hitze konnte ich auch nicht gleich erkennen, mit wem Cramer so schalt: es war eine Art Hitze, die einem auf die Augen schlug. Doch als ich an den vorderen Rand der Bühne trat, sah ich, was drüben stand.

Es war eine lebendige Erscheinung. Das Auffallendste an ihr war ihre Unwandelbarkeit: sie schien den Gesetzen der Perspektive nicht unterworfen, denn immer blieb sie gleich groß, ob ich näher kam oder mich zurückzog. Und sehr zum Unterschied von andern Lebensformen machte sie einen fertigen Eindruck. Kein Teilchen war in Entwicklung begriffen; den Umrissen fehlte es an jener Wirrnis und Gärung, die doch sonst Merkmale lebender Wesen sind, und gerade das war die Ursache ihrer Schönheit. Die Augen nahmen fast den größten Teil des Gesichts ein und reichten weit über die

Backenknochen hinaus. Am Hinterkopf saßen zwei kräftige Flügel, die von Zeit zu Zeit über die Augen fächerten und dabei einen glühend heißen Luftwirbel hervorriefen. Ein Hals war kaum vorhanden. Unterhalb der Schultern breitete sich ein zweites kräftiges und geschmeidiges Flügelpaar aus, und ein drittes Paar entfaltete sich an den Waden und schien den Körper zu tragen. Die Füße sahen zu zerbrechlich aus, um eine so konzentrierte Daseinsform zu stützen.

In Afrika lebende Europäer fühlen sich meistens unwiderstehlich gedrängt, alles Fremdartige in der Kaffern-Umgangssprache anzureden.

»Hamba!« schrie Cramer, und das bedeutet: »Geh fort!«

»Geh du jetzt von der Bühne herunter und sei ruhig!« sagte die Erscheinung friedfertig.

»Wer zum Teufel bist du?« keuchte Cramer in der heißen Luft.

»Der gleiche wie im Himmel«, kam die Antwort. »Also ein Seraph.«

»Das kannst du anderen erzählen«, schnaufte Cramer. »Seh ich wie ein Esel aus?«

»Nein. Aber auch nicht wie ein Seraph«, sagte der Seraph.

Die Hitze, die der Seraph ausstrahlte, erfüllte die ganze Garage. Cramer lief die Schminke in die Augen, und er wischte sie auf sein Tüllgewand. Er trat zurück, bis zu einer weniger heißen Stelle, und rief von dort aus: »Ein für allemal...«

»Sehr richtig«, sagte der Seraph.

»... ist das hier meine Aufführung.«

»Seit wann?« fragte der Seraph.

»Von Anfang an«, keuchte Cramer ihm zu.

»Und mein ist sie von Anbeginn«, sagte der Seraph, »und der Anbeginn ist der wahre Beginn.«

Cramer kletterte von der heißen Bühne herunter, blieb mit

seinem Seraph-Gewand an einem Nagel hängen und zerriß es. »Hör mal«, sagte er, »ich kann mir einfach nicht vorstellen, daß eine Abnormität wie du ein echter Seraph ist!«

»Sehr richtig«, sagte der Seraph.

Mittlerweile hatte mich die Hitze zum vorderen Eingang getrieben. Cramer trat neben mich. Eine Anzahl Eingeborener hatte sich eingefunden. Die Zuschauer waren schon in ihren Wagen eingetroffen, und die andern Schauspieler waren vom Hof her um das Gebäude herumgekommen. Es war wegen der Hitze des Seraphs unmöglich, weit hineinzuschauen, und es war unmöglich, wieder hineinzugehen.

Cramer ereiferte sich immer noch von der Türe her gegen den Seraph, und unter den Neuankömmlingen erhoben sich allerlei Mutmaßungen, welcher von den drei Kategorien die gegenwärtige Schwierigkeit zuzuschreiben sei: den Eingeborenen oder Whitehall oder den Leoparden.

»Das hier ist mein Anwesen«, rief Cramer, »und die Leute haben ihre Plätze bezahlt. Sie sind hergekommen, um sich ein Mysterienspiel anzuschauen.«

»In dem Falle will ich abkühlen«, sagte der Seraph, »dann können sie kommen und sich ein Mysterienspiel anschauen.«

»*Mein* Mysterienspiel«, sagte Cramer.

»O nein – *meins*!« sagte der Seraph. »Deins genügt nicht.«

»Gehst du jetzt, oder soll ich die Polizei rufen?« sagte Cramer entschlossen.

»Für mich gibt es keine Wahl«, sagte der Seraph noch entschlossener.

Draußen hatte es sich herumgesprochen, in der Garage sei ein rasender Leopard. Die Leute stiegen wieder in ihre Wagen und parkten in sicherer Entfernung; der Tabakpflanzer ging fort, um sein Gewehr zu holen. Eine Anzahl junger Reiter hatte den Einfall, den rasenden Leoparden mit Benzin zu blenden: sie hatten ein paar Eingeborene dazu angestiftet,

Benzinkanister an der Tanksäule zu füllen und sie von Hand zu Hand bis zur Garage wandern zu lassen.

»Dann ist er erledigt«, sagte einer.

»Das ist recht!« sagte Cramer von seinem Platz an der Tür. »Gebt's ihm nur!«

»Das solltet ihr nicht tun«, sagte der Seraph. »Dann entsteht ein Brand.«

Die erste Portion Benzin, die in die Hitze geschleudert wurde, loderte auf. Zuerst verbrannten die Sitze. Dann begann sogar die Luft innerhalb der Blechwände zu brennen, bis das ganze Innere ein Feuermeer war. Eine weitere Wagenladung mit Reitern traf ein und ließ sofort von den Eingeborenen leere Kanister mit Wasser füllen. Allmählich löschten sie das Feuer. Etwas weiter straßaufwärts zählte die Fanfarlo ihre Engel. Sie versuchte die Eltern zu beruhigen und gleichzeitig zu beobachten, was vor sich ging, und sie war wütend, daß sie nun nicht tanzen konnte. Einem Engel, dessen Eltern in England waren, knuffte sie derb in den Rücken.

Es dauerte einige Stunden, bis das Feuer gänzlich gelöscht war. Solange die Wellblechwände noch glühten und sich krümmten und aufrollten, konnte man unmöglich erkennen, was mit dem Seraph geschehen war, und als sie nicht mehr glühten, war es zu dunkel und auch zu heiß, um weit genug in die Trümmer hineinzuspähen.

»Sind Sie versichert?« erkundigte sich einer von Cramers Freunden.

»O ja«, erwiderte Cramer. »Meine Police schließt alles ein – nur nicht höhere Gewalt, und das bedeutet Blitzschlag oder Überschwemmung.«

»Er ist hinreichend versichert«, erzählte Cramers Freund einem andern Freund.

Viele Leute waren nach Haus gegangen, und die übrigen waren im Begriff aufzubrechen. Die Reiter fuhren ab und sangen dabei: »Der gute König Wenzel...«, und die Missionsboys liefen die Straße hinab und sangen: »Freut euch, ihr wackern Christenleut!«

Es war gegen Mitternacht und immer noch sehr heiß. Die Tabakpflanzer schlugen eine Fahrt zu den Fällen vor, wo es kühl wäre. Cramer und die Fanfarlo schlossen sich uns an, und wir rumpelten über den holprigen Weg von Cramers Garage bis zur Überlandstraße. Dort ist der Fahrdamm nur in Längsstreifen für Autoräder asphaltiert. Wir hörten das Donnern der Fälle, als wir noch etwa zwei Meilen davon entfernt waren.

»Nach all meiner Arbeit für das Spiel und alles übrige!« sagte Cramer.

»Ach, hören Sie auf!« rief die Fanfarlo.

Und gerade da sah ich im Licht unsrer Scheinwerfer noch einmal den Seraph, wie er mit etwa siebzig Kilometern Stundengeschwindigkeit den Asphaltstreifen entlangschwebte, wobei zwei seiner sechs Flügel sich geschwind bewegten, zwei sich über sein Gesicht falteten und zwei seine Füße bedeckten.

»Da ist er!« rief Cramer. »Den bekommen wir noch!«

Wir ließen den Wagen in der Nähe des Hotels stehen und folgten einem Treck durch die dichte Vegetation des Regenwaldes, auf den fortwährend der Gischt der Fälle niederstäubt. Der zarte Sprühregen war wie eine Genesung nach der Fieberglut. Der Seraph war weit voraus, und zwischen den Bäumen konnte ich erkennen, wie seine Hitze den Gischt in Dampf verwandelte.

Wir kamen zum Rand der Felsklippen, wo uns gegenüber und auf der gleichen Höhe der Fluß mit voller Wucht in die Schlucht hinuntertost. Vom Seraph war keine Spur zu sehen. War er tief unten im brodelnden Abgrund – oder wo sonst?

Dann bemerkte ich, daß über dem eine Meile langen Kamm

des Wasserfalles der Gischt höher als sonst aufstieg. Ich hielt es für Dampf, den die Hitze des Seraphs hervorgerufen hatte. Ich hatte recht, denn gleich darauf, beim stummen Flackern des Wetterleuchtens, sahen wir ihn über den Sambesi ziehen, fort von uns, zwischen den Felsen hindurch, die wie Krokodile aussehen, und zwischen Krokodilen hindurch, die wie Felsen aussehen.

Truman Capote
Eine Weihnachtserinnerung

Stellt euch einen Morgen gegen Ende November vor! Das Heraufdämmern eines Wintermorgens vor mehr als zwanzig Jahren. Denkt euch die Küche eines weitläufigen alten Hauses in einem Landstädtchen. Ein großer schwarzer Kochherd bildet ihren wichtigsten Bestandteil, aber auch ein riesiger runder Tisch und ein Kamin sind da, vor dem zwei Schaukelstühle stehen. Und gerade heute begann der Kamin sein zur Jahreszeit passendes Lied anzustimmen.

Eine Frau mit kurzgeschorenem weißem Haar steht am Küchenfenster. Sie trägt Tennisschuhe und einen formlosen grauen Sweater über einem sommerlichen Kattunkleid. Sie ist klein und behende wie eine Bantam-Henne; aber infolge einer langen Krankheit in ihrer Jugend sind ihre Schultern kläglich verkrümmt. Ihr Gesicht ist auffallend: dem Lincolns nicht unähnlich, ebenso zerklüftet und von Sonne und Wind gegerbt; aber es ist auch zart, von feinem Schnitt, und die Augen sind sherryfarben und scheu. »Oho«, ruft sie aus, daß die Fensterscheibe von ihrem Hauch sich beschlägt, »Früchtekuchen-Wetter!«

Der, zu dem sie spricht, bin ich. Ich bin sieben. Sie ist sechzig und noch etwas darüber. Wir sind Vetter und Base, zwar sehr entfernte, und leben zusammen seit – ach, solange ich denken kann. Es wohnen noch andere Leute im Haus, Verwandte; und obwohl sie Macht über uns haben und uns oft zum Weinen bringen, merken wir im großen und ganzen doch nicht allzuviel von ihnen. Wir sind jeder des andern bester Freund. Sie nennt mich Buddy, zum Andenken an einen Jungen, der früher mal ihr bester Freund war. Der andere Buddy starb in den achtziger Jahren, als sie noch ein Kind war. Sie ist noch immer ein Kind. »Ich wußte es, noch eh' ich aus dem Bett stieg«, sagt sie und kehrt dem Fenster den Rücken. Ihre Augen leuchten zielbewußt. »Die Glocke auf dem Gericht hallte so kalt und klar. Und kein Vogel hat gesungen; sind vermutlich in wärmere Länder gezogen. O Buddy, hör auf, Biskuits zu futtern, und hol unser Wägelchen! Und hilf mir meinen Hut suchen! Wir müssen dreißig Kuchen backen.«

So ist es immer: jedes Jahr im November dämmert ein Morgen herauf, und meine Freundin verkündet – wie um die diesjährige Weihnachtszeit feierlich zu eröffnen, die ihre Phantasie befeuert und die Glut ihres Herzens nährt –: »Früchtekuchen-Wetter! Hol unser Wägelchen! Hilf mir meinen Hut suchen!«

Der Hut findet sich: ein Wagenrad aus Stroh, geschmückt mit Samtrosen, die in Luft und Licht verblaßten; er gehörte einmal einer eleganteren Verwandten. Zusammen ziehen wir unser Wägelchen, einen wackeligen Kinderwagen, aus dem Garten und zu einem Gehölz von Hickory-Nußbäumen. Das Wägelchen gehört mir, das heißt, es wurde für mich gekauft, als ich auf die Welt kam. Es ist aus Korbgeflecht, schon ziemlich aufgeräufelt, und die Räder schwanken wie die Beine eines Trunkenbolds. Doch ist es ein treuer Diener; im Frühling nehmen wir es mit in die Wälder und füllen es mit Blumen, Kräutern und wildem Farn für unsere Verandatöpfe; im Sommer häufen wir es voller Picknicksachen und Angelruten aus Zuckerrohr und lassen es zum Ufer eines Flüßchens hinunterrollen; auch im Winter findet es Verwendung: als Lastwagen, um Feuerholz vom Hof zur Küche zu befördern, und als warmes Bett für Queenie, unsern zähen kleinen rotweißen rattenfangenden Terrier, der die Staupe und zwei Klapperschlangenbisse überstanden hat. Queenie trippelt jetzt neben uns einher.

Drei Stunden darauf sind wir wieder in der Küche und entkernen eine gehäufte Wagenladung Hickory-Nüsse, die der Wind heruntergeweht hat. Vom Aufsammeln tut uns der Rücken weh: wie schwer sie unter dem welken Laub und im frostfahlen, irreführenden Gras zu finden waren! (Die Haupternte war schon von den Eigentümern des Wäldchens – und das sind nicht wir – von den Bäumen geschüttelt und verkauft worden.) Krick-kräck! Ein lustiges Krachen, wie lauter Zwergen-Donnerschläge, wenn die Schalen zerbrechen und der goldene Hügel süßen, fetten sahnefarbenen Nußfleisches in der Milchglasschüssel höher steigt. Queenie bettelt um einen Kosthappen, und hin und wieder gönnt meine Freundin ihr verstohlen ein Krümchen, wenn sie auch beteuert, daß wir's nicht entbehren können. »Wir dürfen's nicht, Buddy! Wenn wir mal damit anfangen, nimmt's kein Ende. Und wir haben fast nicht genug. Für dreißig Früchtekuchen!« In der Küche dunkelt es. Die Dämmerung macht aus dem Fenster einen Spiegel: unsre Spiegelbilder, wie wir beim Feuerschein vor dem Kamin arbeiten, mischen sich mit dem aufgehenden Mond. Endlich, als der Mond schon sehr hoch steht, werfen wir die letzte Nußschale in die Glut und sehen gemeinschaftlich seufzend zu, wie sie Feuer fängt. Das Wägelchen ist leer, die Schüssel ist bis zum Rande voller Nußkerne.

Wir essen unser Abendbrot (kalte Biskuits, Brombeermus und Speck) und besprechen den nächsten Tag. Morgen beginnt der Teil der Arbeit, der mir am besten gefällt: das Einkaufen. Kandierte Kirschen und Zitronen, Ingwer und Vanille und Büchsen-Ananas aus Hawaii, Orangeat und Zitronat und Rosinen und Walnüsse und Whisky und, oh, was für eine Unmenge Mehl und Butter, und so viele Eier und Gewürze und Aroma – wir brauchen wohl gar ein Pony, um das Wägelchen nach Hause zu ziehen!

Doch ehe die Einkäufe gemacht werden können, muß die Geldfrage gelöst werden. Wir haben beide keins, abgesehen von kläglichen Summen, mit denen uns die Leute aus dem Haus gelegentlich versehen (ein Zehner gilt schon als sehr viel Geld), oder von dem, was wir auf mancherlei Art selbst verdienen, indem wir einen Ramsch-Verkauf veranstalten oder Eimer voll handgepflückter Brombeeren und Gläser mit hausgemachter Marmelade, mit Apfelgelee und Pfirsichkompott verkaufen oder für Begräbnisse und Trauungen Blumen pflücken. Mal haben wir auch bei einem nationalen Fußballtoto den neunundsiebzigsten Preis gewonnen: fünf Dollar! Nicht etwa, daß wir auch nur eine blasse Ahnung vom Fußball hätten! Es ist vielmehr so, daß wir einfach bei jedem Wettbewerb mitmachen, von dem wir hören. Augenblicklich richtet sich all unsre Hoffnung auf das große Preisausschreiben, bei dem man fünfzigtausend Dollar für den Namen einer neuen Kaffeesorte gewinnen kann (wir schlugen A. M.* vor, und nach einigem Zaudern – denn meine Freundin fand es möglicherweise frevelhaft –, den Slogan A. M. = *Amen!*). Unser einziges wirklich einträgliches Unternehmen war, um die Wahrheit zu gestehen, das Unterhaltungs- und Monstrositäten-Kabinett, das wir vor zwei Jahren in einem Holzschuppen auf dem Hof eröffnet hatten. Die Unterhaltung lieferte ein Stereoptikon mit Ansichten aus Washington und New York, das uns eine Verwandte geliehen hatte, die dort gewesen war (als sie entdeckte, weshalb wir es geborgt hatten, wurde sie wütend); in der Monstrositäten-Abteilung hatten wir ein Küken mit drei Beinen, das eine von unsern eigenen

* a. m. = ante meridiem = vormittags.

Hennen ausgebrütet hatte. Jeder aus der ganzen Gegend wollte das Küken sehen: wir verlangten von Erwachsenen einen Nickel und von Kindern zwei Cent und nahmen gute zwanzig Dollar ein, ehe das Kabinett infolge Ablebens seiner Hauptattraktion schließen mußte.

Irgendwie jedoch sparen wir jedes Jahr unser Weihnachtsgeld zusammen, in einer Früchtekuchen-Kasse. Wir bewahren das Geld in einem Versteck auf: in einer alten, perlenbestickten Geldbörse unter einer losen Diele unter dem Estrich unter dem Nachttopf unter dem Bett meiner Freundin. Die Geldbörse wird selten aus dem sicheren Gewahrsam hervorgeholt, es sei denn, um eine Einlage zu machen oder, wie es jeden Samstag vorkommt, um etwas abzuheben; denn samstags darf ich zehn Cent haben, um ins Kino zu gehen. Meine Freundin ist noch nie in einem Kino gewesen und hat auch nicht die Absicht, je hinzugehen. »Lieber laß' ich mir die Geschichte von dir erzählen, Buddy! Dann kann ich's mir viel schöner ausmalen. Außerdem muß man in meinem Alter mit seinem Augenlicht schonend umgehen. Wenn der HERR kommt, möcht' ich IHN deutlich erkennen.« Aber nicht nur, daß sie nie in einem Kino war: sie hat auch nie in einem Restaurant gegessen, ist nie weiter als zehn Kilometer von zu Hause fort gewesen, hat nie ein Telegramm erhalten oder abgeschickt, hat nie etwas anderes gelesen als das Witzblatt und die Bibel, hat sich nie geschminkt, hat nie geflucht, nie jemandem etwas Böses gewünscht, nie absichtlich gelogen und nie einen hungrigen Hund von der Türe gescheucht. Und nun ein paar von den Dingen, die sie getan hat und noch tut: mit einer Hacke die größte Klapperschlange totgeschlagen, die man jemals hierzulande gesehen hat (mit sechzehn Klappern), nimmt Schnupftabak (heimlich), zähmt Kolibris (versucht's nur mal!), bis sie ihr auf dem Finger balancieren, erzählt Geistergeschichten (wir glauben beide an Geister), aber so gruselige, daß man im Juli eine Gänsehaut bekommt, hält Selbstgespräche, geht gern im Regen spazieren, zieht die schönsten Japonikas der Stadt und kennt das Rezept für jedes alte indianische Hausmittel, auch den Warzenzauber.

Jetzt, nach beendetem Abendbrot, ziehen wir uns in einen abgelegenen Teil des Hauses in das Zimmer zurück, in dem meine Freundin in einem eisernen Bett schläft, das in ihrer Lieblingsfarbe, Rosa, gestrichen und mit einer bunten Flikkerlsteppdecke zugedeckt ist. Stumm und in Verschwörerwonnen schwelgend, holen wir die Perlenbörse aus ihrem geheimen Versteck und schütten ihren Inhalt auf die Flickerldecke: Dollarscheine, fest zusammengerollt und grün wie Maiknospen; düstere Fünfzig-Cent-Stücke, schwer genug, um einem Toten die Lider zu schließen; hübsche Zehner, die munterste Münze, eine, die wirklich silbern klingelt; Nickel und Vierteldollars, glattgeschliffen wie Bachkiesel; aber hauptsächlich ein hassenswerter Haufen bitter riechender Pennies. Im vergangenen Sommer verpflichteten sich die andern im Haus, uns für je fünfundzwanzig totgeschlagene Fliegen einen Penny zu zahlen. Oh, welch Gemetzel im August: wieviel Fliegen flogen in den Himmel! Doch es war keine Beschäftigung, auf die man stolz sein konnte. Und während wir jetzt dasitzen und die Pennies zählen, ist es uns, als ob wir wieder Tote-Fliegen-Tabellen aufstellten. Wir haben beide keinen Zahlensinn: wir zählen langsam, kommen durcheinander und müssen wieder von vorn anfangen. Auf Grund ihrer Berechnungen haben wir zwölf Dollar dreiundsiebzig. Auf Grund meiner genau dreizehn Dollar. »Hoffentlich hast du dich verzählt, Buddy! Mit dreizehn können wir nichts anfangen. Dann gehen uns die Kuchen nicht auf. Oder jemand stirbt daran. Wo es mir doch nicht im Traum einfallen würde, am Dreizehnten aufzustehen!« Es ist wahr: den Dreizehnten jeden Monats verbringt sie im Bett. Um also ganz sicherzugehen, nehmen wir einen Penny und werfen ihn aus dem Fenster.

Von den Zutaten, die wir für unsere Früchtekuchen brauchen, ist Whisky am teuersten, und er ist auch am schwierigsten zu beschaffen. Das Gesetz verbietet den Verkauf in unserem Staat. Doch jedermann weiß, daß man bei Mr. Haha Jones eine Flasche kaufen kann. Und am folgenden Tag, nachdem wir unsere prosaischeren Einkäufe gemacht haben, begeben wir uns zu Mr. Hahas Geschäftslokal, einem nach Ansicht der Leute »lasterhaften« Fischrestaurant und Tanzcafé unten am Fluß. Wir sind schon früher dort gewesen, und um das gleiche zu besorgen; doch in den voraufgegangenen Jahren hatten wir mit Hahas Frau zu tun, einer jodbraunen Indianerin mit messinggelb gebleichtem Haar, die stets todmüde ist. Ihren Mann haben wir noch nie zu Gesicht bekommen, obwohl wir gehört haben, daß er auch ein Indianer ist. Ein Riese mit tiefen Rasiermessernarben auf beiden Backen. Er wird Haha genannt, weil er so düster ist – ein Mann, der nie lacht. Je mehr wir uns seinem Café nähern (einer großen Blockhütte, die innen und außen mit grellbunten Ketten nackter elektrischer Birnen bekränzt ist und am schlammigen Flußufer steht, im Schatten von Uferbäumen, durch deren Zweige die Flechten wie graue Nebel wehen), um so langsamer werden unsere Schritte. Sogar Queenie hört auf zu springen und geht bei Fuß. In Hahas Café sind schon Leute ermordet worden. Aufgeschlitzt. Den Schädel eingeschlagen. Im nächsten Monat wird wieder ein Fall vor Gericht verhandelt. Natürlich ereignen sich solche Vorfälle in der Nacht, wenn die bunten Lämpchen verrückte Muster bilden und das Grammophon winselt. Am Tage ist Hahas Café schäbig und öde. Ich klopfe an die Tür, Queenie bellt, und meine Freundin ruft: »Mrs. Haha, Ma'am? Ist jemand da?«

Schritte. Die Tür geht auf. Das Herz bleibt uns stehen. Es ist Mr. Haha Jones persönlich! Und er ist tatsächlich ein Riese; er hat tatsächlich Narben; er lächelt tatsächlich nicht. Nein, aus schrägstehenden Satansaugen stiert er uns finster an und begehrt zu wissen: »Was wollt ihr von Haha?«

Einen Augenblick sind wir zu betäubt, um zu sprechen. Dann findet meine Freundin ihre Stimme wieder, bringt aber nicht mehr als ein Flüstern zustande: »Bitte schön, Mr. Haha, wir möchten gern einen Liter von Ihrem besten Whisky!«

Seine Augen werden noch schräger. Nicht zu glauben: Haha lächelt! Er lacht sogar! »Wer von euch beiden ist denn fürs Trinken?«

»Wir brauchen den Whisky für Früchtekuchen, Mr. Haha. Zum Trinken?«

Das ernüchtert ihn. Er zieht die Augenbrauen zusammen. »Ist doch keine Art, guten Whisky zu verwenden!« Trotzdem verzieht er sich in das schattige Café und erscheint ein paar Sekunden darauf mit einer Flasche butterblumengelben Alkohols ohne Etikett. Er läßt den Whisky im Sonnenlicht funkeln und sagt: »Zwei Dollar!«

Wir zahlen – mit Nickeln und Zehnern und Pennies. Plötzlich wird sein Gesicht weich, und er klimpert mit den Münzen in seiner Hand, als ob's eine Faust voll Würfel wäre. »Ich will euch was sagen«, schlägt er uns vor und läßt das Geld wieder in unsere Perlbörse rutschen, »schickt mir statt dessen einen von euren Früchtekuchen!«

»Nein wirklich«, sagt meine Freundin auf dem Heimweg, »was für ein reizender Mann! In seinen Früchtekuchen tun wir eine ganze Tasse Rosinen extra!«

Der schwarze Herd, der mit Kleinholz und Kohle gefüttert wird, glüht wie eine ausgehöhlte Kürbislaterne. Schneebesen schwirren, Löffel mahlen in Schüsseln voll Butter und Zukker. Vanille durchduftet die Luft, Ingwer würzt sie; schmelzende, die Nase kitzelnde Gerüche durchtränken die Küche, überschwemmen das ganze Haus und schweben mit den Rauchwölkchen durch den Kamin in die Welt hinaus. In vier Tagen haben wir die Arbeit geschafft. Einunddreißig Kuchen, mit Whisky befeuchtet, lagern warm auf Fensterbrettern und Regalen. Für wen sind sie?

Für Freunde. Nicht unbedingt für Nachbarn. Nein, der größte Teil ist für Leute bestimmt, die wir vielleicht einmal, vielleicht auch nie gesehen haben. Leute, die unsere Phantasie beschäftigen. Wie der Präsident Roosevelt. Wie Ehrwürden und Mrs. J. C. Lucey, Baptisten-Missionare auf Borneo, die im vergangenen Winter hier einen Vortrag hielten. Oder der kleine Scherenschleifer, der zweimal jährlich durchs Städtchen kommt. Oder Abner Packer, der Fahrer vom Sechs-Uhr-Autobus aus Mobile, der uns tagtäglich zuwinkt, wenn er in einer Staubwolke vorüberbraust. Oder die jungen Winstons, ein Ehepaar aus Kalifornien, deren Wagen eines Tages vor unserer Haustür eine Panne hatte und die eine Stunde lang so nett mit uns auf der Veranda verplauderten (Mr. Winston machte eine Aufnahme von uns, die einzige, die es von uns beiden gibt). Kommt es wohl daher, weil meine Freundin vor jedermann mit Ausnahme von Fremden scheu ist, daß uns die Fremden, flüchtige Zufallsbekannte, als unsre wahren Freunde erscheinen? Ich glaube, ja. Und die Sammelbücher, in die wir die Danksagungen auf Regierungsbriefpapier und hin und wieder eine Mitteilung aus Kalifornien oder Borneo und die Penny-Postkarten vom Scherenschleifer einkleben, geben uns das Gefühl, mit ereignisreicheren Welten verbunden zu sein, als es die Küche mit dem Blick auf einen abgeschnittenen Himmel ist.

Jetzt schabt ein dezemberkahler Feigenbaumzweig gegen das Fenster. Die Küche ist leer; die Kuchen sind fort. Gestern haben wir die letzten im Wägelchen zur Post gefahren, wo der

Ankauf von Briefmarken unsre Börse umgestülpt hat. Wir sind pleite. Ich bin deswegen ziemlich niedergeschlagen, aber meine Freundin besteht darauf, zu feiern, und zwar mit einem zwei Finger breiten Rest Whisky in Hahas Flasche. Queenie bekommt einen Teelöffel voll in ihren Kaffeenapf (sie nimmt ihren Kaffee gern stark und mit Zichorie gewürzt). Das übrige verteilen wir auf zwei leere Geleegläser. Wir sind beide ganz ängstlich, daß wir unverdünnten Whisky trinken wollen; der Geschmack zieht uns das Gesicht zusammen, und wir müssen uns grimmig schütteln. Aber allmählich fangen wir an zu singen, und gleichzeitig singen wir beide zwei verschiedene Lieder. Ich kann die Worte meines Liedes nicht richtig, bloß: »Kommt nur all, kommt nur all, in der Niggerstadt ist Stutzerball!« Aber ich kann tanzen. Steptänzer im Film, das will ich nämlich werden. Mein tanzender Schatten hüpft über die Wände, von unseren Stimmen zittert das Porzellan, wir kichern, als ob unsichtbare Hände uns kitzelten. Queenie wälzt sich auf dem Rücken, ihre Pfoten trommeln durch die Luft, eine Art Grinsen verzerrt ihre schwarzen Lippen. Innerlich bin ich so warm und feurig wie die zerbröckelnde Glut der Holzscheite und so sorglos wie der Wind im Kamin. Meine Freundin walzt um den Kochherd und hält den Saum ihres billigen Kattunrocks zwischen den Fingerspitzen, als ob er ein Ballkleid wäre. »Zeig mir den Weg, der nach Hause führt«, singt sie, und ihre Tennisschuhe quietschen über den Fußboden. »Zeig mir den Weg, der nach Hause führt!«

Es treten auf: zwei Verwandte. Sehr empört. Allgewaltig mit Augen, die schelten, mit Zungen, die ätzen. Hört zu, was sie zu sagen haben und wie die Worte in zorniger Melodie übereinanderpurzeln: »Ein kleiner siebenjähriger Junge! Der nach Whisky riecht! Bist du von Gott verlassen? Einem Siebenjährigen so etwas zu geben! Mußt verrückt geworden sein! Der Weg, der ins Verderben führt! Hast wohl Base Kate vergessen? Und Onkel Charlie? Und Onkel Charlies Schwager? Schande! Skandal! Demütigend! Kniet nieder und betet, betet zum HERRN!« Queenie verkriecht sich unter dem Herd. Meine Freundin starrt auf ihre Schuhe, ihr Kinn zittert, sie hebt den Rock, schnaubt sich die Nase und läuft in ihr Zimmer. Lange nachdem die Stadt schlafen gegangen und das Haus verstummt ist und nur noch das Schlagen der Turmuhr und das Wispern der erlöschenden Glut verbleibt, weint sie in ihr Kissen hinein, das schon so naß ist wie ein Witwentaschentuch.

»Weine doch nicht!« sage ich zu ihr. Ich sitze am Fußende ihres Bettes und zittere meinem Flanellnachthemd zum Trotz, das noch nach dem Hustensaft vom vorigen Winter riecht. »Weine doch nicht«, bitte ich sie und kitzle sie an den Zehen und an den Fußsohlen, »du bist zu alt dafür!«

»Das ist's ja«, schluchzt sie, »ich *bin* zu alt. Alt und komisch.«

»Nicht komisch. Lustig. Mit keinem ist's so lustig wie mit dir. Laß doch! Wenn du nicht aufhörst mit Weinen, bist du morgen so müde, daß wir nicht fortgehen und den Baum abhacken können.«

Sie richtet sich auf. Queenie springt aufs Bett (was sie sonst nicht darf) und leckt ihr die Wangen. »Ich weiß eine Stelle, Buddy, wo es wunderschöne Bäume gibt. Und auch Stechpalmen. Mit Beeren, so groß wie deine Augen. Weit weg im Wald, weiter, als wir je gewesen sind. Papa hat dort immer unsern Weihnachtsbaum geholt und auf der Schulter nach Hause getragen. Das war vor fünfzig Jahren. Ach, ich kann's gar nicht mehr abwarten, bis es morgen früh ist.«

Am andern Morgen. Das Gras funkelt im Rauhreif. Die Sonne, rund wie eine Orange und orangerot wie Heißwettermonde, tänzelt über den Horizont und überglüht die versilberten Winterwälder. Ein wilder Truthahn ruft. Im Unterholz grunzt ein ausgerissenes Schwein. Bald sind wir am Rand eines knietiefen, schnellfließenden Wassers und müssen das Wägelchen stehenlassen. Queenie watet zuerst durch den Bach, paddelt hinüber und bellt klagend, weil die Strömung rasch ist und das Wasser so kalt, um Lungenentzündung zu bekommen. Wir folgen und halten unsre Schuhe und unsere Ausrüstung (ein Beil und einen Jutesack) über den Kopf. Noch fast zwei Kilometer weiter: strafende Dornen, Kletten und Brombeerranken verhäkeln sich in unsern Kleidern; rostrote Kiefernnadeln leuchten mit grellbunten Schwämmen und ausgefallenen Vogelfedern. Hier und dort erinnert uns ein Aufblitzen, ein Flattern und ein schrilles Aufkreischen daran, daß nicht alle Vögel gen Süden gezogen sind. Immer wieder windet sich der Pfad durch zitronengelbe Sonnentümpel und pechdunkle Rankentunnel. Dann ist noch ein Bach zu überqueren: von einer aufgescheuchten Armada gesprenkelter Forellen schäumt das Wasser um uns her, und Frösche von Tellergröße üben sich im Bauchsprung; Biber-Baumeister arbeiten an einem Damm. Am andern Ufer steht Queenie, schüttelt sich und zittert. Auch meine Freundin zittert, aber nicht vor Kälte, sondern vor Begeisterung. Als sie den Kopf hebt, um die kieferndufschwere Luft einzuatmen, wirft eine von den zerlumpten Rosen auf ihrem Hut ein Blütenblatt ab. »Wir sind gleich dort, Buddy! Riechst du ihn schon?« fragt sie, als ob wir uns einem Ozean näherten.

Und es ist wirklich eine Art Ozean. Duftende Bestände von Festtagsbäumen, stachelblättrige Stechpalmen. Rote Beeren, die wie chinesische Ballonblumen blinken: schwarze Krähen stoßen krächzend auf sie nieder. Nachdem wir unseren Jutesack so mit Grünzeug und roten Beeren vollgestopft haben, daß wir ein Dutzend Fenster bekränzen können, machen wir uns daran, einen Baum zu wählen. »Er soll zweimal so groß wie ein Junge sein«, sagt meine Freundin nachdenklich. »Damit ein Junge nicht den Stern stibitzen kann.« Der Baum, den wir schließlich auswählen, ist zweimal so hoch wie ich. Ein wackerer, schmucker Geselle, hält er dreißig Beilhieben stand, bevor er krachend mit durchdringendem Schrei umkippt. Dann beginnt der lange Treck nach draußen: wir schleppen ihn wie ein Stück Jagdbeute ab. Alle paar Meter geben wir den Kampf auf, setzen uns hin und keuchen. Aber wir haben die Kraft siegreicher Jäger; das und der starke, eisige Duft des Baumes beleben uns und spornen uns an. Auf der Rückkehr zur Stadt, bei Sonnenuntergang die rote Lehmstraße entlang, begleiten uns zahlreiche Komplimente; doch meine Freundin ist listig und verschwiegen, wenn Vorübergehende den in unserem Wägelchen thronenden Schatz loben: was für ein schöner Baum, und woher er käme. »Von da drüben«, murmelt sie unbestimmt. Einmal hält ein Wagen, und die träge Frau des reichen Mühlenbesitzers lehnt sich hinaus und plärrt: »Ich geb' euch 'n Vierteldollar für den schäbigen Baum!« Im allgemeinen sagt meine Freundin nicht gern nein; aber diesmal schüttelt sie sofort den Kopf: »Auch nicht für 'n Dollar!« Die Frau des Mühlenbesitzers läßt nicht locker: »'n Dollar? Ist ja verrückt! Fünfzig Cent – das ist mein letztes Wort. Meine Güte, Frau, ihr könnt euch ja 'n andern holen!« Anstatt einer Antwort spricht meine Freundin sanft und nachdenklich vor sich hin: »Da hab' ich meine Zweifel. Zweimal das gleiche: das gibt's nicht auf der Welt.«

Zu Hause. Queenie sackt vor dem Kamin zusammen und schläft, laut wie ein Mensch schnarchend, bis zum nächsten Morgen.

Ein Koffer in der Bodenkammer enthält: einen Schuhkarton voller Hermelinschwänze (vom Opernumhang einer merkwürdigen Dame, die mal im Haus ein Zimmer gemietet hatte), Ketten zerfransten Lamettas, das vor Alter goldbraun wurde, einen Silberstern und eine kurze Schnur mit altersschwachen, bestimmt gefährlichen, kerzenförmigen elektrischen Birnen. Ausgezeichneter Schmuck, soweit vorhanden, und das ist nicht viel: meine Freundin möchte, daß unser Baum strahlt »wie ein Baptisten-Fenster« und daß er die Zweige unter Schneelasten von Schmuck niederhängen läßt. Doch die *Made-in-Japan*-Herrlichkeiten des Einheitspreis-Ladens können wir uns nicht leisten. Daher machen wir, was wir immer gemacht haben: wir sitzen mit Schere und Bleistift und Stapeln von Buntpapier tagelang am Küchentisch. Ich mache Skizzen, und meine Freundin schneidet sie aus: eine Menge Katzen, auch Fische (weil sie leicht zu zeichnen sind), ein paar Äpfel, ein paar Wassermelonen, ein paar Engel mit Flügeln, die wir aus aufgespartem Silberpapier von Hershey-Riegeln zurechtbasteln. Wir benutzen Sicherheitsnadeln, um unsre Kunstwerke am Baum zu befestigen. Um ihm den letzten Schliff zu geben, bestreuen wir die Zweige mit zerschnittener Baumwolle (die wir zu diesem Zweck im August selber gepflückt haben). Meine Freundin betrachtet die Wirkung prüfend und schlägt die Hände zusammen. »Nun sag mal ehrlich, Buddy: sieht's nicht zum Fressen schön aus?« Queenie versucht, einen Engel zu fressen.

Nachdem wir Stechpalmengirlanden für sämtliche Vorderfenster geflochten und mit Bändern umwunden haben, besteht unsere nächste Aufgabe im Fabrizieren von Geschenken für die Familie. Halstücher für die Damen aus Schnurbatik, für die Herren ein hausgemachter Sirup aus Zitronen, Lakritzen und Aspirin, einzunehmen »bei ersten Symptomen einer Erkältung« sowie nach der Jagd. Aber als es an der Zeit ist, unsre gegenseitigen Geschenke vorzubereiten, trennen wir uns, um im geheimen zu arbeiten. Kaufen würde ich ihr gern:

ein Messer mit Perlmuttergriff, ein Radio, ein ganzes Pfund Kirschpralinés (wir haben mal ein paar gekostet, und seither beteuert sie: »Davon könnt' ich leben, Buddy, weiß Gott, das könnt' ich – und hab' SEINEN Namen damit nicht unnütz in den Mund genommen!«).

Statt dessen baue ich ihr einen Drachen. Und sie würde mir gern ein Fahrrad kaufen. (Sie hat's mir schon millionenmal gesagt: »Wenn ich's nur könnte, Buddy! 's ist schlimm genug, wenn man im Leben auf etwas verzichten muß, was man selbst gern haben möchte; aber was mich, zum Kuckuck, richtig verrückt macht, ist, wenn man einem andern nicht das schenken kann, was man ihm so sehr wünscht! Doch eines Tages tu' ich's, Buddy! Ich verschaffe dir ein Rad! Frag mich nicht, wie. Vielleicht stehl' ich's.«) Statt dessen, davon bin ich ziemlich überzeugt, baut sie mir wahrscheinlich auch einen Drachen – ebenso wie voriges Jahr und das Jahr davor: und ein Jahr noch weiter davor haben wir uns gegenseitig Schleudern gebastelt. Was mir alles sehr recht ist. Denn wir sind Champions im Drachensteigenlassen und studieren den Wind wie die Matrosen; meine Freundin, die mehr Talent hat als ich, kann einen Drachen in die Lüfte schicken, wenn nicht mal so viel Brise da ist, um die Wolken zu tragen.

Am Heiligen Abend kratzen wir nachmittags einen Nickel zusammen und gehen zum Metzger, um Queenies herkömmliches Geschenk, einen guten, abnagbaren Rindsknochen, zu kaufen. Der Knochen wird in lustiges Papier gewickelt und hoch in den Baum gehängt, in die Nähe des Silbersterns. Queenie weiß, daß er da ist. Sie hockt am Fuß des Baumes und starrt, vor Gier gebannt, nach oben: als es Schlafenszeit ist, weigert sie sich, von der Stelle zu gehen. Ihre Aufregung ist ebenso groß wie meine eigene. Ich zerwühle meine Bettdecken und drehe das Kopfkissen herum, als hätten wir eine sengendheiße Sommernacht. Irgendwo kräht ein Hahn:

irrtümlicherweise, denn die Sonne ist noch auf der anderen Seite der Erde.

»Buddy, bist du wach?« Es ist meine Freundin, die von ihrem Zimmer aus ruft, das neben meinem liegt; und einen Augenblick drauf sitzt sie auf meinem Bettrand und hält eine Kerze in der Hand. »Ach, ich kann kein Auge zumachen«, erklärt sie. »Meine Gedanken hüpfen wie Kaninchen herum. Buddy, glaubst du, daß Mrs. Roosevelt unsern Kuchen zum Weihnachtsessen auftragen läßt?« Wir kuscheln uns im Bett zusammen, und sie drückt mir die Hand »Hab-dich-lieb«. »Mir scheint, deine Hand war früher viel kleiner. Ach, mir ist's schrecklich, wenn du älter wirst! Wenn du groß bist – ob wir dann noch Freunde sind?« Ich antwortete: »Immer!« – »Aber ich bin so traurig, Buddy! Ich wollte dir so gern ein Fahrrad schenken. Ich hab' versucht, die Kameenbrosche zu verkaufen, die Papa mir geschenkt hatte. Buddy...« Sie stockt, als sei sie zu verlegen. »Ich hab' dir wieder einen Drachen gemacht!« Dann gestehe ich, daß ich ihr auch einen gemacht habe, und wir lachen. Die Kerze brennt so weit herunter, daß man sie nicht mehr halten kann. Sie geht aus, und der Sternenschimmer ist wieder da, und die Sterne kreisen vor dem Fenster wie ein sichtbares Jubilieren, das der Anbruch des Tages langsam, ach, so langsam zum Verstummen bringt. Vielleicht schlummern wir ein bißchen; aber die Morgendämmerung spritzt uns wie kaltes Wasser ins Gesicht: wir sind auf, mit großen Augen, und wandern umher und warten, daß die andern aufwachen. Mit voller Absicht läßt meine Freundin einen Kessel auf den Küchenfußboden fallen. Ich steptanze vor verschlossenen Türen. Eins ums andere tauchen die Familienmitglieder auf und sehen aus, als ob sie uns am liebsten umbringen würden; aber es ist Weihnachten, daher können sie's nicht. Zuerst gibt's ein großartiges Frühstück; es ist einfach alles da, was man sich nur vorstellen kann: von Pfannkuchen und Eichhörnchenbraten bis zu Maisgrütze und Wabenhonig. Was alle in gute Laune versetzt, mich und meine Freundin ausgenommen. Offen gestanden können wir vor Ungeduld, daß es endlich mit den Geschenken losgehen soll, keinen Bissen essen.

Leider bin ich enttäuscht. Das wäre wohl jeder. Socken, ein Sonntagsschulhemd, ein paar Taschentücher, ein fertig gekaufter Sweater und ein Jahresabonnement auf eine fromme Zeitschrift für Kinder: ›Der kleine Hirte‹. Ich platze vor Ärger. Wahrhaftig!

Meine Freundin macht einen besseren Fang. Ein Beutel mit Satsuma-Mandarinen – das ist ihr bestes Geschenk. Sie selbst ist jedoch stolzer auf einen weißwollenen Schal, den ihre verheiratete Schwester ihr gestrickt hat. Aber *sagen* tut sie, ihr schönstes Geschenk sei der Drachen, den ich ihr gebaut habe. Und er *ist* auch sehr schön, wenn auch nicht ganz so schön wie der, den sie mir gemacht hat, denn der ist blau und übersät mit goldenen und grünen Leitsternen, und außerdem ist noch mein Name, Buddy, draufgemalt. »Buddy, der Wind weht!«

Der Wind weht, und alles andere ist uns einerlei, bis wir zum Weideland hinter dem Haus gerannt sind, wo Queenie hingerast ist, um ihren Knochen zu vergraben (und wo sie selbst einen Winter drauf begraben wird). Dort tauchen wir in das gesunde, gürtelhohe Gras, wickeln an unsern Drachen die Schnur auf und fühlen, wie sie gleich Himmelsfischen an der Schnur zerren und in den Wind hineinschwimmen. Zufrieden und sonnenwarm lagern wir uns im Gras, schälen Mandarinen und sehen den Kunststückchen unsrer Drachen zu. Bald habe ich die Socken und den fertig gekauften Sweater vergessen. Ich bin so glücklich, als hätten wir beim Großen Preisausschreiben die fünfzigtausend Dollar für den Kaffeenamen gewonnen.

»Ach, wie dumm ich auch bin«, ruft meine Freundin und ist plötzlich so munter wie eine Frau, der es zu spät einfällt, daß sie einen Kuchen im Ofen hat. »Weißt du, was ich immer geglaubt habe?« fragt sie mit Entdeckerstimme und lächelt nicht mich an, sondern über mich hinaus. »Ich hab' immer gedacht, der Mensch müßte erst krank werden und im Sterben liegen, ehe er den HERRN zu Gesicht bekommt. Und ich hab' mir vorgestellt, wenn ER dann käme, wär's so, wie wenn man auf das Baptisten-Fenster schaut: schön wie farbiges Glas, durch das die Sonne scheint, und solch ein Glanz, daß man nicht merkt, wenn's dunkel wird. Und es ist mir ein Trost gewesen, an den Glanz zu denken, der alles Spukgefühl fortjagt. Aber ich wette, daß es gar nicht so kommt. Ich wette, zuallerletzt begreift der Mensch, daß der HERR sich bereits gezeigt hat. Daß einfach alles, wie es ist (ihre Hand beschreibt einen Kreis, der Wolken und Drachen und Gras und Queenie einschließt, die eifrig Erde über ihren Knochen scharrt), und eben das, was der Mensch schon immer gesehen hat – daß das ›Ihn-Sehen‹ war. Und ich – ich könnte mit dem Heute in den Augen die Welt verlassen.«

Es ist unser letztes, gemeinsames Weihnachten. Das Leben trennt uns. Die Alles-am-besten-Wisser bestimmen, daß ich auf eine Militärschule gehöre. Und so folgt eine elende Reihe von Gefängnissen mit Signalhörnern oder grimmigen, von Reveilleklängen verpesteten Sommerlagern. Ich habe auch ein neues Zuhause. Aber das zählt nicht. Zu Hause ist dort, wo meine Freundin ist, und ich komme nie dorthin.

Und sie bleibt dort und kramt in der Küche herum. Allein mit Queenie. Dann ganz allein. (»Liebster Buddy«, schreibt sie in ihrer wilden, schwer leserlichen Schrift, »gestern hat Jim Macys Pferd ausgeschlagen und Queenie einen schlimmen Tritt versetzt. Sei dankbar, daß sie nicht viel gespürt hat.

Ich hab' sie in ein feines Leinentuch eingewickelt und im Wägelchen zu Simpsons Weideland hinuntergefahren, wo sie nun bei all ihren vergrabenen Knochen ist.«) Ein paar Novembermonate hindurch fährt sie noch fort, alleine Früchtekuchen zu backen; nicht so viele wie früher, aber einige, und natürlich schickt sie mir immer das »Pracht-Exemplar«. Sie fügt auch in jedem Brief einen dick in Toilettenpapier eingewickelten Zehner bei: »Geh in einen Film und erzähl mir im nächsten Brief die Geschichte!« Aber allmählich verwechselt sie mich in ihren Briefen mit ihrem andern Freund, mit dem Buddy, der in den achtziger Jahren starb. Immer häufiger ist der Dreizehnte nicht der einzige Tag des Monats, an dem sie im Bett bleibt. Und es kommt ein Morgen im November, der Anbruch eines blätterkahlen, vogelstummen Wintermorgens, an dem sie sich nicht aufraffen kann, um auszurufen: »Oho, Früchtekuchen-Wetter!«

Und als *das* geschieht, weiß ich Bescheid. Der Brief, der es mir mitteilt, bestätigt nur die Meldung, die eine geheime Ader schon erhalten hat und durch die ein unersetzbares Teil meines Selbst von mir getrennt und freigelassen wird wie ein Drachen an einer gerissenen Schnur. Deshalb muß ich jetzt an diesem bestimmten Dezembermorgen, während ich über den Schul-Campus wandere, immer wieder den Himmel absuchen. Als ob ich erwarte, ein verirrtes Drachenpaar zu sehen, das, fast zwei Herzen gleichend, gen Himmel eilt.

Patricia Highsmith
Eine Uhr tickt zu Weihnachten

»Haben Sie vielleicht einen Franc für mich, Madame?«

So fing es an.

Michele hatte die Arme voller Schachteln und Plastikbeutel und blickte über sie hinweg, auf einen kleinen Jungen in einem lose hängenden Tweedmantel und mit einer Tweedmütze, die ihm bis über die Ohren ging, herab. Er hatte große dunkle Augen und ein bittendes Lächeln.

»Ja!« Es gelang ihr, die zwei Francs, die sie noch, seit sie das Taxi bezahlt hatte, in der Hand hielt, loszulassen.

»Merci, Madame!«

»Und dies hier noch«, sagte Michele. Ihr war plötzlich eingefallen, daß sie gerade einen Zehn-Francs-Schein in eine Manteltasche gesteckt hatte.

Der Mund des Jungen klappte auf. »O Madame! Merci!«

Die eine glatte Einkaufstasche war runtergefallen. Der Junge hob sie auf.

Michele lächelte, umfaßte den Henkel mit einem Finger und drückte mit einem Ellbogen auf den Türknopf. Die schwere Tür öffnete sich, und Michele trat über die erhöhte Schwelle. Mit der Schulter drückte sie die Tür wieder zu und ging dann über den Innenhof ihres Apartmenthauses. Bambusbäumchen standen wie schlanke Wächter zur Linken und Rechten, und Lorbeerbäume und Farne wuchsen zu beiden Seiten des gepflasterten Weges, den sie zum Block E einschlug. Charles war sicher schon zu Hause; es war fast sechs. Was er wohl sagen würde zu all den Päckchen und den über dreitausend Francs, die sie heute ausgegeben hatte? Nun, sie war mit den Weihnachtseinkäufen fast fertig; eins der Geschenke sollte Charles seiner Familie geben – darüber konnte er sich kaum beschweren –, und die übrigen waren für Charles und für Micheles Eltern. Für sie selber war nur ein Gürtel von Hermès, dem sie nicht hatte widerstehen können.

»Der Weihnachtsmann!« sagte Charles, als Michele hereinkam. »Oder die Weihnachtsfrau?«

Sie hatte die Päckchen in der Diele auf den Boden fallen lassen. »Uhh! Ja, das war ein guter Tag! Habe eine Menge geschafft, meine ich. Aber wirklich!«

»Sieht ganz so aus.« Charles half ihr beim Aufsammeln der Schachteln und Tüten.

Michele hatte den Mantel ausgezogen und war aus den Schuhen geschlüpft. Sie warfen die Päckchen auf das große Doppelbett im Schlafzimmer, wobei Michele die ganze Zeit über redete. Sie erzählte ihm von der hübschen weißen Tischdecke für seine Eltern und von dem kleinen Jungen unten, der sie um einen Franc gebeten hatte. »Ein Franc! Wo ich heute so viel eingekauft habe! So ein goldiger kleiner Junge, ungefähr zehn Jahre alt. Und seine Kleidung sah so ärmlich aus. Genau wie in den alten Weihnachtsmärchen, dachte ich. Wo jemand, der weniger hat, um so was kleines bittet.« Michele lächelte breit und glücklich.

Charles nickte. Micheles Familie war reich. Charles Clément hatte sich heraufgearbeitet, vom Maurerlehrling mit sechzehn bis zum Leiter seiner Firma, ›Athenas Construction‹, mit achtundzwanzig. Mit dreißig hatte er Michele kennengelernt, die Tochter eines seiner Kunden, und hatte sie geheiratet. Manchmal war Charles fast schwindlig zumute bei dem Gedanken an den Erfolg sowohl bei seiner Arbeit als auch in seiner Ehe, denn er liebte Michele zärtlich; und sie war auch reizend. Aber er wußte, er konnte sich eher vorstellen, der kleine Junge zu sein, der um einen Franc bettelte (was Charles nie getan hätte), als, zum Beispiel, Micheles Bruder, der Freigebigkeit ausstrahlte in der auch ihr eigenen Weise: zugleich überlegen und liebenswürdig; er hatte diese Haltung schon früher an Michele bemerkt.

»Nur ein Franc?« sagte Charles endlich und lächelte.

Michele lachte. »Nein, ich habe ihm einen Zehn-Francs-Schein gegeben. Den hatte ich noch lose in der Tasche. Und schließlich ist ja Weihnachten.«

Charles lachte. »Der wird wiederkommen, der kleine Junge.«

Michele stand vor ihrem Kleiderschrank; die Schiebetür hatte sie geöffnet. »Was soll ich heute abend anziehen? Das hellila, das du so gern magst, oder das gelbe? Das gelbe ist neuer.«

Charles legte ihr einen Arm um die Taille. Die Reihe der Kleider, Blusen und langen Röcke sah aus wie ein greifbarer Regenbogen: goldschimmernd, samtblau, beige und grün, Satin und Seide. Das hellila Kleid konnte er unter den anderen gar nicht finden, aber er sagte: »Ja, das hellila. Das ist dir doch recht?«

»Aber ja, Lieber, natürlich.«

Sie waren bei Freunden zum Dinner eingeladen. Charles ging ins Wohnzimmer zurück und nahm seine Zeitung wieder auf, während Michele duschte und sich umzog. Charles hatte seine Hausschuhe an – die Angewohnheit eines alten Mannes, dachte er, obgleich er erst zweiunddreißig war. Jedenfalls war sie ihm seit den Teenagerjahren eigen. Damals hatte er mit seinen Eltern in der Gegend von Clichy gewohnt und war häufig mit nassen Schuhen und Socken nach Hause gekommen, weil er auf einem Bauplatz im Schlamm oder Wasser herumgestanden hatte, und da hatten die wollenen Hausschuhe gutgetan. Von den Schuhen abgesehen, war

Charles in Abendkleidung: er trug einen dunkelblauen Anzug, ein Hemd mit Manschettenknöpfen und eine Seidenkrawatte, die nur lose gebunden, aber noch nicht zum Kragen hochgezogen war. Charles zündete seine Pfeife an – Michele würde sicher noch eine Weile brauchen – und betrachtete sein schönes Wohnzimmer. Er dachte dabei an Weihnachten. Das erste Anzeichen war der dunkelgrüne Kranz von etwa dreißig Zentimeter Durchmesser, den Michele offenbar heute morgen gekauft hatte und der jetzt auf dem Eßtisch an der Obstschale lehnte. Den würde Michele auf den Klopfer an der Wohnungstür hängen, das wußte er. Die Messinggeräte am Kamin schimmerten wie immer; der Feuerhaken und die Zange wurden von Geneviève, der Haushilfe, blankgeputzt. Vier von den sechs oder sieben Ölbildern an den Wänden stellten Micheles Vorfahren dar, zwei in weißen gerüschten Spitzenkragen. Charles schenkte sich einen kleinen Glynfiddigh-Whisky ein und trank ihn pur. Der beste Whisky auf der Welt, seiner Ansicht nach. Ja, das Schicksal hatte es gut mit ihm gemeint. Luxus und Komfort, wohin er auch blickte. Er schlüpfte aus den plumpen Hausschuhen und trug sie ins Schlafzimmer, wo er mit Hilfe eines silbernen Schuhlöffels die Schuhe für den Abend anzog. Michele war im Badezimmer noch mit ihrem Make-up beschäftigt; sie summte vor sich hin.

Zwei Tage später traf Michele wieder mit dem kleinen Jungen zusammen, dem sie den Zehn-Francs-Schein gegeben hatte. Sie war schon fast an ihrer Haustür angelangt, bevor sie ihn sah, denn sie hatte sich auf den eben gekauften weißen Pudel konzentriert. Ihr Taxi hatte sie an der Straßenecke weggeschickt und führte nun den kleinen Hund an der neuen schwarz-goldenen Leine vorsichtig am Randstein entlang. Das Hündchen wußte nicht, in welche Richtung es gehen sollte, wenn Michele nicht an der Leine zog. Es drehte sich im

Kreise herum, hüpfte in die falsche Richtung, bis das Halsband ihm Einhalt gebot, und blickte dann lächelnd Michele an und trottete hinter ihr her. Ein Mann blieb stehen und bewunderte das Tierchen.

»Noch keine drei Monate«, erwiderte Michele auf seine Frage.

Und da sah sie den kleinen Jungen. Er trug denselben Tweedmantel und hatte den Kragen gegen die Kälte hochgeschlagen. Sie erkannte, daß es die Anzugjacke eines Mannes war, viel zu groß für ihn; die Ärmel waren hochgeschlagen und die Knöpfe versetzt, damit sie enger um den Kinderkörper anlag.

»B'jour, Madame!« sagte der Junge. »Ist das *Ihr* Hund?«

»Ja, ich habe ihn gerade gekauft«, sagte Michele.

»Was hat er gekostet?«

Michele lachte.

Ruckartig zog der Junge etwas aus der Tasche. »Ich habe Ihnen was mitgebracht.«

Es war ein winziger Strauß Stechpalmenzweige mit roten Beeren. Michele ergriff ihn mit der freien Hand und sah, daß er aus Plastik war; die Beeren waren auf den künstlichen Stielen zurechtgebogen, der unechte Kelch zerdrückt. »Danke schön«, sagte sie amüsiert. »Und was schulde ich dir dafür?«

»Gar nichts, Madame!« In seinem Gesicht stand Stolz, und er sah ihr offen in die Augen und lächelte. Seine Nase lief.

Sie drückte auf den Türknopf des Hauses. »Möchtest du einen Augenblick mit raufkommen und mit dem Hündchen spielen?«

»O ja, danke!« sagte er freudig überrascht.

Michele ging voran über den Innenhof und in den Fahrstuhl. Sie schloß die Wohnungstür auf und machte den Hund von der Leine los. Dann gab sie dem Jungen ein Papiertaschentuch aus ihrer Handtasche, und er schneuzte sich. Der Junge und der Hund benahmen sich ganz gleich, dachte Michele; sie sahen sich um, drehten sich im Kreis, schnüffelten.

»Wie soll ich das Hündchen nennen?« fragte Michele. »Fällt dir was ein? Wie heißt du?«

»Paul, Madame«, antwortete der Junge und betrachtete weiter die Wände und das große Sofa.

»Komm! Wir gehen in die Küche. Ich werde dir eine Coca-Cola geben.«

Der Junge und der Hund folgten ihr. Michele stellte dem Hund einen Napf mit Wasser hin und nahm eine Flasche Coca-Cola aus dem Kühlschrank.

Der Junge trank seine Cola aus einem Glas, während seine Blicke durch die große, weiße Küche schweiften; seine Augen erinnerten Michele an offene Fenster oder an die Linse einer Kamera.

»Sie geben dem Hündchen *biftek hâché*, Madame?« fragte der Junge.

Michele schabte das rote Fleisch mit einem Löffel aus dem Einwickelpapier des Schlachters auf eine Untertasse. »Ja, heute schon. Vielleicht jeden Tag ein bißchen. Später kann er dann Dosenfutter kriegen.« Die Kinderaugen fixierten das Fleisch, das sie wieder einpackte. Impulsiv fragte sie: »Möchtest du etwas? Einen Hamburger?«

»Auch ungekocht. O ja – ein kleines bißchen.« Er streckte eine Hand aus – die Nägel waren sehr schmutzig – und nahm, was ihm Michele auf einem Teelöffel entgegenhielt. Paul schob sich das Fleisch in den Mund.

Michele legte das Fleischpäckchen in den Kühlschrank und drückte die Tür fest zu. Der Hunger des Jungen machte sie irgendwie nervös. Natürlich – wenn er arm war, aß die Familie nicht oft Fleisch. Sie wollte ihn nicht danach fragen.

Leichter fiel es ihr, ihm einen Augenblick später Kekse aus einer fast vollen Dose anzubieten. »Nimm dir mehrere!« Sie gab ihm die Dose.

Langsam und gelassen aß der Junge sie alle auf, während er mit Michele zusah, wie der kleine Hund die letzten Bröckchen von der Untertasse leckte. Dann nahm Paul die Untertasse hoch und trug sie an den Spülstein.

»Ist das recht, Madame?«

Michele nickte. Charles und sie hatten eine Geschirrspülmaschine und benutzten den Spülstein selten zum Abwaschen. Der Junge steckte jetzt die leere Keksdose in den gelben Abfalleimer. Der Eimer war fast voll, und der Junge fragte, ob er ihn für sie ausleeren könnte. Michele schüttelte leicht den Kopf, erstaunt, als wäre ein Weihnachtsengel zu ihr in die Wohnung gekommen. Der Junge und der kleine weiße Hund! Der Junge so hungrig, und er und das Hündchen so jung! »Hier geht's runter. Aber du brauchst das nicht zu tun.«

Der Junge wollte ihr helfen, und so zeigte sie ihm den grauen Plastiksack am Dienstboteneingang, in den er den Abfalleimer ausleeren konnte. Dann gingen sie ins Wohnzimmer zurück und spielten mit dem Hund auf dem Teppich. Michele hatte einen blauen Gummiball gekauft, mit einer Glocke im Innern. Paul rollte den Ball behutsam dem Hund zu. Er hatte es höflich abgelehnt, seinen Mantel auszuziehen oder sich zu setzen. Michele entdeckte Löcher an den Fersen seiner beiden Socken. Die Schuhe waren in noch schlechterem Zustand und aufgerissen zwischen den Sohlen und dem Oberleder. Und die Aufschläge der Blue Jeans waren ausgefranst. Wie konnte es einem Kind in Blue Jeans bei diesem Wetter warm sein?

»Danke schön, Madame«, sagte Paul. »Ich werde jetzt gehen.«

»Arr-ruff!« sagte der kleine Hund. Er wollte, daß der Junge ihm den Ball noch einmal zurollte.

Michele war plötzlich so verlegen, als hätte sie einen Erwachsenen aus einem anderen Land und Kulturkreis vor sich. »Ich danke dir für den Besuch, Paul. Und ich wünsche dir ein frohes Fest, für den Fall, daß ich dich nicht mehr sehen sollte.«

Paul sah ebenso unsicher aus. Er verdrehte den Hals und sagte: »Frohe Weihnachten auch für Sie, Madame! Und für dich!« Das war an den kleinen Hund gerichtet. Abrupt wandte er sich der Tür zu.

»Paul – ich möchte dir gern etwas schenken«, sagte Michele und folgte ihm. »Vielleicht ein Paar Schuhe? Welche Größe hast du?«

»Ohhh!« War der Junge rot geworden? »Zweiunddreißig. Oder vielleicht dreiunddreißig. Mein Vater sagt, ich wachse.« Er hob auf komische Art den einen Fuß an.

»Was ist dein Vater?« Michele war froh, daß ihr eine praktische Frage eingefallen war.

»Austräger. Er nimmt Flaschen vom Lastwagen runter.«

Michele sah im Geist einen kräftigen Mann vor sich, der Kästen mit Mineralwasser, Wein oder Bier von einem großen Lastwagen herunterhob und leere Kisten hinaufschmiß. So was sah sie überall in Paris, jeden Tag; vielleicht hatte sie sogar Pauls Vater schon mal kurz gesehen. »Hast du noch Geschwister?«

»Einen Bruder und zwei Schwestern.«

»Und wo wohnt ihr?«

»Ooch – wir wohnen in einer Kellerwohnung.«

Michele mochte ihn nicht weiter nach der Kellerwohnung fragen, ob sie direkt im Keller oder im Souterrain lag; auch nicht, ob seine Mutter ebenfalls arbeitete. Der Gedanke an ein Geschenk für ihn machte ihr Freude. Schuhe. »Komm morgen gegen elf her! Dann habe ich ein Paar Schuhe für dich.«

Paul sah ungläubig aus und wühlte nervös mit den Händen in den Manteltaschen herum. »Ja, gut. Um elf dann.«

Der Junge wollte gern mit dem Lift allein hinunterfahren, also ließ ihn Michele.

Am nächsten Vormittag schlenderte Michele ein paar Minuten nach elf mit dem Hündchen an der Leine über den Gehweg in der Nähe ihrer Wohnung. Gestern abend hatten sie und Charles beschlossen, den Hund Ezekiel zu nennen, woraus schon jetzt die Kurzform Zeke geworden war. Plötzlich sah sie Paul und eine kleinere Gestalt neben ihm.

»Meine Schwester, Marie-Jeanne«, sagte Paul und blickte mit seinen großen, dunklen Augen erst Michele an und dann seine Schwester, deren Hand er Michele zuschob.

Michele nahm die kleine Hand, und sie begrüßten einander. Die Schwester war eine kleinere Ausgabe von Paul, nur mit längerem schwarzem Haar. *Die Schuhe!* Zwei Paar hatte Michele für Paul gekauft. Sie forderte beide Kinder auf, mit nach oben zu kommen. Wieder der Fahrstuhl, die Wohnungstür wurde erneut geöffnet, und das gleiche Staunen stand nun in den Augen der Schwester.

»Probier sie mal an, Paul! Beide Paare!« sagte Michele.

Paul setzte sich auf den Boden und gehorchte, glücklich und aufgeregt. »Sie passen beide! Beide Paare!« Aus Spaß zog er einen rechten und einen linken Schuh an, die nicht zusammengehörten.

Marie-Jeanne interessierte sich mehr für die Wohnung als für die Schuhe.

Michele holte Coca-Cola. Eine Flasche für jeden war wohl genug, dachte sie. Ihr wurde ganz warm ums Herz, als sie die Kinder ansah, aber sie wollte es nicht übertreiben und nicht irgendwie die Kontrolle verlieren. Als sie die Flaschen hereinbrachte, fing Zeke gerade an, an dem einen neuen Schuh zu nagen, und Paul lachte, während seine Schwester eilig den Schuh rettete. Etwas Coca-Cola floß über den Teppich; Michele holte einen Schwamm, und Paul rieb an dem Fleck herum und spülte dann den Schwamm aus.

Dann waren sie plötzlich beide fort, jeder mit einem Schuhkarton unter dem Arm.

An diesem Abend konnte Charles seinen Brieföffner nicht finden. Er lag immer auf seinem Schreibtisch in einem Zimmer, das vom Wohnzimmer abging und Bibliothek und zugleich Charles' Arbeitszimmer war. Er fragte Michele, ob sie ihn vielleicht an sich genommen hatte.

»Nein. Vielleicht ist er runtergefallen?«

»Da habe ich schon nachgesehen«, sagte Charles.

Aber sie suchten beide noch einmal. Er war aus Silber, sah wie ein flacher Dolch aus, und der Griff hatte die Form einer eingerollten Schlange.

»Geneviève wird ihn schon irgendwo finden«, sagte Michele, aber kaum hatte sie ausgesprochen, da verdächtigte sie Paul – ja, sogar seine Schwester. Heiße Wellen wallten durch ihren Körper, kamen einem Gefühl persönlicher Verlegenheit gleich, als wäre sie verantwortlich für den Diebstahl, der zunächst nur eine Möglichkeit und noch keine Tatsache war. Etwas wie Schuld stieg in ihr auf, als sie einen Blick auf das leicht bekümmerte Gesicht ihres Mannes warf. Er öffnete einen Brief mit dem Daumennagel.

»Und was hast du heute getrieben, Darling?« fragte Charles, nun wieder lächelnd, und legte den Brief in einen Aktendeckel.

Michele erzählte, sie hätte mit der Telefongesellschaft über ihre letzte Rechnung gestritten und gewonnen; das war im Auftrag Charles' geschehen, der die Belastung für ein Ferngespräch angezweifelt hatte. Dann hatte sie beim Friseur hereingeschaut, etwa eine Stunde, und dreimal Zeke ausgeführt. Sie meinte, das Hündchen lernte recht schnell. Von den zwei Paar Schuhen für den Jungen namens Paul erzählte sie Charles nichts, auch nichts von seinem und seiner Schwester Besuch in der Wohnung.

»Und den Kranz habe ich an die Tür gehängt«, sagte Michele. »Keine große Arbeit, das weiß ich, aber hast du's bemerkt?«

»Natürlich. Wie hätte ich das übersehen können?« Er umarmte sie und küßte sie auf eine Wange. »Wirklich hübsch, der Kranz, Darling.«

Das war am Sonnabend. Am Sonntag arbeitete Charles ein paar Stunden allein in seinem Büro, wie er es oft tat. Michele kaufte einen kleinen Weihnachtsbaum mit einem x-förmigen Fuß und verbrachte einen Teil des Nachmittags mit dem Schmücken. Sie hatte ihn schließlich auf den Eßtisch und nicht auf den Fußboden gestellt, denn der kleine Hund ließ sich nicht davon abbringen, mit dem Tannenbaumschmuck zu spielen. Michele freute sich nicht gerade auf den Pflichtbesuch bei Charles' Eltern am Montag, dem Heiligen Abend, um fünf Uhr. Die Eltern hatten niemals einen Baum; und sogar Charles hielt Weihnachtsbäume für eine dumme, aus England importierte Sitte. Die Eltern wohnten in einem großen alten Mietshaus, ohne Lift, im achtzehnten Arrondissement. Erst wurden die Geschenke ausgetauscht und dann wurde heißer Rotwein getrunken, von dem Michele immer etwas übel wurde. Der Rest des Abends verlief dann fröhlicher bei ihren Eltern in Neuilly. Gegen Mitternacht gab es dort ein kaltes Buffet mit Sekt, und im Farbfernseher würden sie sehen, wie es überall in der Welt Weihnachten wurde. Das alles erzählte sie Zeke.

»Dein erstes Weihnachten, Zeke! Und du kriegst – ein *Puten*bein!«

Der kleine Hund schien sie zu verstehen; er schoß mit heraushängender Zunge und schalkhaft dreinblickenden schwarzen Augen im Zimmer umher. Und Paul und Marie-Jeanne? Ob sie jetzt lachten? Paul vielleicht, mit seinen zwei Paar Schuhen. Vielleicht hatte sie vor dem Weihnachtsabend noch so viel Zeit, daß sie eine Bluse für Marie-Jeanne und einen Kuchen für die anderen beiden Geschwister kaufen konnte. Montag ging das; vielleicht sah sie Paul noch mal und konnte ihm die Geschenke geben. Weihnachten – das hieß doch schenken, teilen, in Verbindung treten mit Freunden, Nachbarn und sogar mit Fremden. Mit Paul hatte sie schon angefangen.

»Auuwaoo-waoo«, sagte der kleine Hund und kauerte sich nieder.

»Ja – eine Sekunde, Zeke, Liebster!« Michele lief und holte die Leine. Dann warf sie sich eine Pelzjacke um und ging mit Zeke nach draußen. Zeke strebte sofort auf den Rinnstein zu und wurde von Michele gelobt. Das Feinkostgeschäft gegenüber war geöffnet, und Michele kaufte eine Dose Pralinen – das heißt, es war eine prachtvolle Zinndose, die mehr als hundert Francs kostete –, nur weil ihr die rote Schleife auf dem Deckel ins Auge gefallen war.

»Madame – bonjour!«

Wieder mal blickte Michele in Pauls Gesicht, das zu ihr aufsah. Seine Nase war hellrot vor Kälte.

»Frohe Weihnachten noch einmal, Madame!« sagte Paul, lächelte und stampfte mit den Füßen auf. Er trug die neuen braunen Schuhe. Die Hände hatte er in die Taschen gesteckt.

»Möchtest du eine heiße Schokolade?« fragte Michele. Eine Imbißstube war nur wenige Schritte entfernt.

»Nein, danke schön.« Paul wandte schüchtern den Kopf ab.

»Oder eine Suppe?« fragte Michele eifrig. »Komm doch mit nach oben!«

»Ich habe meine Schwester bei mir.« Paul wandte sich schnell um, steif vor Kälte, und im gleichen Augenblick kam Marie-Jeanne aus der Imbißstube gelaufen.

»Ah, bonjour, Madame!« Marie-Jeanne lachte. Sie trug eine blaue Strohtasche, die leer aussah, aber sie machte sie auf und zeigte den Inhalt ihrem Bruder. »Zwei Päckchen. Ist doch richtig? Zigaretten für meinen Vater«, sagte sie zu Michele.

»Wollt ihr ein paar Minuten mit mir raufkommen und meinen Weihnachtsbaum ansehen?« Die Flamme der Hilfsbereitschaft loderte immer noch stark in Michele. Warum sollte sie diesen beiden nicht ein Schüsselchen heiße Suppe und ein paar Süßigkeiten geben?

Sie kamen mit. In der Wohnung stellte Michele das Radio auf London ein, das Weihnachtslieder sendete. Genau das Richtige! Marie-Jeanne hockte sich vor den Weihnachtsbaum und schwatzte mit ihrem Bruder über die vielen hübschen Päckchen, die darunterlagen, den Baumschmuck und die kleinen Geschenke, die in den Zweigen hingen. Michele wärmte inzwischen eine Dose Erbsensuppe, der sie die gleiche Menge an Milch hinzugefügt hatte. Schön nahrhaft. Die englischen Chorknaben sangen ein französisches Weihnachtslied, in das sie alle mit einstimmten.

Il est né le divin enfant
Chantez hautbois, résonnez musettes ...

Dann waren sie wieder, wie neulich, ganz plötzlich fort. Ihr Lachen und Schwatzen ... Zeke bellte, als wolle er sie zurückrufen, und Michele saß da und mußte die leeren Suppenschüsseln und das zerknüllte Schokoladenpapier wegräumen. Spontan hatte sie den beiden den schönen Pralinenkasten für zu Hause geschenkt. In ein paar Minuten mußte

Charles kommen. Michele hatte die Küche aufgeräumt und ging gerade ins Wohnzimmer, als sie das Klicken der Fahrstuhltür und Charles' Schritt auf dem Treppenhausflur hörte und im gleichen Moment auf dem Kaminsims eine Lücke wahrnahm. Die Uhr! Charles' Ormoulu-Uhr! Sie konnte nicht weg sein! Aber sie *war* weg.

Ein Schlüssel wurde im Schloß umgedreht, die Tür ging auf.

Michele ergriff einen Karton – gelb verpackt, Hausschuhe für Charles – und stellte ihn auf den Platz, wo die Uhr gestanden hatte.

»Hallo, Darling!« sagte Charles und gab ihr einen Kuß.

Charles wollte eine Tasse Tee trinken. Die Temperatur war gesunken, und er hatte sich fast erkältet, als er eben auf ein Taxi warten mußte. Michele machte Tee für sie beide und versuchte, sich so zu setzen, daß Charles gezwungen war, in einem Sessel Platz zu nehmen, der mit dem Rücken zum Kamin stand, aber das klappte nicht; Charles setzte sich in einen anderen Sessel als den, den sie bestimmt hatte.

»Was bedeutet denn das Geschenk da oben?« fragte Charles. Er meinte das gelbe Paket. Charles hatte Sinn für Ordnung. Immer noch gut gelaunt, ließ er lächelnd seine erste Tasse Tee stehen und trat an den Kaminsims. Er nahm das Paket, wandte sich zum Weihnachtsbaum um und blickte dann zurück zum Kaminsims. »Und wo ist die Uhr? Hast du sie weggenommen?«

Michele preßte die Zähne zusammen. Allzu gern hätte sie gelogen und gesagt: Ja, sie hätte sie in einen Schrank gestellt um Platz für die Weihnachtsdekoration auf dem Kaminsims zu haben. Aber wäre das einleuchtend? »Nein, ich...«

»Ist was los mit der Uhr?« Charles' Gesicht war ernst geworden, als erkundige er sich nach dem Gesundheitszustand eines geliebten Angehörigen.

»Ich weiß nicht, wo sie ist«, sagte Michele.

Charles senkte die Brauen. Sein Körper straffte sich. Er warf das leichte Paket auf den Tisch mit dem Weihnachtsbaum. »Hast du den Jungen noch mal getroffen? Hast du ihn hier raufkommen lassen?«

»Ja, Charles. Ja – ich weiß...«

»Und war er vielleicht heute schon das zweite Mal hier?«

Michele nickte. »Ja.«

»Herrgott noch mal, Michele! Dahin ist also auch mein Brieföffner verschwunden, stimmt's? Aber die Uhr! Himmel noch mal, die ist doch noch um einiges wichtiger! Wo wohnt dieser Junge?«

»Das weiß ich nicht.«

Charles machte einen Schritt auf das Telefon zu und blieb dann stehen. »Wann war er hier? Heute nachmittag?«

»Ja, es ist noch keine Stunde her. Charles, es tut mir wirklich ganz schrecklich leid!«

»Er kann nicht weit von hier wohnen. Wie konnte er das tun – mit dir hier im Zimmer?«

»Seine Schwester war auch mit hier.« Michele hatte ihr gezeigt, wo das Badezimmer war. Natürlich hatte Paul die Uhr in dieser Zeit genommen und sie in den blauen Einkaufsbeutel gesteckt.

Charles verstand und nickte zornig. »Nun, das versetzen sie jetzt und dann können sie schön Weihnachten feiern. Von den beiden sehen wir in den nächsten Tagen keinen hier wieder – falls überhaupt je. Wie konntest du solche Strolche ins *Haus* bringen?«

Michele zögerte. Charles' Zorn hatte sie erschreckt. Es war ein Zorn, der gegen sie gerichtet war. »Sie froren und sie waren hungrig – und arm.« Sie sah ihrem Mann in die Augen.

»Das war mein Vater auch, als er die Uhr erstand«, sagte Charles langsam.

Das wußte Michele. Die Ormoulu-Uhr war Stolz und Freude der Familie Clément, seit Charles etwa zwölf gewesen war. Die Uhr war das einzige hübsche Stück in ihrem Arbeiterhaushalt. Sie war Michele gleich beim erstenmal aufgefallen, als sie die Cléments besuchte, denn der Rest der Einrichtung war schrecklicher *style rustique*, billiger Lack und Resopal. Und Charles' Vater hatte ihnen die Uhr zur Hochzeit geschenkt.

»Dreckschwein«, murmelte Charles. Er zog an seiner Zigarette und blickte auf die Lücke auf dem Kaminsims. »Du kennst solche Leute wahrscheinlich nicht, meine liebe Michele, aber ich kenne sie. Ich bin mit ihnen aufgewachsen.«

»Dann könntest du wirklich mehr Mitgefühl haben! Charles, wenn wir die Uhr nicht zurückkriegen, kaufe ich uns eine neue, so ähnlich wie irgend möglich. Ich weiß genau, wie sie aussah.«

Charles schüttelte den Kopf, schloß fest die Augen und wandte sich ab.

Michele ging hinaus und nahm das Teegeschirr mit. Es war das erstemal, daß sie Charles den Tränen nahe gesehen hatte.

Charles wollte nicht mitgehen zu der Dinnerparty, zu der sie abends eingeladen waren. Er meinte, Michele sollte allein gehen und für ihn eine Ausrede finden. Zuerst sagte Michele, sie würde auch zu Hause bleiben, dann änderte sie ihren Entschluß und zog sich um.

»Ich weiß nicht, was du dagegen hast, daß ich eine neue Uhr kaufe«, sagte Michele. »Ich kann nicht einsehen ...«

»Wahrscheinlich wirst du es wohl niemals einsehen«, sagte Charles.

Michele kannte Bernard und Yvonne Petit schon lange. Sie war schon mit beiden befreundet gewesen, bevor sie Charles heiratete. Michele hätte Yvonne die Geschichte von der Uhr sehr gern erzählt, aber so was konnte man nicht erzählen, wenn man um acht beim Essen saß; und als dann der Kaffee serviert wurde, war sie zu der Ansicht gekommen, es wäre das beste, gar nichts zu erzählen: Charles hatte sich ernsthaft aufgeregt, und schuld daran war sie. Doch beim Abschied fragte Yvonne sie, ob sie etwas auf dem Herzen hätte, was Michele erleichtert zugab. Sie ging mit Yvonne in die Bibliothek, die sehr ähnlich war wie die in ihrer eigenen Wohnung, und erzählte die Geschichte mit wenigen Worten.

»Du, wir haben genau die Uhr *hier*, die du brauchst!« sagte Yvonne. »Bernard hat sie gar nicht mal gern. Das klingt schrecklich, wenn man es so sagt, nicht wahr? Aber liebste Michele, die Uhr steht hier. Schau!« Yvonne schob ein paar Einladungskarten zur Seite, so daß man die Uhr mit dem flachen Sockel deutlich auf dem Kaminsims stehen sah; sie hatte schwarze Zeiger, und das runde Zifferblatt war gekrönt mit einer Tiara aus vergoldeten Zierknäufen und Schnörkeln.

Tatsächlich war die Uhr der gestohlenen sehr ähnlich. Während Michele noch zögerte, holte Yvonne schon Zeitungspapier und einen Plastikbeutel aus der Küche und verpackte die Uhr fest. Sie drückte sie Michele in die Hand und sagte: »Ein Weihnachtsgeschenk.«

»Aber hier geht es um das Prinzip. Ich kenne Charles, und du auch, Yvonne. Wenn die gestohlene Uhr aus meiner Familie stammte, auch wenn ich sie mein Leben lang gekannt hätte, für mich wäre das nicht so wichtig.«

»Ich weiß, ich weiß.«

»Tatsache ist, daß die Kinder arm waren – und daß Weihnachten ist. Ich habe sie mit raufgenommen, zuerst Paul allein. Einfach mit anzusehen, wie ihre Augen aufleuchteten, das war schon ganz wunderbar für mich. Sie waren so dankbar für ein Schüsselchen Suppe. Paul hat mir erzählt, sie wohnen irgendwo im Keller.«

Yvonne hörte zu, obgleich Michele ihr alles schon zum

zweitenmal erzählte. »Stell die Uhr einfach auf den Kaminsims, wo die andere gestanden hat – und hoffe das Beste!« Yvonne sprach mit zuversichtlichem Lächeln.

Als Michele mit dem Taxi zu Hause ankam, war Charles im Bett und las. Michele packte die Uhr in der Küche aus und stellte sie auf den Kaminsims. Erstaunlich, wie sehr sie der anderen glich! Hinter seiner Zeitung verborgen erklärte Charles, er hätte Zeke vor einer halben Stunde nach draußen geführt. Weiter sagte er nichts, und Michele versuchte nicht, mit ihm zu reden.

Am nächsten Morgen – Heiligabend – erblickte Charles die neue Uhr auf dem Kaminsims, als er aus der Küche – wo er und Michele gerade gefrühstückt hatten – ins Wohnzimmer kam. Empörung stand in seinen Augen, als er sich zu Michele umwandte. »Also, Michele – das reicht.«

»Yvonne hat sie mir geschenkt. *Uns* geschenkt. Ich dachte – nur für Weihnachten ...« Was hatte sie denn gedacht? Wie hatte sie den Satz beenden wollen?

»Du verstehst *überhaupt* nichts«, sagte er bestimmt. »Ich habe gestern abend eine Beschreibung der Uhr an die Polizei gegeben. Ich bin aufs Polizeirevier gegangen, und ich habe vor, die Uhr zurückzubekommen! Ich habe sie auch über den Jungen informiert, der ›ungefähr zehn‹ ist, und über seine Schwester, die beide irgendwo hier in der Gegend in einem Keller wohnen.«

Charles sprach, als hätte er einem furchtbaren Feind den Krieg erklärt. Michele kam das absurd vor. Als Charles dann im Ton kaum unterdrückter Wut weiterredete von Unehrlichkeit, von milden Gaben an Verantwortungslose, an Leute, die sie nicht verdient hatten und sich auch gar nicht bemühten, sie zu verdienen, von Rowdies und ihrer Verachtung für das Privateigentum, da begann Michele zu verstehen. Für Charles war es, als hätte man seine Festung gestürmt und als wäre der Feind von seiner eigenen Frau hereingelassen worden – und als stünde sie auf der anderen Seite. Bist du vielleicht Kommunist, hätte Charles fragen können, aber das tat er nicht. Michele betrachtete sich nicht als Kommunistin und hatte es auch niemals getan.

»Ich finde einfach, die Reichen müßten teilen«, unterbrach sie ihn.

»Seit wann sind wir denn reich – wirklich reich, meine ich?« erwiderte Charles. »Ja, ich weiß. Deine Familie ist reich, und du bist daran gewöhnt. Du hast die Einstellung geerbt. Es ist nicht deine Schuld.«

Warum um Himmels willen sollte es ihre Schuld sein? fragte sich Michele. Sie begann sich jetzt sicherer zu fühlen. Oft genug hatte sie in Büchern und Zeitungen gelesen, man müßte die Reichtümer in diesem Jahrhundert aufteilen, sonst würde es schlimm enden. »Ja – und was die Kinder betrifft, so würde ich dasselbe noch mal tun«, sagte sie.

Charles' Wangen bebten vor Erbitterung. »Sie haben uns beleidigt! Das war Diebstahl!«

Micheles Gesicht begann zu glühen. Sie verließ das Zimmer, jetzt ebenso erzürnt wie Charles. Aber sie spürte, sie hatte einen Pluspunkt. Mehr als das, sie war im Recht. Sie müßte es nun in Worte fassen, sich ihre Argumente zurechtlegen. Ihr Herz schlug schnell. Sie blickte auf die offene Schlafzimmertür und erwartete Charles zu sehen, erwartete seine Stimme, die sie bat, zurückzukommen. Alles blieb still.

Charles ging eine halbe Stunde später in sein Büro und erklärte, er werde wahrscheinlich nicht vor halb vier zurück sein. Zwischen vier und fünf sollten sie zu seinen Eltern gehen. Michele rief Yvonne an, und im Laufe der Unterhaltung wurden ihre Gedankengänge klarer, und der langsame Tränenstrom versiegte.

»Ich finde Charles' Haltung falsch«, sagte Michele.

»Aber das darfst du einem Mann nicht sagen, liebe Michele. Sei nur vorsichtig!«

Nachmittags um vier begann Michele ein taktvolles Gespräch mit Charles. Sie fragte ihn, ob ihm die Verpackung des Geschenks für seine Mutter gefiele. Das Päckchen enthielt die weiße Tischdecke, die sie Charles schon gezeigt hatte.

»Ich gehe nicht mit. Ich kann nicht.« Und über Micheles Protest hinweg: »Glaubst du denn, ich kann meinen Eltern gegenübertreten und zugeben, daß die Uhr gestohlen ist?«

Warum mußte er die Uhr denn erwähnen? Es sei denn, er hatte vor, das Weihnachtsfest zu verderben, dachte Michele. Aber sie wußte, es hatte keinen Zweck, ihn zum Mitkommen zu überreden, und gab es daher auf. »Dann gehe ich – und nehme die Geschenke mit.« So geschah es. Sie ging und überließ Charles seinem Groll und dem Warten auf einen möglichen Anruf von der Polizei, wie er gesagt hatte.

Michele war gegangen, beladen mit den Geschenken für Charles' Eltern und auch mit denen für ihre eigenen Eltern. Charles hatte gesagt, er werde etwa um acht in der Wohnung ihrer Eltern in Neuilly erscheinen. Aber er kam nicht. Micheles Eltern rieten ihr, Charles anzurufen; vielleicht war er eingeschlafen, oder er hatte gearbeitet und die Zeit darüber vergessen. Aber Michele rief ihn nicht an. Bei ihren Eltern war alles so schön und fröhlich – ihr Baum, die Sektbehälter, ihre schönen Geschenke, darunter ein Reiseschirm im Ledertui. Charles und die Uhrgeschichte zeichneten sich wie ein drohender, garstiger, schwarzer Schatten im goldenen Glanz des Wohnzimmers ihrer Eltern ab. Michele kam noch einmal mit der ganzen Geschichte heraus.

Ihr Vater lachte. »Ja, ich glaube, ich erinnere mich an die Uhr. Nichts weiter Fabelhaftes. War schließlich nicht von Cellini.«

»Aber der Gefühlswert, Edouard«, sagte Micheles Mutter.

»Schade, daß es gerade zu Weihnachten passieren mußte. Und es war leichtsinnig von dir, Michele. Aber – ja, da gebe ich dir recht, es waren einfach kleine Straßengören, und die Versuchung war groß.«

Michele fühlte sich noch weiter gestärkt.

»Nicht das Ende der Welt«, murmelte Edouard und füllte die Gläser von neuem mit Sekt.

Am nächsten Tag, dem ersten Weihnachtstag, und auch am Tag darauf dachte Michele an die Worte ihres Vaters. Es war nicht das Ende der Welt, aber das Ende von etwas. Die Polizei hatte die Uhr nicht gefunden, doch Charles war der Ansicht, man würde sie finden. Er hatte, wie er Michele versicherte, recht energisch mit ihnen gesprochen und ihnen eine farbige Zeichnung der Uhr, die er selbst mit vierzehn angefertigt hatte, vorgelegt.

»Natürlich werden die Diebe sie nicht sofort versetzen«, sagte Charles zu Michele, »aber in die Seine schmeißen sie sie auch nicht. Über kurz oder lang werden sie versuchen, sie zu Geld zu machen, und dann nageln wir sie fest.«

»Offen gestanden, ich finde deine Haltung unchristlich und grausam«, sagte Michele.

»Und ich finde deine Haltung – dumm.«

Es war nicht das Ende der Welt, aber es war das Ende ihrer Ehe. Keine späteren Worte, keine Umarmung – falls es je wieder dazu kam – konnten bei Michele diese Bemerkung ihres Mannes wiedergutmachen. Und ebenso stark spürte sie in Charles' Herzen und in seinen Gedanken eine tiefe Abneigung, eine echte Aversion gegenüber seiner Frau. Und sie bei ihm? War das nicht ein ganz ähnliches Gefühl? Charles hatte etwas verloren, das Michele als »human« bezeichnete – wenn er es je besessen hatte. Mit seinem ärmeren, weniger privilegierten Hintergrund hätte Charles mehr Mitgefühl als sie aufbringen müssen, dachte Michele. Was war unrecht, und was war recht? Sie war verwirrt, wie es zuweilen geschah, wenn sie versuchte, die Verse von Weihnachtsliedern oder von Gedichten zu ergründen, die man auf verschiedene Weisen auslegen konnte; doch das Herz oder das Gefühl suchte und fand wohl immer seinen eigenen Weg, wie das ihre es getan hatte. Und war das nicht richtig? War es nicht richtig, Verzeihung zu üben, besonders zu dieser Zeit im Jahr?

Ihre Freunde und Eltern rieten zur Geduld. Sie sollten sich eine Woche oder so trennen. Weihnachten machte die Menschen immer nervös. Michele könnte zu Yvonne und Bernard kommen und eine Weile dort bleiben, was sie auch tat. Dann konnten sie und Charles noch einmal miteinander reden, was sie auch taten. Doch es änderte sich nichts – gar nichts.

Vier Monate später waren Michele und Charles geschieden. Und die Uhr hat die Polizei nie gefunden.

Nachweis

HANS CHRISTIAN ANDERSEN (2. April 1805, Odense bis 4. August 1875, Kopenhagen)
Das kleine Mädchen mit den Schwefelhölzchen. Übersetzung von Christian Strich. Copyright © by Diogenes Verlag, Zürich.

THEODOR FONTANE (30. Dezember 1819, Neuruppin bis 20. September 1898, Berlin)
Weihnachten in Hohen-Vietz. Aus: Vor dem Sturm, erstmals erschienen 1878.

BRET HARTE (25. August 1836, Albany/New York – 5. Mai 1902, Camberley bei London)
Wie Sankt Nikolaus nach Simpson's Bar kam. Deutsch von Rudolf Reder. Aus: Kalifornische Abenteuer. Copyright © by Nymphenburger Verlagshandlung in der F.A. Herbig Verlagsbuchhandlung GmbH München.

SAKI, Ps. für Hector Hugh Munro (18. Dezember 1870, Akyab/Burma – 14. November 1916, Beaumont-Hamel)
Berties Weihnachtsabend. Deutsch von Günter Eichel. Aus: Saki, Die offene Tür. Ausgewählte Erzählungen. Copyright © 1964, 1973 by Diogenes Verlag, Zürich (detebe 20115).

WILLIAM FAULKNER (25. September 1897, New Albany/Mississippi – 6. Juli 1962, Oxford/Mississippi)
Das wäre fein! Deutsch von Elisabeth Schnack. Aus: William Faulkner, Eine Rose für Emily. Gesammelte Erzählungen. Veröffentlicht als Diogenes Taschenbuch, 1972 (detebe 20041). Copyright © 1964 by Fretz & Wasmuth Verlag AG, Zürich.

ROSEMARY TIMPERLEY (* 20. März 1920, London; lebt in Richmond/Surrey)
Weihnachtsbegegnung. Deutsch von Ilse Strasmann. Aus: Roald Dahls Buch der Schauergeschichten. Copyright © 1985 by Rowohlt Verlag GmbH, Reinbek.

LORD DUNSANY, d.i. Edward Plunkett (24. Juli 1878, London – 25. Oktober 1957, ebd.)
Das Weihnachtsessen. Deutsch von Elisabeth Schnack. Copyright © by Curtis Brown, London.

FRANK O'CONNOR, Ps. für Michael O'Donovan (17. September 1903, Cork – 10. März 1966, Dublin)
Mein Ödipus-Komplex. Deutsch von Elisabeth Schnack. Aus dem gleichnamigen Band. Copyright © 1958, 1959, 1967, 1976 by Diogenes Verlag, Zürich (detebe-Klassiker 20352).

CYRIL HARE, Ps. für Alfred Alexander Gordon Clark (4. September 1900, Mickleham, Surrey – 25. August 1958)
Schwester Bessie. Deutsch von Peter Naujack. Aus: Cyril Hare, Mörderglück. Copyright © 1963, 1975 by Diogenes Verlag, Zürich (detebe 20196).

ALEXANDER WOOLCOTT (19. Januar 1887, Phalanx/New Jersey – 23. Januar 1943, New York)
Das Festmahl. Deutsch von Hans B. Wagenseil.

RING LARDNER (6. März 1885, Niles/Michigan – 25. September 1933, East Hampton/Long Island)
Der Eltern Weihnachtsfest. Deutsch von Fritz Güttinger. Aus: Ring Lardner, Geschichten aus dem Jazz-Zeitalter. Copyright © 1963, 1974 by Diogenes Verlag, Zürich (detebe 20153).

W. SOMERSET MAUGHAM (25. Januar 1874, Paris – 16. Dezember 1965, Saint-Jean, Cap Ferrat)
Winter-Kreuzfahrt, Erzählung aus W. Somerset Maugham,

Schein und Wirklichkeit. Copyright © der deutschsprachigen Ausgabe 1959 und 1985 by Diana Verlag AG, Zürich. Aus dem Englischen übertragen von Helene Mayer.

André Maurois, Ps. für Emile Herzog (26. Juli 1885, Elbeuf/Seine-Maritime – 9. Oktober 1967, Neuilly-sur-Seine)

Die Kuckucksuhr. Deutsch von Hans B. Wagenseil. Aus: Süddeutsche Zeitung Nr. 287, 1. 12. 1966.

Muriel Spark (*1. Februar 1918, Edinburgh; lebt in Rom und in der Toskana)

Der Seraph und der Sambesi. Deutsch von Elisabeth Schnack. Aus: Muriel Spark, Portobello Road. Copyright © 1963, 1982 by Diogenes Verlag, Zürich (detebe 20894).

Truman Capote (30. September 1924, New Orleans bis 25. August 1984, Los Angeles)

Eine Weihnachtserinnerung. Deutsch von Elisabeth Schnack. Copyright © by Limes Verlag in der F. A. Herbig Verlagsbuchhandlung GmbH München.

Patricia Highsmith (*19. Januar 1921, Fort Worth/Texas; lebt im Tessin)

Eine Uhr tickt zu Weihnachten. Deutsch von Anne Uhde. Aus: Patricia Highsmith, Nixen auf dem Golfplatz. Copyright © 1985 by Diogenes Verlag, Zürich.